イノベーションの核心

ビジネス理論はどこまで「使える」か

Essentials of Innovations

三藤利雄 Toshio Mitsufuji

ナカニシヤ出版

目次

序　章　イノベーション理論をビジネスに活かす
―蔓延する誤解と無理解―

「学びて思わざれば則ち罔し、思いて学ばざれば則ち殆し」孔子（論語）

イノベーションが日本を、そして世界を駆けめぐっています。政府が長期戦略指針『イノベーション25』を閣議決定したのは二〇〇七年のことです。それまでもイノベーションに関心を持つ人々はいたのですが、政府が国を挙げて推進することにしたのですから、その影響は多方面にわたるところとなりました。以来、その勢いは衰えることなく、むしろますます隆盛に向かっており、ビジネス界やマスコミは日々イノベーションに明け暮れていると言っても過言ではありません。

しかも、これは世界的な現象です。電気自動車やＡＩ、ＩｏＴ、ｅコマース、フィンテック、ゲノム創薬、民泊、配車サービスなど、枚挙にいとまがありません。その主役は企業です。イノベーションにこれほど注目が集まっている現在、経営企画や商品開発、技術企画や製品開発、そしてマーケティングなどのビジネスの場において、イノベーションに対する知識を持ち、これを理解することが欠かせないところとなっています。

本書は、イノベーションのダイナミックな挙動つまりイノベーション・ダイナミクスに関わる代表的な理論を解説するとともに、各理論のその後の展開について検証することにより、これらの理論の可能性と限界について述べることとしています。それによって、イノベーションに関わる確かな知識を得たうえで、信念をもってイノベーション活動を実践したいと考えているビジネスパーソンの手引書たらんことを目指しています。

イノベーション・ダイナミクスの代表的な理論として、本書はイノベーション普及論、ドミナント・デザイン論、そして破壊的イノベーション理論を取り上げます。いずれも、イノベーション研究分野の代表的な理論で、何十年もの間の厳しい批判に耐えてきた、強靭な理論体系です。

何故ことさら、イノベーション・ダイナミクスに着目するのでしょうか。そのためには、何よりもイノベーションについての理解が必要です。

イノベーションとは技術開発プラス事業化、そして市場における成功

イノベーションとは何でしょうか。イノベーションという言葉は分野や目的によっていろいろに使い分けられており、必ずしも一つの正解があるわけではありません。そのなかで、ビジネス理論や経営学、経済学などの分野では、企業などにおいて技術開発が行われ、それに基づいて事業化されたうえで、社会経済的に成功した新機軸、といった定義がなされています。新機軸というのは、やや耳慣れない言葉かもしれませんが、従来とは異なった新しい工夫や考え方のことを意味します。要すれば、イノベーションとは技術開発プラス事業化、そして市場における成功なのです。

少なくともビジネスの世界では、新技術を開発するだけではイノベーション活動は完結しません。これはイノベーションではなく、技術開発と呼ぶべきです。イノベーションと称する以上、新技術に基づいて開発された製品やサービスが市場で受け入れられ、収益をあげるとともに、新製品や新サービスが社会システムに浸透し、定着することが不可欠です。

イノベーションは一時的な出来事としてではなく、一連の事象が生起するプロセスとして理解すべきなのです。これでおわかりいただけたかと思います。イノベーションの動的な挙動の解明を目指すイノベーション・ダイナミクスは、イノベーションに関する知識体系の核心をなすものなのです。

＊　＊　＊

■コラム■「イノベーション」について

オックスフォード英語辞典によると、イノベーションとは「主として新しい方法や考え方あるいは製品を導入することなどにより、何かしら既に確立されているものやことに変化を加えることである」と説明されています。多くの英語の専門用語がそうであるように、イノベーションという用語もラテン語を基にしており、「古いものや古いことを新しくする、あるいは変化させる」というのが原義です。

わが国ではイノベーションをしばしば革新と表記します。「新」は読んで字のごとく「新しい」ですから、改めて説明するまでもないでしょう。一方、「革」は『字統』（白川静）によると、「獣の革を開いた形。革は自然の推移の状態ではなく、これを革治し、変革を加えることを言う」とあります。同義反復的な面がありますが、「革新」とは獣の皮（革）を開き変化を加えこれを新しくする、つまり、既存の状態を変えて新しい状態をもたらすといった意味になります。

中国ではイノベーションのことを「創新」と言います。これは新しい状態つまり新しい「もの」とか「こと」を創るということでしょう。端的でわかりやすいですが、必ずしも古いものやことに変化を加えるという意味は表現されておりません。この点からすると、むしろ革新と称したほうが適切かもしれません。

しかし、日本で革新といった場合、政治的な意味合いが強いうえに、プログレッシブつまり先導的といった意味合いに使われることがあります。そうすると結局、そのまま片仮名でイノベーションと表記することが無難なようです。

＊＊＊

イノベーションを一連の進化プロセスとして捉える

ここで改めて、イノベーションが出現した後に生起する一連の動的なプロセスのことをイノベーション・ダイナミクスと定義します。イノベーションの発展プロセスが生物界の進化現象と似ていることから、イノベーションの進化とか進化プロセスと呼ぶことがあります。イノベーション・ダイナミクスとは、イノベーションが社会システムの中で進化するプロセスに着目した「ものの見方」です。

イノベーションの発展過程は通常、いくつかの質的に異なる段階を経ることが知られています。イノベーションに基づいて新製品や新サービスが開発されるためには、一般に科学・技術上の活動を含めて人々の何らかの活動が必要です。典型的には、新機軸の着想や社会からのニーズが出発点になります。次に、着想やニーズを実現したり、問題を解決したりするために研究開発が行われます。もちろん常に研究開発が行われるわけではなく、ちょっとした道具やソフトウェアを考案するだけで済む場合もあるでしょう。

イノベーションを社会経済的に成功させるためには、イノベーション活動に基づいて新製品や新サービスを開発し、これを商品化したうえで市場に投入することになります。そのうえで、製品の販売やサービスの提供を通じて社会経済的な価値を生み出していかなくてはなりません。この過程を経て、イノベーションが進化発展するとともに、社会も変動を遂げていくのです。

次のコラムではパソコンを例としてイノベーション・ダイナミクスについて説明しています。本書を手に取るほどの人ならば、大体ご存知のことでしょう。そのほか、皆さんの身の回りの製品やサービスを考えてみてください。このような事例はいくらでも見つかるはずです。

＊　＊　＊

■コラム■　パソコンの進化プロセス

パソコンは一九七〇年代に米国で考案されます。これはまさしく技術的な新機軸つまり技術革新です。当初、パソコンは無骨な機械装置で、コンピュータと称していても、当時のメインフレーム・コンピュータと比較して性能は格段に劣り、おもちゃ同然の代物でした。しかも、ろくなオペレーティングシステムやプログラム言語もなく、操作は煩雑で、とても一般の人の手に負えるものではありませんでした。パソコンの取り柄は、個々人がポケットマネーで買えるくらい安価で、いつでもどこでも自分でしたいことができる程度だったのです。

しかし、技術に詳しく好奇心の強い人たちが、やがてパソコンに関心をもち始めます。なかには自ら部品を調達してパソコンを組み立てる技術おたくが現れ、こうして自作したパソコンをマイコンと呼んだりしていました。彼らは、自らプログラムを作るとか、メモリーを増設するなどして装置に改良を加えていきます。当時はマイコンのコンテストがあったほどです。

そのうちに、新興のスタートアップ企業のみならず、大手のコンピュータメーカーがパソコンの製造に乗り出してきます。そうこうするうちに時代は下って、机の上に載る程度の大きさのデスクトップコンピュータが登場し、ついで膝の上に載るほどのラップトップコンピュータが開発されました。

さらに、半導体やハードデスク、液晶画面その他関連技術の急速な発達により、持ち運びが容易なノート型やタブレット型コンピュータが登場して今日に至っています。これは外形上のことですが、オペレーティングシステムを始めとして、パソコンに内蔵されるソフトウェアもこの間に長足の進歩を遂げていきます。これに加えて、一九九〇年代以降のインターネットの普及に伴って、今ではほとんど世界中のコンピュータがネットワークに接続されるようになっています。

その結果、人々の生活や仕事、社会環境などは大きな変貌を遂げました。今やネットにつながったパソコンの世話にならずに生活や仕事をすることなど、想像することすらできません。一方、困ったことですが、コンピュータ・ウィルスを作って、コンピュータを乗っ取るとか、情報を盗むといったハッキング行為など、パソコンを狙った犯罪が多数現れています。今後パソコンがどう変化していくのか、想像することは困難ですが、仮に形がまったく変わったとしても、我々の身近に存在し続けていくことでしょう。

パソコンが世の中に登場して以来今日に至るまで、パソコンと社会システムは相互に影響を及ぼしながら、劇的な変化を遂げてきました。同じことは自動車や航空機、冷蔵庫やテレビなどの家電製品などにおいても起こっています。パソコンほど顕著ではなくとも、多くのイノベーションは登場初期に備わっていた機能や構造が変化しながら、これを受容する社会システムの変容を促してきました。これと反対に、社会システムの側はそのイノベーションの変化や発展を促してきたのです。

＊＊＊

イノベーションに対する誤解と無理解

本書はイノベーションに関わる確かな知識を得たうえで、信念をもってイノベーション活動を実践したいと考えているビジネスパーソンのための手引書だと冒頭に記しました。この本を手に取られたあなたは、いまさらどうしてイノベーションに関わる確かな知識が必要なのか、との疑問を抱くかもしれません。

イノベーションという言葉は、今では世の中に遍く浸透していて、ネットなどで頻繁にみかけると同時に、どのメディアをみても、電気自動車とかＡＩ、ＩｏＴなどイノベーションにまつわる話題が満載です。ネットにアクセスすれば、イノベーションの意味やビジネスに役立つような知識について、簡単にいくらでも調べることができます。それにもかかわらず、イノベーションに対する理解は依然として表層的で、イノベーションが流行語になる反面、イノベーションに対する誤解と無理解が蔓延しているようにみえます。イノベーションに対する理解が不足しているのです。

イノベーションの行方は事前に予測できないと考える人がいます。確かに、イノベーションには不確定要因が多いので、その帰結を正確に見通すことは不可能です。そうしたことから、イノベーション研究を軽視する意見を耳にすることがあります。イノベーションについての研究成果は過去の話であり、バックミラーしか見ていないのではないか、という指摘もあります。しかし、過去を直視してこそ、現在を理解し、将来を展望できるのではないでしょうか。むしろ、自分は過去にとらわれないとか、これまでのイノベーション研究は現実を反映していないと主張することで、却って自らの行動を束縛しているようにみえます。

「温故知新」。論語の中にある有名な一節です。言うまでもないでしょうが、「古きを温（あたた）めて新しきを知る」と読みます。「温」を「たずねる」と読むこともあります。孫氏の兵法の「彼を知り己を知れば、百戦して殆（あやう）からず」と並んで、イノベーションに携わっている人たちの好きな言葉ベストテンに入るかもしれません。しかし、ちょっと気になることがあります。

これは四文字熟語です。ややもすると、後の二文字だけに目が向いてしまい、前のめりになっていないでしょうか。温故も大切なのです。論語では、これに続いて「以て師となるべし」とあります。つまり、過去の歴史や経験を理解すると同時に、新しいことを知って、初めて物事を十分に理解できるほどの「師」になることができるのです。温故を忘れてしまうと、

「急いては事をし損ずる」ことになりかねません。

イノベーションには規則も制度もありはしない、イノベーションは勢いだ、イノベーションを先に作れば勝ち、破壊から創造が生まれる、といった勇ましい議論を時々ネットなどで見かけることがあります。大型書店などでイノベーション関連の書籍が置いてあるコーナーに行くと、「こうすれば絶対に勝つ」とか「こうすれば成功間違いなし」といった本が並んでいます。しかし、その処方箋に従ったとして、どれほどの「勝算」があるのでしょうか。イノベーションを創出したのはいいが、結局その後継続して収益を上げているのでしょうか。

人を相手にした競争に必勝法など滅多にありません。仮に緒戦に勝ったとしても、それを永続させるのは至難の業です。すべてに対処でき、何にでも効能のある万能薬のような戦略はありません。状況に応じて、成功の確率の高い戦略があるのは確かですが、お手軽なベストプラクティスなどはないのです。これはイノベーションに関わる競争においても、まったく同様のことです。

同じことを破壊的イノベーション理論の提唱者として有名なクリステンセンも指摘しています。どうやら、こうした現象はわが国だけでなく、米国を含めて世界各地に共通の現象のようです。破壊的イノベーション理論は極めて有名で、「破壊」という言葉をビジネス書などでよく見かけます。イノベーション関連のホームページなどを見ると、猫も杓子も破壊、そして破壊的イノベーションと唱えているように見えます。しかし破壊的イノベーション理論はどのくらい正しく理解されているのでしょうか。

必勝戦略はある意味明快でわかりやすいのですが、これまで長年にわたって蓄積されてきたイノベーション研究の知見を反映しているとは思えません。たまたま、企業の取った行動が僥倖に恵まれることはあるかもしれません。しかし、勘と度胸と経験だけでは危ういのです。

勢いだけではギャンブルです。同じことを何度も反復することになりがちです。これまでのイノベーション研究の成果、知見を冷静かつ客観的に理解することが大切です。そこから新しい考えが生まれ、将来へ向けての展望を描くことができるのです。ドッグイヤーと言われて久しい現在、成果を性急に求めるあまり、イノベーションに関わる知見が軽視されていないでしょうか。イノベーションがバズワード、決まり文句か呪文に堕しているようにみえます。

イノベーション理論は難しいという意見があります。その通りかもしれません。イノベーション関連の本を読むと、断定的な主張が飛び交う一方、諸説紛々次から次へと、時には人の名前のついた理論やモデルが登場しては消え去っていきます。これに加えて、わが国のイノベーション関連の出版動向を見ると、理論の「いいとこ取り」の紹介が多く、その後の進展にほとんど目を向けていないと見受けられることが多々あります。こうしたことが、イノベーションはわかりにくいと言われる理由の一つかもしれません。また、当人は意図していないかもしれませんが、そこには何かしら揶揄が含まれているように思います。イノベーションは研究の対象にはならない、イノベーション活動は勢いがあればいい、というわけです。

イノベーション活動は「何故」と疑うことから始まる

イノベーションを介して、「わが社」はライバル企業と結びついています。ライバル企業とわが社をよく知ること、そしてイノベーションをよく知ることが、激烈な競争に勝ち残り、生き残るための戦略計画の基盤となります。これを怠ると、「彼を知らず己を知らざれば、戦う毎に必ず殆（あやう）し」となってしまいかねません。

現状を知り、将来を洞察することが必要です。それは「何故か」、「何故そうなっているのか」と疑うことから始まります。何故かと疑った次は、論理的な思考の実践です。クリティカルシンキングとか、いろいろな言い回しがあるようですが、要は論理整合的な思考過程をたどることです。そのためには、強靭な知識を身に着けることが不可欠です。

基礎がぐらついていては、確固とした洞察や的確な経営戦略は生まれません。ポーカーの強い人がいるように、イノベーションを自在に起こして成功する人がいるようです。彼らは天賦の才を持っているのでしょうから、イノベーションについて学ぶ必要はなく、そんな知識は邪魔ですらあるかもしれません。この人たちは本書の読者の対象ではありません。しかし、天賦の才に恵まれた人はごくまれです。

将棋や囲碁の世界では、名人に定跡（定石）無し、といいます。それでも、彼らは名人になるまでに、どれだけの研究をしたか知れません。加藤一二三さんと趙治勲さん、各々将棋界と囲碁界を代表する達人で、若いころからその天才ぶりが広く知れ渡っていました。しかし、彼らの将棋や囲碁にかける情熱と努力は並大抵のことではありませんでした。加藤さんや趙さんのような稀有の天才ですら懸命に学び続けたのですから、いわんや常人においておや、です。成功するためには、先人の知恵を模範として、それを真似ることが必要です。真似るは学ぶ、なのです。

何故かと疑い、論理整合的に考えをめぐらしたからといって、成功を収めることができるとは限りません。戦略に万能の薬はないのです。最盛期のイチローですら、百発百中というわけにはいきませんでした。しかし、ビジネスの成功率は確実に高まります。そのためにはビジネスに関わる代表的なイノベーション・ダイナミクス理論を学ぶことが不可欠なのです。

ビジネスに関わる代表的なイノベーション理論を学ぶ

イノベーション研究は急速に進んでいます。そこには、浮かんでは消える泡沫のような理論がある一方、何十年もの風雪に耐えてきた強靭な理論があります。本書で紹介するイノベーション普及論、ドミナント・デザイン論、そして破壊的イノベーション理論は、その中でも筆頭中の筆頭と言っていいでしょう。いずれもイノベーションのダイナミックな進化プロセスに着目しており、極めて著名なイノベーション理論です。

〈イノベーション普及論〉

第一部では、ロジャーズが提唱するイノベーション普及論を中心に説明します。彼の生涯をかけた著作『イノベーションの普及』は繰り返し改訂され、イノベーション研究に大きな影響を及ぼしてきました。初版は一九六二年に、第五版は二〇〇三年に出版されており、一方ロジャーズは二〇〇四年に亡くなっていますので、第五版が最新版ということになります。

イノベーション普及論は、主としてイノベーションを受容する側、つまり採用者側からイノベーションの普及過程を論じた実証的かつ実践的な考え方で、数あるイノベーション理論の中でも極めて独創性に富んだものです。ロジャーズのイノベーション普及論は初版の発行以来半世紀以上経過しており、これまでに社会学やコミュニケーション研究、経済学、経営学、マーケティング、技術移転論その他さまざまな分野に多大な影響を及ぼしてきました。イノベーション研究の草分けと言っていい古典的な理論体系です。

しかし、イノベーションに関わる実証的な研究は、宿命的に社会状況の変化や技術の発展などの影響を受けるが故に、これまでさまざまな批判にさらされてきました。イノベーション普及論も例外ではありません。中でも、イノベーションが社会システムに普及する間、イノベーションそのものは変化しないことが暗黙の前提とされているのは重大な欠点です。イノベーションの普及は結局のところ、その経済価値に依存するのではないかという批判もあります。それにもかかわらず、彼の含蓄のある考え方と分析手法、そしてものの見方は今でも多くの人々の支持を集めています。

第一章ではイノベーション普及論の骨子について説明します。次に第二章ではその後の理論の展開とともに、課題や限界などに触れます。イノベーション普及論は枯れた理論です。理論的な限界はありますが、使いようによっては非常に強力なツールです。

〈ドミナント・デザイン論〉

第二部ではアバーナシーとアッターバックが提唱したドミナント・デザイン論について述べます。ドミナント・デザインとは、自動車や航空機、家電製品、コンピュータなど一群の製品が出現して一定の期間が経過すると、特定のデザインつまりドミナント（支配的）なデザインに収斂するという考え方です。

当初、ドミナント・デザイン論は一九七〇年代に彼らの一連の著作のなかにひっそりと現れます。しかし、四〇年ほど経過した現在、ドミナント・デザイン論はイノベーション研究の中核的なモデルとして、関連テキストの定番になっています。

アッターバックの一九九四年の著作『イノベーション・ダイナミクス』は日本語にも翻訳されています。彼が説くイノベーション論とドミナント・デザイン論は非常に魅力的で、今日に至るまで新鮮さを失っておりません。その一方、この著作の説得力があまりに強力なためでしょうか、ドミナント・デザイン論の本質が十分に理解されておらず、通俗的かつ表面的なレベルに留まっている例が多いように見受けられます。ドミナント・デザイン論は現在もなお研究が進んでいるのですが、こうした事実はわが国ではほとんど顧みられていないようです。

第三章ではドミナント・デザイン論の骨子について説明します。併せて、日本では依然として有名なアバーナシーとアッターバックのモデルつまりA‐Uモデルの栄枯盛衰について触れます。第四章ではドミナント・デザイン論の課題や限界とともに、理論の適用可能性や最近の研究潮流などについて概説することとしています。

〈破壊的イノベーション理論〉

第三部ではクリステンセンの提唱する破壊的イノベーション理論を取り上げます。彼の発想の原点は、業界最優良の技術企業が何故敗退することがあるのかという疑問でした。そして、彼が得た結論は、これらの優良企業は優れた経営者が優れた経営を行ったがゆえに破壊的イノベーションへの対応を誤ってしまうという驚くべきものでした。この考え方は、専門家や実務家、ビジネスパーソンの間で絶大な人気を博すところとなり、破壊的イノベーション理論ないし破壊理論と呼ばれて、イノベーション戦略論のなかで中核的な地位を獲得するに至っています。

ところで、わが国では一般にほとんど知られていないようですが、クリステンセンたちの提唱する破壊的イノベーション理論は、これまで幾多の批判にさらされています。二〇〇六年に『製品イノベーション管理誌』上で展開された論争にはクリステンセンも加わって、八人の研究者が破壊理論についてさまざまな観点から論じています。また、二〇一四年にはクリステンセンと同じハーバード大学に在籍している歴史学者レポー教授がニューヨーカー誌に寄稿したエッセイ「破壊機械」を契機として、破壊理論をめぐってネット上で賛否両論さまざまな意見が飛び交う事態となりました。

第五章では、クリステンセンの一連の著作に基づきながら、破壊的イノベーション理論の骨子を再構成して説明します。第六章では、二度にわたる大論争を通じて明らかになった同理論の課題と可能性について考察します。第七章では、ケーススタディとして太陽光発電を取り上げるとともに、それに関わる技術の開発や企業の活動ならびに国の関わりに焦点を当てて、破壊的イノベーションの出現などイノベーションのダイナミックな挙動について検証します。

終章では、イノベーションを取り巻く外部環境との関係について考えてみます。イノベーション活動を成功裡に実践するためには、それを取り巻く科学、技術、社会などの外部環境を理解することが不可欠です。そこで本章では、科学・技術そして社会との関わりの中で、わが国の現状と照らし合わせながらイノベーションの将来を展望します。

本書は、イノベーション・ダイナミクスに関わる代表的な理論を説明するとともに、各理論のその後の展開を検証することにより、これらの理論の可能性と限界について述べています。そのうえで、イノベーション理論がビジネスにどこまで使えるかということを、最新の知見を踏まえて解説したものです。

本書の目的は、ビジネスパーソンなどイノベーションを業務に活用したいと考えている人々に、イノベーションに関する頑健な知識を提供することです。頑健な知識を身に着けることは、不測の事態に直面したときに、どう対処したらよいかを学ぶことを意味します。

本書の知識が個々の事態に対して直接回答を与えることは少ないかもしれません。本書はノウハウ本ではありません。そうではなくて、本書は不測の事態にどう対処したらよいかを判断する素材を提供するものです。

イノベーションの実践には、知識だけでなく、胆力が不可欠ですし、勢いも必要です。本書が、過去の偏った経験に惑わされることなく、できるだけ確実な知識に基づいて、しかも確固たる信念と情熱をもってイノベーター活動を実践したいと考えているビジネスパーソンに寄与しうることを願っています。

第一部　イノベーション普及論

—製品等の採用者側からイノベーションの普及過程を分析した古典理論—

イノベーションはどのようにして社会システムに普及するのでしょうか。第一部では、イノベーションが社会システムに普及する動的過程について、ロジャーズを中心として発展してきたイノベーション普及論を参考にしながら考えてみます。

ロジャーズは第二次世界大戦前に開発されたハイブリッドコーンの農家への普及過程に関心を抱き、普及論の研究を始めています。ハイブリッドコーンは米国の農事試験場で品種改良によって開発されたトウモロコシです。ハイブリッドコーンは一代限りで子孫を残しませんが、従来の品種に比べて格段に収量が多く、当時として画期的なイノベーションでした。そうしたことから、多くの研究者がこれに着目し、たとえばライアンとグロス（一九四三）はハイブリッドコーンが米国農民に普及する過程を十数年にわたり調査しています。

その頃の若きロジャーズもハイブリッドコーンに大いに興味を抱き、その普及過程を研究するとともに、数多くのイノベーションの普及過程を調査した結果をまとめて、一九六二年に『イノベーションの普及』を出版しています。これは数あるイノベーション研究のなかでも極めて独創性に富んだ著作で、その後抜本的な改訂が何回か行われ、イノベーション研究に大きな影響を及ぼしてきました。

言うまでもなく、イノベーション普及論は純粋理論ではありません。理論と実践を橋渡しする学際的な研究です。したがって、普及論は時々の社会情勢や技術の発展状況などからさまざまな影響を受けてきました。しかも、五〇年以上もの間、世の中の研究者の厳しい目にさらされてきたので、いろいろな課題が指摘されています。その点で普及論を活用するときには、慎重さが求められます。それでもなお、イノベーションの動的過程に関わる実証的な研究が進展する契機となった代表的な理論であり、現在でもマーケティングを始めとして多方面で活用されています。

以下、第一章ではロジャーズの唱えるイノベーション普及論について概説したうえで、第二章で普及論の展開、普及論に対する批判、普及論にまつわる課題などについて、主としてビジネス・マネジメントの観点から触れることにします。

第一章　イノベーション普及論の体系
―何故人々は優れたイノベーションを一斉に採用しないのか―

「少しのことにも先達はあらまほしきことなり」吉田兼好（徒然草）

ロジャーズがイノベーション普及論を世に問うたのは一九六二年のことです。彼の根本的な問題意識は、何故人々は優れたイノベーションを一斉に採用しないのか、ということでした。それまでも、こうした問題意識を持っていた人はいたでしょうが、それを終始一貫してイノベーションの普及という視点でまとめたのは、画期的なことでした。

初版出版以来半世紀以上たった現在も、依然としてその人気は衰えていません。その理由は恐らく、すぐにでも実地に移せそうな明確でわかりやすいフレームワークと、思わず「ああそうか！」と膝を打ちたくなるような、現実を見事に切り出した事例紹介の数々でしょう。

事例については原著にあたっていただくこととして、次にイノベーション普及論のフレームワークについて解説します。

1　イノベーションの普及過程には四つの主要な要素がある

ロジャーズは、普及は人々の模倣によって進行するという前提のもとで、普及理論の体系を構築しています。何かしらよさそうなアイデアを開陳する人や、よさそうな品物を持っている人がいると、それを真似る人が現れて、そのアイデアなり品物が人々の間に次々と普及していくというわけです。

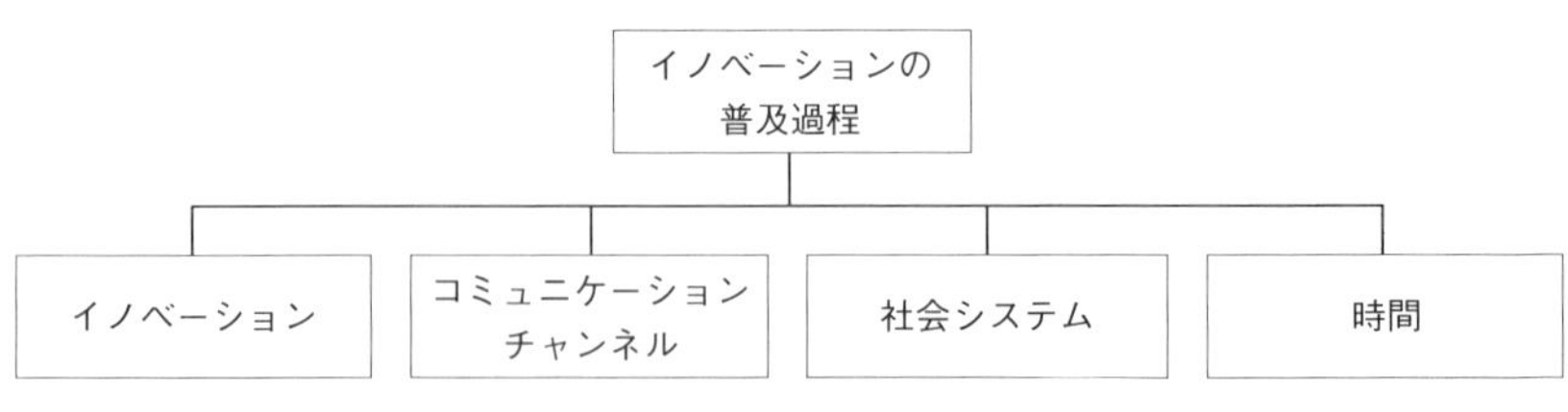

図 1-1　イノベーション普及過程の主要四要素

これはインフルエンザなどの感染症が人と人との接触をつうじて伝染していく現象に対比できるので、感染モデルとも呼ばれています。ロジャーズによると、イノベーションの普及過程は「あるコミュニケーションチャンネルを介して、時間の経過のなかで、社会システムの成員の間に、イノベーションがコミュニケートされる過程」です。言うまでもありませんが、インフルエンザなどの感染症がイノベーションに、人と人との接触がコミュニケーションチャンネルに対応します。

この定義に基づけば、イノベーションの普及過程には四つの要素、つまり「イノベーション」、「コミュニケーションチャンネル」、「社会システム」そして「時間の経過」があることがわかります。

このうち、「時間の経過」に関して、普及論はこれを次の三つに区分します。即ち、

①個々人がイノベーションを採用するミクロなイノベーション採用過程

②個々人がイノベーションを採用する際の遅速、つまり個々人に固有の革新の度合いを表す採用者革新性

③一定の社会システム内でのイノベーションの採用速度つまり普及速度

イノベーション普及論には普段見慣れない難解な専門用語が次々と現れてくるので、一見するとわかりにくいと感じるかもしれません。しかし、時間の経過に関するこのフレームワークがわかると、格段に理解が深まると思います。普及論は、時間の経過に基づいた緻密な体系の下に構成されているのです。

まずは、四つの主要構成要素について説明していきましょう。

普及論ではイノベーションとは新しいアイデアのこと

普及論では、イノベーションは「イノベーションを採用する個々人が新しいと知覚するアイデア、習慣あるいはもの」と定義されます。経営学や経済学で見たことのある定義と多少異なりますので、

若干当惑される方がいるかもしれません。

ここで注目していただきたいのは、「個々人が新しいと知覚するアイデア」という箇所です。イノベーションが根元的であるとか、はたまた破壊的だといった表現はまったく使われていません。普及論ではそのアイデアを個々人が新しいと知覚すれば、それはイノベーションなのです。

つまり、この世の中に今までなかったまったく「新しいアイデア」でなくてもいいのであって、それがイノベーションかどうかは提供する側ではなく、採用する側が知覚したうえで判断するのです。ですから、極端な話カラーテレビが先進国においては既知のものだったとしても、それが導入されていない発展途上国があるとすれば、その国ではイノベーションだと考えます。

ロジャーズは、新技術はほとんどイノベーションと同義語だと述べています。序章で述べたイノベーションの定義と異なり、商業的あるいは経済的な成功などは前提とされておりません。普及論では、イノベーションや技術、そして、それを具現化した製品等の関係は時に曖昧で、新製品等をイノベーションや技術と同等のものとみなしている場合もあります。

一方で、普及論は技術的イノベーションばかりでなく、新規な考え方や習慣などもイノベーションに含めています。イノベーションは新しいアイデアだからです。たとえば水（お湯）を沸かすといった考え方ないし習慣も、ある社会システムの成員によって新しいと知覚されるならば、それはイノベーションだと解釈されます。キリスト教やイスラム教などの宗教や社会構築主義などの思想も、個々人によって新しいと知覚されるならば、それはイノベーションの一つです。実際、ロジャーズ『イノベーションの普及』を読み進んでいくと、家族計画とかエイズの予防、果ては禁煙条例の導入などの事例が挙げられています。それはそれで大変興味深いのですが、経営学や経済学に馴染んでいる読者を悩ませることがありそうです。

それはともかく、近年では技術的イノベーションのみならず社会的イノベーションとかサービスイノベーションなどもイノベーションの範疇に含める傾向があります。普及論では半世紀以上前からこうしたイノベーションを研究の対象にしているのです。

なお、後ほどイノベーションの採用者カテゴリーの箇所で触れますが、普及論でイノベーターという場合、イノベーションを創出する人のことではなく、イノベーションを採用する個々人のことを指しています。また、イノベーションが普及する間、イノベーションとそれを具現化した製品等はほとんど変化しない、つまり製品等は進化せずに、社会システムのほうが進化すると仮定している点にも注意してください。

イノベーション情報はコミュニケーションチャンネルを経由して伝わる

普及論では、コミュニケーションとは「参加者がお互いに情報を創造し、ないし共有することにより、相互の理解へと到達する過程」のことです。初めてこの定義を読んだとき、果たして情報の創造と共有によって常に相互理解に至ることが可能なのかどうか、疑問を抱いたものです。後に知ったことですが、こうした楽観的な価値観は二〇世紀半ばの社会学の影響を受けたもののようです。

コミュニケーションが伝達される経路がコミュニケーションチャンネルです。コミュニケーションチャンネルは、マスメディアによるものと、対人コミュニケーションによるものに大別されます。マスメディアは、出版物や書籍、新聞はもちろんのこと、ラジオ、地上波テレビ、衛星放送など多岐にわたります。対人コミュニケーションには、直接の会話や携帯電話などによる対話のみならず、ファクシミリなどのメディアを使ったコミュニケーションチャンネルがあります。

現在ではインターネットなどを介した中間的なコミュニケーションチャンネルが優勢で、マスメディアであると同時に対人コミュニケーションでもあるコミュニケーションチャンネルが増えています。後述しますが、そうしますと、そもそもロジャーズ普及論が前提としていたコミュニケーション伝達モデルの妥当性が問われることになってきます。

イノベーションの普及対象は社会システムの成員

社会システムとは、「共通の目的を有しているとともに、相互になんらかの関係をもつ複数の人々ないし組織体を単位要素として構成されている集合」です。単位要素としての「組織体」は、企業などの法人や自治体、政府、団体その他の機関や組織のことを意味します。

「共通の目的を有している」という箇所に注意してください。これは「システム」に対応しています。単に社会と言いますと漠としていますが、社会にシステムを付けることにより、その成員は共通の目的を有していることを暗に表現しているのです。イノベーションの普及に即して言えば、あるイノベーションを採用するか否かが当該社会システムの目的になります。社会システムは、空間的に捉える場合と、機能的に捉える場合に大別することができます。前者はある一定の地域に住んでいるとか生活しているなど、地域的な空間を共有している場合です。国とか県あるいは市町村などのまとまりがそうですし、大村湾周辺地域とか関東地方などの一定の地域に住んでいる人々の集合や、ある集落で生活している人たちの集合などがこれにあたります。

これに対して後者は、ある特定の組織に属していたり、ある専門の職業についていたり、あるいはなんらかの興味や関心事項を共有したりしている場合が該当します。たとえば、同じ企業に勤めているとか、看護師として看護師協会などの専門家集団を構成しているとか、チェスの同好者集団のメンバーであるとかいうことです。

構成要素が個人であることもありますが、自動車産業に属する企業とか、東北地方に存在する市町村等の自治体など、なんらかの組織や機関が構成要素となっている社会システムがあります。もちろん、これを組み合わせて、一定の地域に住んでいる専門家集団、たとえば、首都圏で開業している医者の集団も一つの社会システムを構成します。

イノベーションが普及するには時間がかかる

本章の副題にあるように、強制しない限り、どんなに優れたイノベーションでも一瞬のうちに社会システムに普及することはまずありません。一般に社会システムの成員は、一定の時間をかけて、イノベーション採用の可否を判断します。先ほど述べたように、社会システムの成員といった場合、個々人のこともあれば、個々人の集合体である企業や自治体などのこともありえますが、支障がない限り、ここでは簡単のために個々人を指すこととして論述します。

個々人の性格その他諸々の事情によって、イノベーションを採用するに至るまでの期間には遅い人もいれば早い人もいます。たとえば、スマホなどは大体若い人が最初に採用するものでしょう。経済的な余裕、あるいは当該イノベーションに対

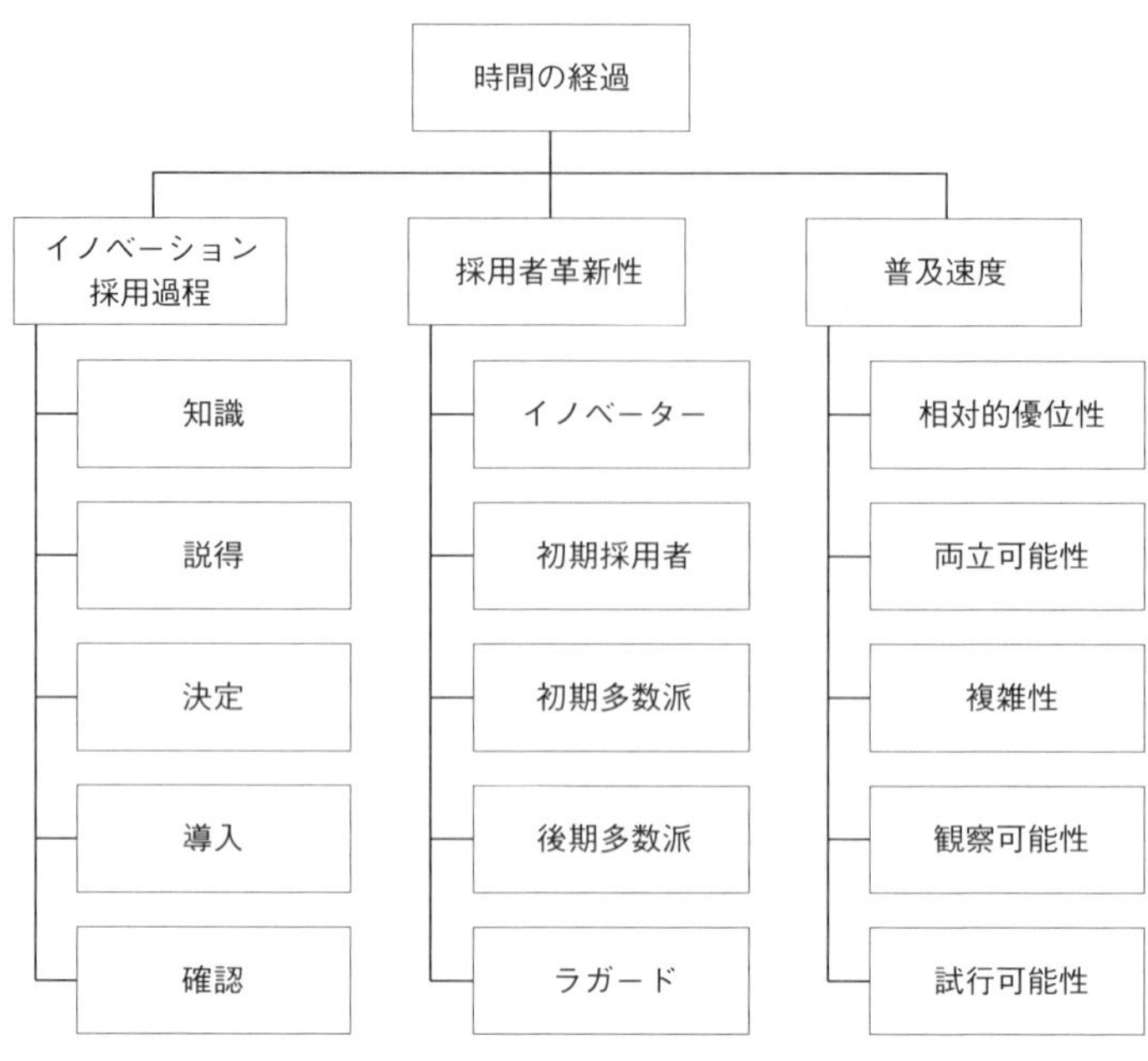

図 1-2　普及論が考える時間の経過

する知識量や関心度などもイノベーションの採用に影響を与えます。

時間の経過について、既に述べたように、普及論ではこれを次の三つに細分しています。第一は個々人がイノベーションを採用するか否かを判断するミクロな過程で、これをイノベーション採用過程と呼んでいます。第二は個々人がイノベーションを採用する速さないし遅さです。採用の遅速は個々人のイノベーションに対する指向性に依存するところから、普及論ではこれを採用者革新性と呼んでいます。第三は、イノベーションの普及速度ないし採用速度です。一か月とか一年といった一定期間内に、社会システムの成員のうちのどれくらいの人がイノベーションを採用したかを表示するもので、その数値が大きければ大きいほど、イノベーションの普及速度が早いことになります。普及論では、社会システム内の成員全体に対するイノベーション採用者の割合で普及速度を表すことが多く、これを普及率ないし採用率と呼びます。

図１‐２はその見取り図です。以下これを参考にしながら説明します。

2　イノベーション採用過程

普及論では、個々人は典型的には次の五つの段階を経てイノベーションを採用するものとしています。モデルの構成は、すべからくイノベーションの普及、つまり個々人がイノベーションを採用するか否かに向けられています。

①イノベーションに関する**知識**を得る段階
②イノベーションを導入するかどうかの態度を明らかにする段階、あるいはイノベーションの採用を**説得**される段階
③イノベーションを導入するとして、その意志を**決定**する段階
④イノベーションを**導入**する段階
⑤イノベーションの効果を**確認**する段階

イノベーション採用過程の基本モデルは、批判がましく見れば単純ですし、好意的に見れば実践的かつシャープです。これこそがロジャーズ普及論を通底している発想法です。

具体的なイメージをつかむために、ハイブリッドコーンなどの農業上の新品種をイノベーション事例として、思考実験を試みます。

①農民は何らかのコミュニケーションチャンネルを通じて、新品種に関する**知識**を獲得します。
②農民は専門家などから新品種の説明を受け、その採用を**説得**されるとともに、採用するか否かの態度を決めて、
③望むらくは、当該品種の採用を**決定**します。
④採用の決定に基づいて、農民は種子を**導入**し、農地に種子を蒔きます。
⑤その結果、予想どおりの高収量を得ることができれば、そのイノベーションの導入が正しかったことを**確認**します。

しかし、実際にはものごとはなかなか期待通りに進行しません。各段階を通過するためにはいくつかの関門が待ち受けているのです。

知識段階

普及過程は通常、イノベーションの潜在的な採用者が当該イノベーションに関する知識を獲得する段階から始まります。知識はマスメディアあるいは対人コミュニケーションなどのコミュニケーションチャンネルを介して入手します。一般的な知識はマスメディアを通じて、イノベーションを採用するかどうかの意思決定に関わる知識は対人コミュニケーションを通じて入手することが多いと言われています。

イノベーションに関わる知識がきちんと伝わるかどうか、これには三つの留意点があります。第一は社会システムの成員である個々人がローカライト志向であるか、あるいはコスモポライト志向であるかという点です。個々人が依存するコミュニケーションチャンネルの広狭によって、ローカライトとコスモポライトに区分します。

ローカライトな人々は、彼らが暮らしている地域や所属している職場など狭い範囲のコミュニケーションチャンネルに依存しており、この集団の中で必要な知識を入手する傾向が強いと言われています。コスモポライトな人々のコミュニケーションチャンネルは、狭い地域や固定した職場などに限定されることはありません。より広い地域の、より広い範囲の人々と日常的に交流を行っています。一般的な傾向として、コスモポライトな人たちの方がローカライトな人たちよりも質の良い情報を早い時期に入手することが多く、イノベーションを比較的早期に採用することがわかっています。

第二は人々の仲間志向つまり同類志向です。仲間うちにいることを心地よいと思うか否かの度合いによって、人々を同類志向か異類志向かに区分し、同類性が高いとか、異類性が高いと呼びます。

人々は一般に仲間同士でいることを好みますので、同類指向が強いと考えられます。まさしく「類を以て集まる」わけで、似た者同士は自然に一つのグループを結成する傾向が強いのです。スポーツカーの好きな人たちやカラオケの好きな人たちの行動を見ればよくわかります。しかも、大体同じくらいの知識や実力のある人同士が集まるものです。

一方、イノベーション普及の際立った特徴は、それを知っている人から知らない人に伝わるところにあります。こうして初めて、イノベーションが社会システムの中に普及浸透するのです。

これを敷衍（ふえん）すれば、イノベーションの普及は相互に異類性が高い人々の間で起こるのであり、一般に人々は同類を好むという普段の習慣にそぐわないところがあります。したがって、イノベーションの提供者、つまりイノベーションの普及を促進したいと考えている人々や企業などの組織は、こうした壁を乗り越えるためにさまざまなコミュニケーションチャンネルを駆使して社会システムの成員に接近すべく努めなくてはならないのです。

第三は、新しい知識に対する気付きです。人々は関心のある情報や知識には注意を払いますが、関心のないことには注意を向けないことが多いですし、嫌なことには目を背けがちです。新しいアイデアであるイノベーションはどのようなものかわからないことが多いので、その存在に気付くとは限りませんし、そもそも関心を持たないかもしれません。

人は大体三〇歳を過ぎると、今まで使い慣れてきた装置や道具と異なるものに手を出さなくなるという話を聞いたことがあります。実際、子供のころにパソコンがなかった世代は、なかなかパソコンに手を出しません。スマホが登場してきても従来のガラケイに固執するのは大体年配の世代です。

ちょっと昔の話になりますが、携帯電話が若い層や壮年期の人たちにおおよそ普及した後、最後に残された市場としてお年寄りに狙いを定め、彼らが思わず携帯電話を手に入れたくなるようなテレビコマーシャルが放映されているのを見かけたものです。このように、イノベーションの提供者側は潜在的な採用者の気持ちをイノベーションの方に向けさせるために格段の努力が必要になることがあります。

イノベーションに関わる知識の段階について、人々の属性をローカライトとコスモポライト、同類性と異類性、そして気づきの観点から説明しました。潜在的なイノベーション採用者のこうした属性は、情報化がいくら進んでも変わることはないでしょう。イノベーションの普及を促進しようとする側としては、是非とも考慮しなければならない事項です。もちろん、これは個々人に限られることではなく、企業や組織・機関にも共通の属性であることは言うまでもありません。

説得段階

イノベーションに関する知識を多少なりとも獲得する段階を過ぎると、イノベーション採用過程は「説得」段階に移ります。説得段階に至ると、人は「イノベーションに対して好意的ないし非好意的な態度を形成する」とロジャーズは説明しています。彼はこの段階について「説得」という表現を使っていますが、これはイノベーション普及論のなかでも、もっともわかりにくい表現の一つだと思います。

彼は続けて、「通常、説得とは、情報の発信側にとって望ましい方向に受け手側の態度を変化させて誘導する意図を持ったコミュニケーションを意味するものとされる。ここでは、説得について、個人の側の態度形成や態度変化と同等のもの」と定義すると述べています。それなら何も無理せずに、態度段階と言ったらいいと思いますが、ここではロジャーズに敬意を表して説得段階としておきます。

ロジャーズがあえて「説得」という表現にこだわった理由を知る由もありませんが、可能性として、彼はハイブリッドコーンの普及過程を手掛かりとして普及論の体系を構築したからではないかと推測しています。当時、農事試験所が担い手となって、ハイブリッドコーンの農民への普及を図っていました。ロジャーズは農事試験所の側にたってハイブリッドコーンの普及過程を観察していたでしょうから、農民の「態度」というよりは、農事試験所の職員による「説得」と言った方が、彼にとっては理に適っていたのではないでしょうか。ただ、そうすると、イノベーション普及論は徹頭徹尾、採用者つまり利用者側に立っているという大原則に抵触することになるのが苦しいところです。

ロジャーズは、普及調査がイノベーション至上主義に陥りがちなこと、つまりイノベーションの普及促進側に加担しすぎる弊害があると指摘するとともに、極力こうした弊害を回避すべく、手段を講じるべきだと述べています。しかし、ハイブリッドコーンに限っては、彼もイノベーション至上主義に陥っていたのかもしれません。

いずれにせよ、ここで言わんとするところは、潜在的採用者がイノベーションに関する知識を得た後、それを欲しいと思うか、あるいは欲しくないと思うか、採用者側は態度を決定するし、普及促進側は説得活動を行う、ということです。

決定段階およびそれ以降の段階

イノベーション採用過程の第三段階以降は決定段階、導入段階、そして確認段階です。農業イノベーションに関わって新品種や新肥料を導入するとか、あるいは製造業などで従来とは異なる新原料を導入するといった場合、こうした区分は大いに意味がありそうです。新品種や新肥料、あるいは新原料を導入して、期待通りの成果が得られなければ、最後の確認段階において採用を中止することが可能だからです。

冷蔵庫やミキサーなどの耐久消費財を購入する場合はどうでしょうか。あるいは、製造業などで新たに製造装置を導入する場合はどうでしょうか。冷蔵庫などの耐久消費財の採用つまり購入を決定して、それを導入した後は、確認の段階で仮にそれが気にいらなくとも、当分の間はそのまま使い続けるケースが大部分だと思います。返品などの選択肢はありますが、返品にかかる時間と手間や、場合によっては発生するかもしれない費用のことなどを考えると、通常は我慢することが多いでしょう。

イノベーションの普及においては、後に述べるように、普及率や普及速度が重要な指標になります。普及率が高いかあるいは低いか、普及速度が速いかあるいは遅いかによって、当該イノベーションが成功かあるいは失敗かを判定することが多いのです。しかし、ある製品を採用つまり購入したものの、それを全然あるいはほとんど使わない場合にも、これを普及率の算定にあたって分子に加えていいのかどうか、若干疑義のあるところです。たとえば、ミキサーなどは、購入当初は頻繁に使用するけれども、暫くすると戸棚の奥の方にしまわれてしまうことが多いようです。かつて、事務所や学校などに置いてあった電子黒板などはその典型例でした。最近は活用されているのでしょうか。

採用過程はこの順に起きるのか

イノベーションの採用過程はこの順に従って進行していくものなのでしょうか。ロジャーズ自身いくつかの例外を挙げていますし、むしろ例外のほうが多いようにみえます。たとえば情報教育に熱心な中学校などでは、入学時にＰＣやタブレット端末を一斉購入させたり、あるいは無償でつまり入学金や授業料などの中に費用を紛れ込ませたりして生徒に持たせています。公立学校ですと、市町村などの行政機関が費用の一部を負担することもあるでしょう。この場合の資金源は税金です。何事にもよらず、フリーランチはありません。

これを採用過程に照らして考えてみると、次のような展開が予想されます。入学時にＰＣが生徒に与えられますので、イノベーションの採用過程は決定段階から始まり、ただちに導入段階に移行します。

学期が始まるとPCの一般的な活用法やその装置固有の使い方などを教わります。知識段階に移行するわけです。もちろん既に家庭などで使っていたりすることがありますから、再学習することになる生徒もいるでしょう。ともかく、学校側としては生徒の理解水準を合わせるために一定期間の講習を行います。

知識段階が一通り終了すると、次は説得段階つまり生徒がイノベーションに対する態度を明らかにする段階に移ります。教員や保護者は、この段階で生徒に対してPCの利用を促す行動、つまり生徒がイノベーションに対して好意な態度を取るように、陰に陽に説得を重ねることでしょう。おおむねこの段階で生徒はPCに対して好意的ないし非好意的な態度を形成することになります。保護者や学校側の希望通りですと、ここで生徒は確認段階に到達し、PCを採用して良かったと確認することになります。

このほかにもいろいろなバリエーションが考えられます。たとえば、デパートやショッピングモールなどの中を歩いていたら、店員に化粧品やスナック菓子、電気製品などの新商品を勧められたことはどなたも経験しているでしょう。そこで初めて新商品の存在を知り、思わず買ってしまった経験のある人もいるかもしれません。いわゆる衝動買いです。この場面をイノベーション採用過程に合わせて再構成すれば、

説得⇓知識⇓決定⇓導入⇓確認

ということになります。あるいは、試供品などを配っている場合は、

説得⇓確認⇓知識⇓決定⇓導入

といった具合になるかもしれません。

マーケティングの泰斗コトラーによると、消費者の購買決定過程は、

問題認識⇓情報探索⇓代替製品の評価⇓購買決定⇓購買後の行動

ということですが、彼は必ずしもこの順に進行するものではないと断っています。コトラーの購買決定過程をロジャーズのイノベーション採用過程と比較すると、前者は最終消費者を念頭に置いているので、購買を決定するまでの過程が重視され

ているのに対して、後者は採用決定後にも配慮していることがうかがえます。

なお、ロジャーズの『イノベーションの普及（第一版）』（一九六二）では、

気付き⇒興味⇒評価⇒試行⇒採用

となっています。このバージョンは、イノベーション普及論が人々の間に広く浸透する契機になった画期的な著作です。ロジャーズは、最初期には別のイノベーション採用過程を考えていたというのは大変興味深いところです。

このように、イノベーション採用過程の五段階モデルはもっともらしくみえますが、例外やバリエーションがありえます。ただ、項目自体は網羅的ですので、採用過程の順序を鵜呑みにするのではなく、イノベーションの採用過程を体系的に検討する時とか、思考実験をする時の道具として活用すれば有効だと思います。

3　採用者革新性―イノベーション採用の遅速―

社会システムの成員の中には新しいものが現れると直ぐに飛びつく人もいれば、新しいものにほとんど興味を示さない人もいます。普及論ではイノベーションの採用という観点から、社会システムの成員を大別して「初期の採用者」に分けています。さらに前者については「イノベーター」と「初期採用者」に、後者については「初期多数派」、「後期多数派」そして「ラガード」に区分します。

「初期の採用者」と「初期採用者」という表現は大変紛らわしいのですが、元々前者は比較級であるのに対して、後者は原級です。「後期の採用者」と「後期多数派」の違いも同様で、前者が比較級、後者が原級です。ちなみに、イノベーター、採用者、およびラガードは英語では普通名詞で複数形になっている一方、多数派は集合名詞で単数形になっていることに注意してください。

普及論では、あるイノベーションに関わって、社会システムの成員はイノベーション採用の遅速に応じて正規分布していると仮定しています（図1・3参照）。つまり、横軸は時間を表しており、軸に沿って左から右に向かって時間が経過しま

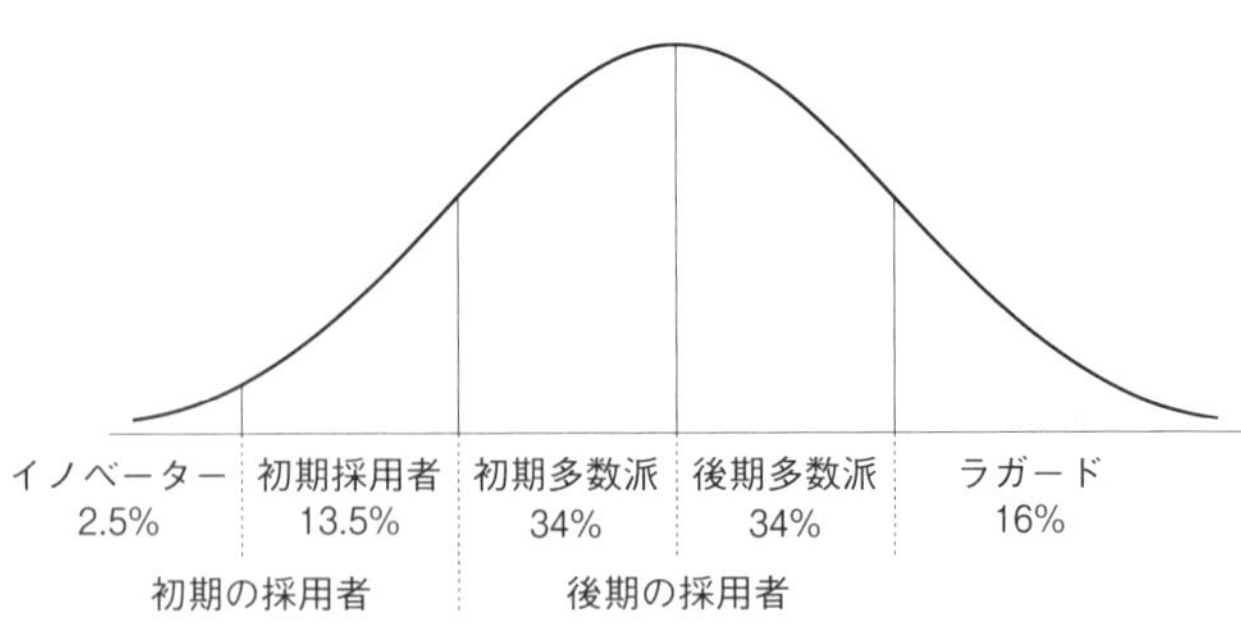

図 1-3　革新性に基づいた採用者カテゴリー

す。縦軸はイノベーション採用者数の全体成員数に対する比率です。そのうえで、成員の分布は平均値からの標準偏差分の隔たりによって、五つの採用者カテゴリーに区分できると仮定しています。つまり、イノベーターは最も早くイノベーションを採用するので、左端に位置しています。以下、順に初期採用者、初期多数派、後期多数派、そしてラガードと続きます。平均値を挟んで、初期多数派が左に、後期多数派が右に位置しています。

各々の採用者カテゴリーは、平均値よりも標準偏差においてσ（シグマ）および2σ離れたところに境界があると仮定しています。したがって、統計学の教えるところによれば、社会システムの全成員に対して、イノベーターは二・五％、初期採用者は一三・五％、初期多数派は三四％、後期多数派も三四％となり、ラガードは残りをかき集めて一六％を占めていることになります。この数値をあまり深く考えないでください。実際のところ、たいした信憑性はありません。大体の目安です。

ロジャーズは、ラガードを二つに区分することも考えたと述べています。しかし、この部分に属する成員はイノベーションをなかなか採用しない人たちであって、彼らの間には社会的な特性においてさしたる違いがみられないことから、併せてラガードと呼ぶようにしたとのことです。確かに、普及推進側からすれば、当該イノベーションの採用をあまり好いていない人たちを細かく分けても、あまり意味はないでしょう。

もう一つ注意しておきたいことがあります。ロジャーズは、採用者革新性の観点から個々人や組織・機関等をイノベーターや初期採用者などのカテゴリーに区分しています。しかし、これはあくまでも特定のイノベーションに対応した分類です。どんなイノベーションに対しても、この人はイノベーター、あの人は後期採用者だと主張しているわけではありません。両者の間に相関関係は大いにありそうですが、イノベーションごとに個々人の採用者カテゴリーが違っていても、おかしくは

表 1-1　イノベーション採用者の類型

イノベーションの採用者分類	属性
イノベーター（Innovators）	冒険的であることが執念になっている。十分な金銭的資産がある。複雑な技術的知識を理解し活用する能力がある。高度の不確実性に対処できるだけの能力がある。
初期採用者（Early Adopters）	周辺の目や社会の動向に敏感である。同僚から信頼されていて、新しいアイデアを巧みにしかも思慮深く利用する。その社会の代表者であるとともにオピニオンリーダー的な存在である。
初期多数派（Early Majority）	付和雷同型でイノベーターや初期採用者の追随者。一定程度の技術的な知識を持つ一方、価格に敏感。
後期多数派（Late Majority）	価格に敏感だが、専門知識をあまり持たない。
ラガード（Laggards）	のろま、頑固。旧習に囚われている。

ありません。

しかし現実には、大体この人はイノベーターだとか、あの人は後期採用者だと考えがちです。実際、次に説明しますが、採用者カテゴリーごとの性格分析は一般論として述べているようにみえます。この点、厳密に考えると曖昧なところがあります。

次に採用者カテゴリーの五類型について説明します。表1・1にその要約を記しました。これを見ると、ロジャーズは各々の採用者分類を冷静に、それでいて実に生き生きと描写していることがよくわかります。彼は普及論をこよなく愛していたのでしょう。

イノベーター

世の中には新しもの好きがいるものです。日ごろから関心のある電気製品などに目配りしていて、家電量販店を用事もないのにうろうろ歩き回っています。そして、テレビで放映された広告や新聞などにはさまっているチラシを見て、画期的な新製品が販売されると知るや、直ぐに手に入れようとします。

昔からそうです。パソコンが登場した一九七〇年代から八〇年代、たいした機能も備わっておらず、できあいのソフトウェアもほとんどなくて、時には自らソフトを作らなければならないなか、飛びつくようにパソコンを購入した人たちや、なかには趣味が高じて自らパソコンを組み立てる人さえいました。

何も電気製品に限られるものではありません。ハイブリッドカーや電気自動車などの販売開始当時も、この類の状況だったのではないでしょうか。衣料やバッグなどのファッション製品もそうですし、構造主義や構築主義などの新思想やそれを取り扱った書籍などの出版物にもあてはまるでしょう。

変わったところでは、秘境の旅や珍しい風景なども含まれそうです。兵庫県朝来市にある竹田城跡が天空の城として注目を集めています。雲のかかりようによって、空中に浮かんだ城のように見えると騒がれ始めたのがきっかけのようです。まるでペルーにある世界遺産マチュピチュのようだというわけです。竹田城跡に至る交通機関は限られており、大阪市や神戸市などの人口集積地から離れたところにありますので、当初はごく限られた人たちが訪れるだけだったのですが、観光客がどっと増え、城壁や城に至る道が傷むほどの事態になっているそうです。

イノベーションが登場するや否やすぐさまそれを採用する人たちのことを、普及論ではイノベーターと呼んでいます。冒険的で好奇心が旺盛な人たちです。前述のように、イノベーターといってもイノベーションの創出者のことではなくて、イノベーションの採用者のことです。ですから、イノベーションの創出者と区別するためには、革新的採用者と呼んだほうがいいかもしれません。

イノベーターはほとんどマスメディアによる報道や販売元の広告などの情報だけに基づいて、新製品などを購入すると説明されています。これがまさしく彼らの大きな特徴です。彼らは周囲の人たちの目をあまり気にせず、人と相談することもなく、自らの判断と意思でイノベーションを採用するのです。

既に述べたように、コミュニケーションチャンネルはマスメディアと対人コミュニケーションに大別されます。普通の人はマスメディアと対人コミュニケーションを両方とも活用しながらイノベーションを採用するかどうか決定するものですが、イノベーターはマスメディアなどで新製品の登場を知らされると、脇目も振らずにこれを手に入れようとするのです。

初期採用者

イノベーターがいち早く新製品を購入してイノベーションを採用すると、彼らの周辺の人々のなかから、徐々に新製品を採用つまり手に入れる人たちが出てきます。この人たちのことを普及論では初期採用者と呼んでいます。マーケティングの世界ではアーリーアダプターと単数形で片仮名表記することが多いようです。

初期採用者はイノベーターに次いでイノベーションを採用する人たちで、イノベーターと比べて周辺の目や社会の動向に敏感な人たちです。初期採用者が新製品を購入し、それに対して好意的な判断を示すようになると、イノベーションは社会システムの中に広く普及するようになります。

彼らは周辺の人たちに比べて知識が豊富で思慮深く、なかにはオピニオンリーダー的な役割を演じる人たちもいます。一般の人々がイノベーションの採用といった意思決定をする際に参照することの多い、信頼に値する存在なのです。

後期の採用者

普及過程が成功裏に進行すると、「初期の採用者」の後に、「後期の採用者」が当該イノベーションを採用するようになります。「後期の採用者」には「初期多数派」、「後期多数派」、そして「ラガード」が含まれます。

後期の採用者のなかでは、まず初期多数派が当該イノベーションを採用します。彼らは付和雷同型で、イノベーターや初期採用者の追随者です。イノベーションがなお一層社会システムのなかに浸透してくると、後期多数派がイノベーションを採用するようになります。彼らは価格には敏感ですが、専門知識をあまり持っていないといわれます。

初期多数派と後期多数派はまさしく普通の人たちです。ロジャーズの計算によれば、両者を合わせておよそ社会システムの成員の七割近くを占めることになります。イノベーションの採用において、イノベーターのように先走ることはなく、初期採用者ほど人々の模範になろうとすることもなく、といってラガードのようにぐずぐずしていることもありません。初期多数派は慎重派である一方、後期多数派は懐疑派です。多少逡巡するところはあるかもしれませんが、他の人々にひどく遅れてイノベーションを採用することはなく、かといって、決して早まって採用することもありません。

最後にイノベーションを採用するのがラガードです。彼らは結局、いつまでたってもイノベーションを採用しないかもしれません。ラガードは見慣れない単語ですが、遅れるという意味の「ラグ」から派生した言葉で、「のろま」とか「ぐずぐずしている人」という意味です。「時差ボケ」ことを「ジェットラグ」と言います。普及論では、イノベーションを採用するだけの金銭的な余裕がないとか、旧習にとらわれていて新規なものを採用しない頑迷な人などが含まれるとしています。

4　イノベーションの普及曲線―イノベーションの属性が普及速度を決める―

イノベーションの普及速度は通常、イノベーションの社会システムへの普及率に基づいて計測されます。たとえば、日本の全家庭を社会システムとした場合、どれだけの家庭に電子レンジが普及しているかといったことなどです。マーケティングなどでは、普及率はもっとも基本的な数量の一つです。というのは、この数値の多寡によって当該イノベーションがどの程度社会システムに普及したかどうかがおおむね判定できるからです。また、普及率の時系列変化を追うことにより、イノベーション普及の遅速やパターンを知ることができます。

普及論では、イノベーションの普及曲線は、理想的には図1・4のような形状を取ると考えています。この図の両軸は前記の図1・3と同じで、横軸は時間、縦軸は全成員に対する採用者の割合です。ただし、先ほどの図はある時刻における採用者比率を表示していましたが、この図はある時刻までの累積の採用者比率を表示しています。したがって、ちょっと難しく言えば、前記の図の採用者比率を積分したものになっています。

この図を鵜呑みにしないでください。採用者カテゴリー間の比率と同様、これは目安です。現実に、これほどきれいな普及曲線が現れることは滅多にありません。

イノベーションの属性が採用の遅速に大きな影響を及ぼすことが知られています。ロジャーズはイノベーションの属性を、

①相対的優位性
②両立可能性
③複雑性

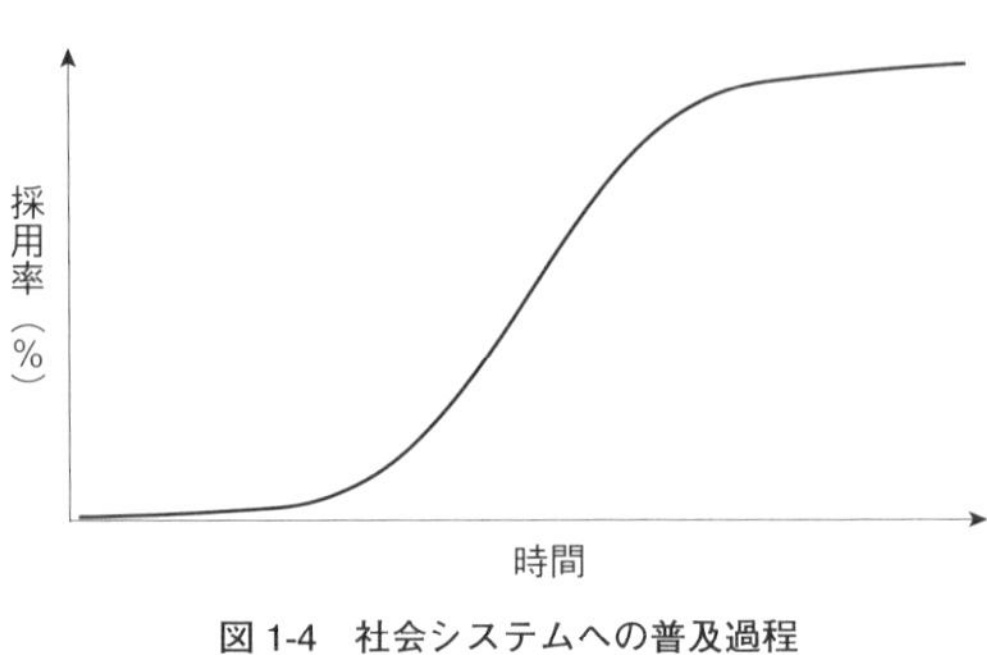

図 1-4　社会システムへの普及過程

④試行可能性
⑤観察可能性

という五つのカテゴリーに区分しています。これらの属性によって、イノベーションは当該社会システムにいち早く普及することもあれば、なかなか普及しないこともあります。次に各々の属性について触れます。

相対的優位性

相対的優位性は経済的利益と社会的名声に大別されます。経済的利益とは、イノベーションに関わる製品などを手に入れた結果得られる利便性ないし利益と、そのための費用や労力の差ないし比率であって、その値が大きければ大きいほど普及しやすいと考えます。

一方、社会的名声とは、新製品などを手に入れることによって得られる名声のことです。「環境にやさしい」ハイブリッドカーや電気自動車などのエコカーに乗るのは、もちろん環境問題を憂えてのことでしょうが、一面では社会的な名声を得るための場合もあるかもしれません。

社会的名声を得る意識が極端になると、見栄になります。たとえば、一点豪華主義で極上のハンドバッグや旅行用のスーツケースを購入し、これを持ち歩くことなどは代表的な事例でしょう。最近では大して使いこなせないのに、アップル社製のアイフォンやアイパッドを持ち歩く年配者もいるようです。

両立可能性

当該新製品が社会システムの成員の既存の価値観や過去の体験、あるいはニーズなどと両立していれば、そのイノベーションの普及可能性が高まります。

たとえば、明治維新の直後に、時の政府は国民の健康を維持、増進させ、体力の向上を図るために肉食を奨励しました。しかし、仏教の影響もあり、肉食の習慣はなかなか普及しませんでした。当時の政府は、肉食普及のために大々的な宣伝をしたとのことです。現在でもイスラム教圏などで豚肉の普及を図ることはほとんど不可能でしょう。

複雑性

複雑性とは当該新製品が何らかの点で複雑で、わかりにくいと知覚される度合いのことです。確かに、複雑性が低ければ低いほど、イノベーションに関わる新製品を人々が採用する可能性は高くなるように思えます。たとえば、一九八〇年代に一般家庭用のファクシミリが登場した時、送信方法が簡単で、公衆電話回線を通じて書類を送信できることから爆発的に普及しました。

一方、一九七〇年代に登場したビデオテープレコーダー（ＶＴＲ）は、当初期待されたほどの普及速度を達成できませんでした。その理由の一半は当時販売されていたＶＴＲの操作方法が難しかったことにあったようです。発売当初のＶＴＲの録画予約はすこぶる難しく、私などの手には負えないものでした。しかしこの複雑性に関わるバリアも、ビデオレンタルショップの普及によって、録画済みのテープを比較的安価に借りることができるようになり、ＶＴＲは一般家庭に浸透していくこととなりました。

以下のような例もあります。日本語ワードプロセッサー（ＷＰ）は、販売が開始されて数年程度経過したころから、価格が急落するにつれて、急速に普及し始めました。これに対して、ＷＰ機能を併せ持つパーソナルコンピューター（ＰＣ）は、販売が開始されてから暫くの間、ＷＰとくらべて普及速度はごく緩慢でした。それは、ＰＣの価格がＷＰと比べて二倍から三倍程高かったうえに、追加のソフトウェアを購入しなければならなかったことや、購入したとしても、ソフトウェアの操作が複雑であったことに起因するところが大きかったと考えられます。

しかし、その後の経過をたどると、一般家庭へのＷＰ普及率はついに四〇％に達せず、販売数量はおよそ年間三〇〇万台をピークに落ち込み、結局ほとんどのメーカーは二〇〇〇年ころまでにＷＰの製造から撤退してしまいました。これに対して、ＰＣの機能は、とりわけＭＳ‐ＤＯＳ3.1の登場以来急速に向上するとともに、ワープロ・ソフトを含むソフトウェア機能も改善されて、ＰＣの普及率が徐々に拡大し、やがてＷＰの普及率をはるかに超えるようになります。

新製品が複雑な構造や機能を持っている場合、イノベーション登場の初期には複雑性が普及の障害になるかもしれません。しかし、社会システムに徐々に行き渡って、人々がそれに馴染むとともに製品が改良されて、使いやすくなってくると、普及速度が徐々に高まり、遂に社会システムに広く浸透する傾向があります。

一方、新製品が単純な場合、イノベーション登場の初期には爆発的に普及することがあります。しかし、より複雑ではあるが、より高い機能の実現が可能なイノベーションに基づく製品が、機能の単純なイノベーションに基づく製品の普及率を追い越してしまうことがあります。まさにこの現象がＰＣとＷＰの普及過程において起きたのです。

このような現象があることから、複雑性がイノベーションの普及の阻害要因であるとのロジャーズの主張は、専門家の間で必ずしも額面どおりには受け入れられていないようです。

観察可能性と試行可能性

イノベーション普及の観点から見て、残り二つのイノベーション属性は観察可能性と試行可能性です。観察可能性とは、新製品の利用状況や利用のもたらす結果などを人々が見ることができるかどうかの度合いのことです。試行可能性とは、イノベーションに関わる製品などを試しに利用したり、体験したりすることのできる度合いのことです。

ロジャーズは、相対的優位性、両立可能性、複雑性に観察可能性と試行可能性を合わせた五つのイノベーション属性によって、当該イノベーションの普及速度の四九から八七％程度が説明可能であると述べています。

しかし、ロジャーズを始めとする普及論研究者が調査を行った二〇世紀後半と違い、今ではネットが社会の隅々まで普及していて、我々が接することのできる情報量は遥かに多くなっています。こうしたことを考慮に入れると、これら五つの指標でいいのか、若干疑問のあるところです。実際、健康医療の分野では十一の指標を提案している論文をみかけたことがあります。それでも、普及研究者がこれまで行ってきたイノベーション属性に関わる研究は貴重です。ロジャーズのモデルをそのまま鵜呑みにすることなく、と言って全否定するのではなく、実際の事例に即してさまざまな教訓を汲み取ることが肝心でしょう。

5　クリティカルマス―イノベーションの普及が持続的になるとき―

あるイノベーションがある社会システムに出現したとします。スマートフォンでも、電気自動車でも、あるいは新医薬品でも結構ですので、想像してみてください。そのとき、その社会システムに属する一定割合の人々がそのイノベーションを採用すると、後は放っておいてもそのイノベーションが持続的に社会システム内に普及することがあります。このことをイノベーションの普及率がクリティカルマスに達したとか、クリティカルマスを超えたなどと言います。つまりクリティカルマスは、社会システムの一定割合の人々が当該イノベーションを採用するに至ると、それ以降のイノベーションの採用が自己維持的に進行することを意味しています。

物理学でのクリティカルマスつまり臨界量と似ているものの、考え方はずいぶん異なります。物理学では、クリティカルマスとは核分裂性物質において核分裂の連鎖反応が持続的に起きる最小の質量のことです。たとえば、プルトニウム239のクリティカルマスは五・六kg程度と言われています。

これに対して普及論では、社会システムの成員に占める採用者の割合が一定の水準を超えると採用速度が自己維持的になると考えており、この最小の割合のことをクリティカルマスと呼んでいます。つまり普及論では、質量や長さのようにキログラムとかメートルなどの次元を持った数量ではなくて、比率という無次元数つまり単位のない数量のことをクリティカルマスと呼んでいるのです。

ロジャーズは、ＩＣＴなどネットワーク型のイノベーションが普及する場合にクリティカルマスという現象が顕著に現れると指摘しています。そのうえで、社会システムの成員の一〇から二〇％の採用率が、クリティカルマスに到達したかどうかの目安であるとしています。

ちょっと古い話ですが、松永真理は『ｉモード事件』（二〇〇〇）のなかで、携帯電話などの通信技術に関わる普及では、経験的に大体百万人がそのイノベーションを採用するとクリティカルマスに達して、急速に普及するようになると述べています。これなどはまさに、「マス」つまり数量ですが、果たしてこれは何パーセントくらいに相当するのでしょうか。わが国の全人口から判断すると明らかに一〇%を下回っていますが、母集団を潜在的採用者つまりｉモードなどの機能を採用する可能性のある人たちとすると、案外いい線なのかもしれません。

6　ロジャーズ普及論は何故今でも読み継がれているのか

ここで、いったんロジャーズ普及論の特徴をまとめておきましょう。基本となっているモデルは、切れ味が鋭く、直截(ちょくせつ)的かつ完結した体系になっています。ビシッ、ビシッと一つ一つ論理的に構築された体系です。それだけに、初版が出版されて以来六〇年近く経過した現在、いくらでも欠点をあげつらうことができそうにみえます。

しかし、普及論は各方面で今なお根強い人気があります。マーケティングを始めとしてさまざまなジャンルで活用されていますし、いろいろな専門分野に入り込んで独自の発展を遂げています。それは何故でしょうか。

私は、おおよそ三つほどの理由があると思っています。

第一は、経済学とか社会学、心理学などのように小難しい理論を知らなくとも、すぐに普及論の本筋に踏み込めることです。やや極端な表現をすれば、目の前にイノベーションの普及に関係のありそうな事象があるとして、普及論をひととおり学べば、普及率を計測し、イノベーション属性を分析し、採用者カテゴリーを同定し、イノベーションの採用過程を調べることができます。どれだけ深く調べるか、程度の問題はありますが、それをまとめれば立派なレポートが書けます。

お手軽と言えばお手軽ですが、実にわかりやすい。その結果にはなるほどを思わせるところが沢山あります。しかも、普及論の元となっている理論は浩瀚な学術的著作と実証的な知見に裏付けられているので、上司や指導教授、同僚を納得させることができます。説得力があるとともに理論的な正当性が確保されており、実践的で強力なツールなのです。

第二は、誰でも普及論に手を加えることが可能なこと、あるいはそのように見えることです。普及論は、全体像を理解するまでは随分難解に見えるのですが、それが分かれば実は単純な理論です。

ビジネスの現場で、あるいは何らかの普及の実践の場で、元々のロジャーズ普及理論に何か継ぎ足して、新しいアイデアを提案できそうにみえます。達成感があります。普及論の用語を借りれば、「再発明」が容易なのです。穿った表現ですが、ロジャーズは普及理論の「普及実践活動」においても偉大だったのかもしれません。

第三は、ロジャーズの半世紀以上に及ぶ普及論研究に基づいた豊富な事例が存在することです。これに加えて、多くの研究者や専門家による、普及論に基づいた数多くの研究調査事例が存在します。優れて実践的な普及論には、汲めども尽きぬ知識の源泉があるのです。特に、ロジャーズ『イノベーションの普及』各版に掲載されている事例紹介は秀逸です。これを読むたびに、嬉しくなってきます。

イノベーション活動がさかんな現在、浜の真砂が尽きることがあっても、イノベーションのたねが尽きることはないでしょう。仮に普及論が廃れたとしても、彼の活写した事例の数々はいつまでも残ると思います。是非、ロジャーズの原著にも当たってください。

＊　＊　＊

■コラム■　普及現象のいくつかの説明モデル—感染モデル、閾値（いき）モデル、構造同等モデル—

ロジャーズの普及論は、インフルエンザが人から人へと感染するように、イノベーションが人と人とのコミュニケーションを通じて伝わっていくことを想定しています。これは、普及曲線として時間軸に沿った釣鐘型の分布を仮定していることからもわかります。これを感染モデルと呼びます。

それでは、イノベーションは常に人と人とのコミュニケーションによる接触を通じて、病気が感染するように普及していくものなのでしょうか。実は、このほかにもいくつかの普及モデルが提案されています。次に概説する閾値モデルと構造同等モデルなどが代表的です。

社会現象に関わる閾値モデルは、社会学者グラノベッター（一九七八）が提案しています。事例で説明しましょう。皆さんが、ある場所でまさに暴動が始まろうとしている緊急の事態に遭遇したとします。やがて皆さんの周辺にいる人たちが暴れ出し、投石を始めたとします。そのとき、ごく僅かの人が投石を始めると、それにすぐさま追随して投石を始める人もいれば、大多数の人が投石をした後にようやく追随する人もいるものです。最後まで追随せず、したがって投石することなく、傍観している人もいることでしょう。

グラノベッターの閾値モデルによると、ある社会集団において、何人かが一定の行動を起こすと、その集団内のある人がそれに同調した行動をとる場合、この臨界的な数値のことをその人の閾値といいます。一人が投石を始めるとすぐにそれに追随する人は閾値のごく低い人です。これに対して、周辺の人たちの行動になかなか同調しない人の閾値は高いことになります。

イノベーションを採用するときの人々の行動にこの現象を適用したのが、閾値モデルです。即ち、あるイノベーションが皆さんの周辺に現れたとして、そのイノベーションに対する固有の閾値が皆さんに付与されているとします。その時、皆さんの身の回りの何人かがそれを採用した結果、皆さんにあらかじめ付与されている固有の閾値を越えると、皆さんはそれを採用するようになると考えます。この現象が社会システムの成員の間で連鎖的に発生することによって、イノベーションが伝播し、社会のうちに普及していくというわけです。

社会システムの成員間に閾値がどのように分布しているかによって、普及速度や普及のパターンは違ってきます。もし閾値が成員間に一様に分布していれば、クリティカルマスは存在しません。この場合、閾値の低い人から順番にイノベーションを採用していくことになります。仮に正規分布であれば、ある時点で爆発的に普及することが想定できます。実際には、ある社会システムに属する成員間の閾値は正規分布か、あるいはそれに近い構造をしていると考えられますので、ある時点で急速にイノベーションが普及することが起こりうるのです。

こうした爆発的な普及現象について、エッセイストのグラッドウェル（二〇〇二）はティッピングポイントという言葉を使って説明しています。ティッピングポイントとは、転換点とか転機、臨界点といった意味で、今までは何事もなく平穏無事であったものが、ある時突然、元に戻れないような大変化が起きることをいいます。前述の暴動の発生などはその一例です。

流行現象においても時々こうしたことが起こります。グラッドウェルは、ほとんど製造中止に追い込まれていたハッシュパピーが急に売れ出したさまを巧みに描いています。ハッシュパピーといえば、わが国でも有名なブランドの靴です。ピコ太郎さんが歌う「ペンパイナッポーアッポーペン」の世界的な流行などもティッピングポイントの代表的な事例でしょう。

次に構造同等モデルとは、あるイノベーションに関わって、自身と社会経済的その他全般におおよそ同等の人がそのイノベーションを採用していると、その人もそのイノベーションを採用するようになるというものです。たとえば、同じマンションの世帯で、同じくらいの年齢の子供がいて、その部屋からバイオリンを弾いている音が聞こえてきたとします。同じマンションに住んでおり、日頃から多少の付き合いがあって、収入や社会的な立ち位置が同じくらいだと知っていればなおさらのこと、自分の子供にもバイオリンを習わせようという気持ちになるのが人情でしょう。

かくして、その人も子供のためにバイオリンを買い、子供を音楽教室に通わせ、バイオリンの音色を周囲に流す、このようなことが連鎖的に起こってバイオリンが普及していくことが十分に想定されます。

両家族の間に何らかのコミュニケーションが日常的にある場合は、感染モデルが適用されうるかもしれません。あるいは、当該イノベーション採用に際して潜在的採用者の側に何らかの閾値が存在するかもしれません。この場合は、閾値モデルが適用可能です。

これに対して、構造的同等モデルの基本的な考え方は、社会システムの成員間の社会経済的な構造が同等である場合、当該イノベーションの普及が促進されるというものです。どれが現実をもっとも正確に表現しているのでしょうか。何とも言えませんが、いろいろな研究が行われているようです。

このほか、イノベーションの普及に類似した興味深いモデルとして、「割れ窓理論」や「弱い絆の強さ」、「バズマーケティング」などがあります。関心のある読書は関連の図書に当たってみてください。

＊　＊　＊

第二章　イノベーション普及論の展開
―イノベーションの普及過程分析からマーケティング戦略への転換―

「なせば成る、なさねば成らぬ何事も、成らぬは人のなさぬなりけり」上杉鷹山

イノベーション普及論は純粋な理論の体系ではなく、優れて実践的かつ実証的な知識の体系です。それが半世紀もの間受け継がれてきたのですから、当然この間に多くの批判にさらされてきました。それをすべて語ること自体、おそらく大部のイノベーション研究史になるでしょうし、とても私の務まるところではありません。

本書はイノベーション理論がビジネスにどこまで「使える」かを解説するものです。そこで次に、ビジネスとの関わりのなかで、イノベーション普及論の展開を述べるとともに、その可能性と限界について考えることにします。

1　バスモデル―マーケティングにおける定量分析モデルの定番―

バスモデルとは、家電など耐久消費財の販売数量の時系列推移を分析するモデルで、一九六九年にマーケティング研究者であるバスが提案したものです。このモデルは、購入者つまり消費者をイノベーター（革新者）とイミテーター（模倣者）に区分します。理念的にはイノベーターは、マスコミュニケーションつまりマスメディアチャンネルなど外部からの情報だけに頼って、イノベーションの採用ないし購入を判断する人たちのことです。これに対してイミテーターは、対人コミュニケーションチャンネルつまりクチコミなど知り合いからの情報に従って、イノベーションの採用ないし購入を判断する人た

ちのことです。そのうえで、ある一定期間におけるイノベーターとイミテーターによる当該耐久消費財の購入数量の合計は、その全購入量つまり販売量に等しいとします。

バスモデルの考え方

バスモデルでは、耐久消費財などのイノベーションの普及つまり購入過程はおよそ次のように進展すると考えます。耐久消費財に関わる製品の登場直後は、人々はそれについてほとんど何も知りませんから、外部からの情報だけを頼りに当該製品を購入します。したがって、この段階ではほとんどイノベーターのみが当該製品を購入することになります。

その後、次第にそのイノベーションつまり製品を手に入れる人たちが増えてくるにつれて、既に製品を購入した人たちとのクチコミを通じて、社会システムのその他の成員が当該製品を購入するようになってまいります。もちろんこの段階でも外部からの情報だけを頼りに当該製品を購入する人たちが存在します。また、耐久消費財ですので、いったん製品を購入した人たちは、分析対象期間において当該製品を持ち続けることを前提としています。このようにして、時間が経過するにつれて人々はその製品を購入し、当該製品は人々の間に普及していきます。

採用者カテゴリーの構成はロジャーズ普及論とは違う

バスモデルの考え方は前述のロジャーズ普及論とよく似ています。そこで、バスモデルは採用者カテゴリーに沿ってイノベーションの普及過程を定量的に解析するモデルであると考えがちですが、それは正確ではありません。むしろ、まったく別の枠組みからできていると考えた方がいいでしょう。

というのは、普及論で言うところのイノベーターはイノベーションの登場後最初にそれを採用する人たちのことを指しますが、バスモデルでは外部からの情報に従ってイノベーションを採用する人たちのことです。したがって、イノベーションの登場後いくら遅くそれを採用したとしても、外部からの情報のみに依存して当該製品を購入したとすれば、その人がイノベーターであることに変わりはありません。また、ロジャーズ普及論では普及曲線はS字型をたどるとしていますが、バスモデルでは一部の人たちはイノベーションの登場後すぐにそれを購入しますので、S字型曲線にはなりません。バスモデルが登場して以来既に半世紀近く経過しました。今ではいろいろなパターンを組み入れた普及モデルが提案されています。実践的であるうえに定量分析が可能で、視覚に訴える結果を得られるとともに、予測に活用できますので、マーケティング関連の分野では実務にしばしば活用されています。

2　キャズム―イノベーションが成功するために越えねばならない深い溝―

ＩＣＴなどのハイテクイノベーションが主要市場に浸透するためには、是非とも越えなくてはならない深い溝があるとマーケティング・コンサルタントのムーアは主張しています。ＩＣＴがブームになって間もない一九九〇年代のことで、彼はこの深い溝のことをキャズムと名付けました。彼はイノベーションが市場に浸透していく過程を「技術採用のライフサイクル」と呼んでいます。

キャズムの採用者カテゴリーはロジャーズ普及論のパクリ

ムーアは、ＩＣＴ関連のハイテク製品において際立って特徴的なのは「当初はテッキーと称する技術マニアを主要顧客とするが、徐々に製品を改良してビジョナリーに拡大し、キャズムを越えることができれば、メインストリーム市場に浸透」することだと説明しています。

彼はロジャーズ普及論でイノベーターと呼ばれている人たちのことを技術熱狂主義者と名付けるとともに、別名テッキーと呼んでいます。テッキーというネーミングは、若干茶化しているようにもみえますが、一面愛情のこもった表現だと思います。日本語では技術おたくとでも言うのでしょうか。また、ムーアはビジョナリーという採用者カテゴリーに言及しています。これはロジャーズ普及論でいうところの初期採用者を言い換えたものです。詳しくは表２‐１の比較表をご覧ください。

表 2-1　キャズムからみたロジャーズ普及論の採用者カテゴリーとの違い

キャズム	（キャズムの観点からの）特徴	ロジャーズ普及論
技術熱狂主義者 (Technology enthusiasts)	技術それ自体の愛好者。テッキー	イノベーター (Innovators)
洞察者 (visionaries)	新たに出現してくる技術に対して洞察力を持っている人々。革命的なことを好む。	初期採用者 (Early Adopters)
実利主義者 (Pragmatists)	実利的で、市場のボリュームゾーンを形成している人たち。価格に敏感。進化的なことを好む。	初期多数派 (Early Majority)
保守派 (Conservatives)	保守的で、進歩よりは伝統を重んじる。	後期多数派 (Late Majority)
懐疑派 (Skeptics)	懐疑的で、ハイテク製品のマーケティング対象にはなりにくい。	ラガード (Laggards)

ムーアのアイデアがロジャーズの提唱するイノベーション普及論に基づいているのは明白です。しかし、ムーアの著作を一見するとすぐにわかりますが、そこにはまったく参考文献のリストがなく、ロジャーズという名前のかけらさえ見当たりません。

ロジャーズは第五版『イノベーションの普及』（二〇〇三）のなかで、キャズムに言及しています。その中で、ロジャーズはムーアの主張するキャズムが存在する実証的な根拠は何にもないと、これを素っ気なく否定しています。ロジャーズが既に死去している現在、詳しい事情はもはや知る由もありませんが、ロジャーズがムーアの言説を歓迎していない気持ちを察することができます。

普及論をマーケティング戦略論に転換させたムーアのキャズム理論

ムーアはロジャーズ普及論を「パクった」だけなのでしょうか。私はそうは思いません。巧妙に普及論を活用していますが、重要な点で普及論を「越えて」います。それは、製品の変化や改良を明確な形で「技術採用のライフサイクルモデル」のなかに組み込んでいることです。

スマホやウェアラブルコンピュータなどが登場したときのことを思い浮かべてみてください。こうしたＩＣＴ関連の新製品が登場すると、これに真っ先に飛びつくのは好奇心が旺盛で新しもの好きのテッキーです。外見が多少武骨で、多少使いにくくても頓着しません。むしろそのほうが彼らを満足させる面があるように思います。人とは違うことを見せびらかしたいし、それを使いこなせることに無上の喜びを感じているのです。もちろん、こうした革新的新製品を購入した後、自分は君らとは違う、特殊能力のある人間だということを、さりげなく知ってもらうように仕向けます。

こうしたことは昔から随分とありました。変わったところでは、ロジャーズはMRIなどの高価な医療器具を、たいして使うことはないと思える中小病院が購入する例を挙げています。オーディオマニアやカーマニアなどがそうですし、パソコンのことをマイコンと呼んでいた時代には、自らマイコンを組み立てる人たちがいました。まさしく、技術マニア、テッキーです。多分、人それぞれに思い当たる節があるはずです。

洞察者（ビジョナリー）は、その名のごとく洞察力があり、将来に対して先見の明があると自負しているとともに、周囲の人たちから一目を置かれている人たちです。彼らはいわばオピニオンリーダーで、いろいろな階層の人たちと交流があり、行動範囲が広く、広い視野から社会の行方や流行のトレンドなどを見ています。

そんな彼らが、ある新製品は将来モノになると判断し、手に入れることになると、この行動は彼の周囲の人たちの判断に影響を与え、その製品が急に普及し始めます。ロジャーズが初期採用者と呼んでいる人たちと同じ属性です。

キャズム・モデルはここで終わりません。ここからキャズムの独創的なアイデアが発揮されます。市場のボリュームゾーンを構成する実利主義者（プラグマティスト）に当該製品が採用されるためには、彼らからみた費用対効果比つまりコスパが十分に高く良好でなければなりません。キャズムは洞察者と実利主義者の間に横たわる深い溝のことなのです。

ムーアは、実利主義者はＩＴ関連のハイテク製品では一定程度の技術的な知識を持つ一方、価格に敏感に反応すると説明しています。彼らのニーズを満たすためには、一段の価格の低減と性能の向上が必要になります。成功するイノベーションの場合、この段階で多数の企業が参入し、競争が激化するなかで、コストダウンに成功し、性能についても一定の評価を得た企業が市場のシェアを伸ばしていきます。

実利主義者の支持を得ることができれば、当該イノベーションに基づく新製品はキャズムを乗り越えることができます。

ＩＣＴのようなハイテク製品は中核技術や周辺技術の進歩が速いのに加えて、ソフトウェアの変更が比較的容易なので、市場に合わせた製品開発が可能です。ムーアの場合、キャズムの適用をＩＣＴなどのハイテク製品に限定しているところがミソです。古くはビデオテープレコーダーやファクシミリを始めとして、パソコンや携帯電話などＩＣＴに関わるハイテク製品は、そのライフサイクルにわたって、明瞭に進化を遂げ、変化します。

実際ロジャーズはビデオテープレコーダーの目覚ましい進化と価格の劇的な下落を振り返って、これを同じ製品と考えていいのだろうかと感慨深げに指摘しています。しかし、彼は普及モデルを変える気にはならなかったのでしょう。というのは、用語の定義から普及モデルに至るまで、根こそぎとはいわないまでも相当大幅な普及理論体系の変更を余儀なくされる可能性が高かったからです。

さて、社会システムの成員の間に深い溝つまりキャズムなど存在しないというロジャーズの批判にはどう答えればいいのでしょうか。私の回答は、「社会システムの側に溝があるのではなく、イノベーションの側がボリュームゾーンである実利主義者のニーズにいまだ応えていない状態にある」というものです。つまり、イノベーションの変化を考慮に入れていないロジャーズの普及モデルでは想定することのできない現象だったのです。

共組織化―社会システムとイノベーションの相互作用―

私は、今から二〇年近く前にイノベーションと社会システムの相互作用モデルを構想していました。振り返ってみると、米国で『キャズム』（一九九一）が出版された後のことで、イノベーション普及理論の経営情報分野への適用、具体的にはICTの企業や社会への普及に的を絞って研究していたのです。私は、普及論モデルを根幹としつつも、普及過程にイノベーション自体の変化を組み込む方法について、おおよそ次のようなことを考えていました。

ロジャーズ普及論は、イノベーションが社会システムに普及する間、当該イノベーション――より正確にはイノベーション活動に基づいて作られた製品やサービスなどの新しいアイデア――は実際上変化しないものと想定しています。一方で、彼はイノベーションの変化は採用者つまり利用者による再発明によって引き起こされることがあると述べています。そのうえで、このような逸脱現象は、教育イノベーションとかコンピュータ・ソフトウェアなど形をもたない、無形のイノベーションにしばしば見受けられると指摘しています。

翻って考えてみると、ロジャーズが普及論を構想するに至ったきっかけは、ハイブリッドコーンつまり一代雑種トウモロコシの普及過程調査でした。第二次世界大戦前の米国では農事試験所が品種改良実験を行っており、その過程でハイブリッドコーンが開発されたのです。こうして開発されたハイブリッドコーンは比較的長期にわたって変化することはありませんでした。イノベーションが社会システムに普及する間、当該イノベーションが変化することはないとするロジャーズ普及論の仮定はおおむね妥当だったわけです。

その後、一九八〇年代後半になるとICTのような双方向技術（これはロジャーズのネーミングです）は、ある一定の普及率に達すると急激に普及が拡大するとして、ロジャーズはクリティカルマスという考え方を導入します。それでも、製品やサービスの変化に対して特段の言及はありませんでした。しかし、ビデオテープレコーダーを始めとして、ファクシミリやパソコンなどICT系の耐久消費財は、製品が市場に投入されて社会システムに浸透していく間に、外形や機能が変わるとともに価格性能比は大幅に向上していきます。

一方、第二部で述べますが、アバーナシーとアッターバックは、イノベーションはダイナミックに変化するものであって、当初は当該製品に関わって製品イノベーションがさかんにおこなわれるが、ドミナント・デザインが登場する頃から工程イノベーションが増加する半面、製品イノベーションは次第に減少するようになるとの説を展開していました。

イノベーションの進化に関わるモデルをあれこれ考えているうちに、私は普及論とドミナント・デザイン論を結合するとともに、ドミナント・デザインとクリティカルマスはほぼ同時期に発生するのではないかとの発想に至りました。その後も研究を進めていたところ、二〇〇〇年頃にカナダで情報技術の普及に関するワークショップが開催されることを知りました。そこで、このワークショップに参加して日本語ワードプロセッサーの普及過程をこの発想のもとで発表したところ、私の考えはキャズムに似ていると言われました。当時キャズムについて何も知りませんでしたし、そもそも難しい言葉ですから、その意味が理解できませんでした。まもなくこの本が日本語に翻訳されて、わが国で評判になった後も、ムーアはロジャーズのみならずドミナント・デザインについて一切言及しておりませんので、初めのうちは私の考えとキャズムの考え方の近さが理解できませんでした。

その後、前述の発想をまとめるなかで、イノベーションと社会システムが共に自己組織化すると考え、これを共組織化モデルと名付けました。今では、ハイテク技術に関わる製品等がクリティカルマスを越えて自己維持的に普及し始めるためには、当該製品等が初期多数派に受け入れられるように変化することが、十分条件ではないにしても、必要条件だと考えるに至っています。

3　提唱者によって意味合いが異なるイノベーター概念

イノベーターという言葉を聞いたとき、どのような人物像を思い描くでしょうか。普及論が想定するイノベーターは、たとえば破壊的イノベーション理論の提唱者であるクリステンセンが描くイノベーター像とはまったく意味合いが異なります。言うまでもありませんが、イノベーターは、イノベートからつくられた言葉です。実は、イノベートには変革するとか新しくするという意味と、もう一つ、新しいものやことを導入するという意味があります。前者は自動詞で、後者は他動詞です。これに応じて、イノベーターは変革者を指す場合と、最初の導入者を指す場合があります。もちろん変革を実行するためには、多くの場合新しいアイデアを取り入れる、つまり導入する過程を伴うでしょうから、同一人物のことがありえます。しかし、一般には別の人物像を指すと解釈するほうがわかりやすいでしょう。

普及論では、イノベーターはイノベーションの導入者つまり「革新的採用者」を指します。これに対して、クリステンセンが「イノベーターのジレンマ」とか「イノベーターのＤＮＡ」と言う場合、イノベーターとは、イノベーションを創出するばかりではなく、イノベーションを擁して市場や社会を変革する人たち、つまり「変革者」を意味していることは明らかです。経営学や経済学ではこの用法が一般的です。

事態を複雑にしているのは、イノベーターとは研究開発などによって新技術を創り出す人々である、端的には技術開発者だと捉えている向きがあることです。この場合、技術開発を行って製品を開発し、それを市場に出せばそこまで、これでイノベーション活動は完了、後は営業の仕事という考えが根底にあるようです。

これはあながち間違いであるとはいえません。イノベーションの元々の意味は新しい状態に入ることなので、これを狭義に捉えれば、技術開発までがイノベーション、ということでいいのかもしれません。通俗的にはこの見方が主流のようにも見えますし、特に工学系や技術畑の人たちの間ではこの考え方が強いように思います。この場合、イノベーターは事実上、技術開発者つまり新技術の創出者と同じことになります。

そうすると、人々がイノベーターと言うとき、そこには三パターンあることがわかります。つまり、第一は革新的採用者、第二は変革者、第三は技術開発者で、人々は思い思いに解釈している可能性があります。大体同じであれば大過ないのですが、実際のところ各々が指し示す人物像は相当異なるのです。次に各々についてもう少し深く考えてみます。

革新的採用者

第一は革新的採用者です。既に述べたように、ロジャーズは、彼らは高度の不確実性に対処できるとともに冒険的であることが執念とさえなっており、社会システムの中ではいわゆる周縁部に属していて、周囲の人たちからは時に変人、奇人の類とみられることがあると描写しています。

キャズムを提唱しているムーアはイノベーターという言葉を使っていません。ロジャーズがイノベーターと呼称する人物像に対応するのは「技術熱狂主義者」であって、ムーアは彼らのことを、新しい技術が何よりも大好きで、それに夢中になってしまうテッキー、つまり技術おたくと呼んでいます。

変革者

「イノベーターのDNA」としてクリステンセン（二〇一一）が描くイノベーターは、ロジャーズが名付けるところのイノベーターつまり革新的採用者とは真逆の人物です。彼は新しいアイデアを創出することにより、市場や社会に変革をもたらす存在です。クリステンセンが描写するイノベーターは、シュンペーターやドラッカーが夙（つと）に言及している企業家つまりアントレプレナーに相当することになるでしょう。

クリステンセンは、イノベーターとりわけ破壊的イノベーター（ディスラプター）は「関連づける力」、「質問力」、「観察力」、「ネットワーク力」そして「実験力」という五つの資質を十分に備えていると述べたうえで、マイケル・デルやスティーブ・ジョブスなどの名前を挙げています。わが国にもいます。あえて今は亡き人たちを挙げますが、松下幸之助、中内功、本田宗一郎、盛田昭夫などはその代表的な存在でしょう。

いわゆる文系、理系の区別はありません。技術的な知識があろうとなかろうと、彼らは洞察力つまり将来を見通す力がありますし、クリステンセンが列挙する五つのイノベーターとしての特質をすべて備えています。

これはロジャーズ普及論では「初期採用者」つまりオピニオンリーダーとして描かれている人物像に近いでしょう。ムーアは彼らのことを『キャズム』のなかで「洞察者」、つまり「ビジョナリー」と呼んでいます。ただ、ここで混乱していただきたくないのは、ビジョナリーはイノベーションの提供側ではなく、採用側つまり導入側を指していることです。

ムーアは『キャズム』のなかで、ヘンリー・フォードその他著名な企業家や創業者をビジョナリーの一例として挙げています。流して読むと、彼らが事業を展開しているように見えますが、イノベーションの提供者はベンダーで、ビジョナリーは採用者側です。強いて言えば、当該新技術をビジョナリーが採用して、彼あるいは彼女が自身で展開している事業を推進するのです。しかし、これは誤解を招きかねない、ちょっと妖しい説明ではないでしょうか。

私が妖しいと指摘するのは、次のような理由からです。ムーアは、社会システムの構成員の分布は釣り鐘型の正規分布をなすとの前提条件を設けています。ロジャーズ普及論と同じです。この前提からすると、洞察者つまりビジョナリー（あるいは、初期採用者）は技術熱狂主義者つまりテクノロジー・マニア（あるいはイノベーター）よりも圧倒的に人数が多く、一〇倍ほどになるはずです。しかし、世間を見渡せば、一般論としてムーアが描くところの洞察者は技術熱狂主義者よりもはるかに少ないように思います。社会システムの中に一割以上の洞察者、それもヘンリー・フォードのような存在がいるとは到底信じられません。

技術開発者

第三は技術開発者つまり新製品の開発者です。技術開発を広くとらえて新サービスや新組織の開発者を含めてもいいのでしょうが、私の理解するところでは、第三の立場を取る人たちがイノベーションの創出者つまりイノベーターという場合、一般にはおおよそ科学・技術上の専門家を想定しているようです。したがって、製品開発者をイノベーターという場合、科学者を含むこともありますが、多くは研究開発に携わる技術者を想定していることが多いように思います。すなわち、ここでいうイノベーターつまり製品開発者は、当該技術分野の豊富な専門知識を有するとともに、創意工夫を発揮しつつ、開発チームをまとめて電気自動車とかスマホなどの新製品を開発する人物のことを指しています。典型的には、自動車の開発物語などで時に熱く描かれている重量級のプロジェクトマネージャーなどがこれに該当するでしょう。

このように、イノベーターの三類型は相互に大いに異なります。私は、どれがいいとか、これにすべきだというよりは、それぞれが一定の意味を持っていると考えています。しかし、これらの人物像をまぜこぜにして論述している例がなんと多いことか、驚くばかりです。イノベーションに対する誤解は、このあたりから始まっているのかもしれません。

4　ロジャーズ普及論の限界

ロジャーズ普及論を軸にしてイノベーションの普及に関わる現象を説明するとともに、普及に関わるいくつかの理論やモデルを紹介してきました。ロジャーズは二〇〇四年に亡くなっていますので、彼がこれ以上普及論を発展させることはありません。それは次の世代の役割でしょう。

一九六二年に初版の普及論が出版されて以来半世紀以上が経過していますから、これまでにいろいろな論争や批判がありました。しかも、普及論は学際的かつ実践的な学ですので、この間の時代の変化に応じて変更を加えることが必要になっています。ロジャーズ普及論の功罪に関して、これまで「功」の部分を多く触れてきましたので、次に「罪」というわけではありませんが、ロジャーズ普及論の限界について考えてみたいと思います。

真っ先に考えなくてはならないのは、ロジャーズの普及モデルは一九四〇年前後の米国におけるハイブリッドコーンつ

表 2-2　ハイブリッドコーン普及過程の 5W1H

5W1H	内容
何（what）	ハイブリッドコーン（一代雑種トウモロコシ）
場所（where）	米国アイオワ州の農村地帯
何時（when）	1940 年頃
誰（who）	農事試験所から農民へ
何故（why）	ハイブリッドコーンの普及促進
如何（how）	コミュニケーションチャンネルの活用

まり一代雑種トウモロコシの農民への普及過程の研究に端を発していることです。これを5W1Hに沿って表にしてみれば表2－2のようになります。

ハイブリッドコーンの普及は既に八〇年近く前に米国で起きた事象です。この間に幾多の社会変動があり、技術的な革新がありました。特に普及論の四要素の一つであるコミュニケーションに関わる技術の進歩は著しく、メディアつまりコミュニケーションチャンネルの媒体は一新されています。こうした事実も踏まえながら、次に普及論に関わる幾つかの課題や限界を挙げるとともに若干の考察を試みることにします。

リニアモデルである

ロジャーズの提案するイノベーション普及モデルは、シーズの発見やニーズの把握に始まり、研究開発を経て製品が開発され、その製品が市場に投入されて、社会システムに普及し、遂に日常化して社会に定着するに至ることを想定しています。このモデルは一方向的つまり直線（リニア）的な進行を前提としていますので、リニアモデルと呼ばれています。リニアモデルによると、イノベーション過程は一方向に進みますから、イノベーションの発展に伴う社会システムの側から開発者側へのフィードバックなどは想定されていません。

リニアモデルを採用したのは、これがもっとも簡単なモデルであることが大きな理由でしょうが、彼が当初ハイブリッドコーンを研究対象としていたことと関係がありそうです。一九四〇年当時、米国では品種改良などの技術開発を州政府傘下にある農事試験所の研究者が主導して行い、それを指導員が農民の間に普及させていくことが主流でした。これはまさしくリニアモデルです。農事試験所の研究者は科学・技術上のシーズを同僚との対人コミュニケーション、あるいは学術専門誌や学術的な会議の場などで入手します。それに基づいて、時には民間企業の協力を仰ぎつつ、新品種に関わる研究開発を行います。研究開発が成功裡に完了して新製品つまり新品種が開発されると、次は農業指導員による当該イノベーションの普及をまつことになります。ここで役割分担が研究者から指導員に移り、研究開発と普及は分断されますので、研究開発と市場との間に相互作用が起こることはほとんどなかったものと推察されます。

幸いにして、ハイブリッドコーンは在来種と比べて収穫率の高い、優れたイノベーションだったので、農民の間に急速に普及しました。ロジャーズは幸運にも恵まれたのでしょう。彼は、何故これほど素晴らしいイノベーションでさえも農民は直ぐに採用しないのか。すぐさまハイブリッドコーンの栽培を始める農民がいる一方で、何故イノベーションの採用を長いこと逡巡する農民がいるのかという疑問を抱きつつ、農民の間に急速に普及したハイブリッドコーンの普及研究に携わったのです。

しかし、実際のイノベーション普及過程はリニアモデルで説明できるほど単純ではありません。たとえば一九八五年にクラインは連鎖モデルを提案しています。彼によると、現実にはイノベーションはさまざまなフィードバック過程を繰り返しながら開発されるのであって、市場に投入された後も市場からさまざまな情報がもたらされ、そうした情報がその後の製品の改良や新製品の開発に活用されると述べています。

また、一九九二年にロスウェルは、イノベーションの発展過程はおおよそアイデアの創出に始まり、開発、製品の製造、工業化、マーケティングそして販売の順に進行する一方で、社会のニーズや技術の発展段階に依存すると述べて、連結モデルを提案しています。イノベーションは社会のニーズや技術の発展と連結して発展するというわけです。

ＩＣＴの普及もまた、リニアモデルの現実的な効力を損なわせしめています。現代はネットワークの時代、つまり「周りを見ながら、同時に周りから見られている」時代です。一方向的なリニアモデルが成立する余地は少なくなっています。新製品や新サービスを提供する側としても、市場の動向、社会の動向、世界の動向を考慮しないではいられません。世の中の動きを事前に、そしていかに正しく予見できるかということが、企業の存亡にかかわる時代です。ですから、大枠ではイノベーションの発展過程に一定の方向性はあるにしても、さまざまなフィードバックを想定しておくことが不可避かつ不可欠の時代になっているのです。

イノベーションに関わる製品の変化が組み込まれていない

第二は一連の普及過程においてイノベーションに関わる製品の変化が組み込まれていないことです。これは、前記リニアモデルを仮定していることと表裏一体の関係にあります。リニアモデルは、研究開発と普及は別個に進行すると仮定していますので、原則として普及過程が進行している間にイノベーションを具現化した製品やサービスが変化することを想定していません。

農業関係の品種、肥料あるいは農薬や医薬品など安全や健康に関わるイノベーションは、その普及の過程でほとんどイノベーションに基づく製品が変わらない代表的な事例でしょう。しかも、一九四〇年頃に米国で農事試験所が絶対的な権威を持っていたであろうことは想像に難くありません。農事試験所がハイブリッドコーンを開発したとすれば、これを容易に変えることはなかったでしょう。

ロジャーズは、一九七〇年代になって、利用者がイノベーションの「再発明」を行う例があることに気が付いたと述べています。再発明とは、利用者自身が彼らの好みに応じて当該製品に改良、修正を加えることを意味します。ハードウェアに関しては、たとえば自動車とかオートバイなど、マニアが自分の好みに合わせていろいろに変更を加えることがあります。ソフトウェアに関しては、教育ソフトを変更したり、あるいは楽曲をアレンジしたりすることなどを指しています。

フォン・ヒッペル（一九八八）は、メーカーなどのサプライヤーに先駆けて、意図的かつ積極的に製品などに改良を加える利用者（ユーザー）のことをリードユーザーと呼んでいます。たとえば、彼は目的に応じて科学機器に改良を加える研究者や学生が、科学や科学機器の発展に重要な役割を果たしてきたことを実証しています。

しかし、ロジャーズ普及論は、ユーザー側による再発明の存在は認めても、製品やサービスの提供者、端的にはメーカー側が製品に特段の改良を加えることは想定しておりません。カラーテレビはいくら大きくなっても、より精細な画像になってもカラーテレビですし、ラジオはいくら小さくなっても、あるいは真空管からトランジスターに変わっても、ラジオに変わりはないという考えです。まさしく、イノベーションは「新しいアイディア」なのです。

一九七〇年代頃まではこれでよかったのかもしれません。しかし、一九八〇年代にパソコンやビデオテープレコーダーなどが登場してくると状況は変化していきます。さらに、一九九〇年代以降、携帯電話やPC端末、あるいはさまざまな機能を合わせ持つ複合機が登場してきました。これらのエレクトロニクス製品は性能や価格、大きさなどが目まぐるしく変化します。こうなるとイノベーションに関わる製品の変化や、イノベーションと社会システムの相互作用を考慮しないわけにはいかなくなってきます。

したがって、ロジャーズ普及論が適用可能な範囲は自ずと限られてくることになります。イノベーションの機能や構造が長い期間にわたってそれほど変化しない製品やサービスには有効ですが、社会システムに普及する間に激変してしまう製品、たとえばパソコンとか携帯電話などへの直接的な適用は困難なようにみえます。こうした製品の場合にはむしろ、ムーアの提唱するキャズム論の方が有効でしょう。

単品の技術的イノベーションを対象としている

第三は、ロジャーズ普及論の原点はハイブリッドコーンという単一の製品に関わる技術的なイノベーションの普及過程にあることです。ハイブリッドコーンは外形的に目視可能な製品であって、目に見えない無形のソフトウェアではありません。また、工程や手法でもありません。

ハイブリッドコーンは情報システムとか物流システムなどのシステムではなく、見た目で明らかな、一つ、二つと数量を数えることのできる単品のイノベーションです。システムは一般に多くの実体を持った装置や設備とともに、無形のソフトウェアが組み合わさって構成されています。したがって、薬品や品種などの単品のイノベーションよりも複雑な普及過程をたどるものと予測されます。

また、ハイブリッドコーンは技術的なイノベーションであって、経営、サービス、社会、政策などに関わるイノベーションではありません。最近はこうしたイノベーションに注目が集まっているのはご存じのとおりです。表２‐３は、普及過程を調査する際に考慮する必要のあるイノベーションの特徴をハイブリッドコーンのそれと対比したものです。

表 2-3　イノベーションの普及から見たハイブリッドコーンの特徴

ハイブリッドコーンの特徴	対となるイノベーション類型の例
目視できる製品である	工程、手法、ソフトウェア
単体とみなすことができる	クラスター、システム
科学・技術上の知見に基づいている	経営、サービス、社会、政策

実際のところ、ロジャーズを始めとする普及研究者は表2‐3にあるさまざまなイノベーションの類型を対象とした調査を行っています。たとえば、コンピュータ・ソフトウェアの普及に関する研究は膨大な量に及びます。実は私も研究したことがあります。ロジャーズ自身、エイズの伝染拡大を防止するための予防イノベーションや、禁煙条例、ハイウェイ走行に関わる条例、発展途上国における上水道の普及など、さまざまなイノベーションの普及研究に取り組んでいます。当然のことながら、ロジャーズは、対象とするイノベーションの属性に細心の注意を払って研究を進めています。ビジネスパーソンや研究者が普及理論を自身の関心分野に適用するときも、同様に細心の注意を払うことを願っています。

ＩＣＴが進化し普及するなかで、製品が相互にネットワーク化されるケースが多くなった結果、製品単体ではなくて複数製品からなるシステムとして捉えないと普及過程の全体像を捉えることが困難なケースが増えています。製品のネットワーク外部性が作用する場合もあります。製品のネットワーク外部性とは、ある製品が普及すると、それを補完する製品が同時に普及することです。ハイブリッドコーンのような新品種の普及を調査していた時代と比べて、ネットワーク化の進行とともに、普及現象はこれまで以上に複雑なものになっているのです。

経営、サービス、社会、政策などに関わるイノベーションの普及の場合も同様です。これらのイノベーションは本来的にシステムですので、関連要素の数が多くなると同時に要素間の関係が多岐にわたることになります。したがって、製品単体のイノベーションの普及と比べて、より複雑な挙動を示すことになります。

その意味で、ロジャーズ普及論を墨守して、普及モデルをそのまま対象事例に適用するのはあまり褒めたことではありません。そうではなくて、イノベーションの普及過程を調査し分析する際は、そもそもロジャーズ普及論の考え方をきちんと理解したうえで、その適用可能性に気を配るべきでしょう。

制度に対する考慮が希薄である

ロジャーズ普及論は米国アイオワ州でのハイブリッドコーンの普及過程を調査対象としていますので、当然のことながら米国の制度を前提としています。制度とは何でしょうか。制度概念は多義的ですが、イノベーション研究ではノース（一九九〇）の定義に従うことが多いようです。その慣例にならい、制度とは社会システムにおいて何らかの活動を行う際のゲームのルールであって、法律や規制などの公式的な制度と同時に、社会規範や慣習などの非公式の制度を含むものとします。

ロジャーズは米国の農村地域におけるハイブリッドコーンの普及過程に基づいて普及論の体系を組み立てていますので、当初は普及モデルの普遍性について若干不安だったようです。先進諸国の間でも制度的な相違は顕著ですし、発展途上国の場合にはなおさらのこと、社会規範や慣習などの社会的な制度が普及過程に大きな影響を及ぼすのではないかと懸念していたのだと思います。

しかし、一九五〇年代南アメリカでの農業イノベーションの普及調査や、その後の韓国やインドなどでの家族計画に関わる普及調査を始めとして、先進欧米諸国以外の発展途上国での調査でおおむね期待される結果が得られたので、普及モデルの普遍性について一定の確信を持ったようです。事実、普及モデルは先進国から発展途上国への技術移転論と結びついて、現在では発展途上国への新技術や新手法の移転を促進するための実践的なモデルとして幅広く応用されています。

ロジャーズは元々地域（農村）社会学の出身だからでしょうか、社会的な規範や習慣などの非公式的な制度を重視している反面、法律や規制などの公式的な制度について言及することは少ないようです。最近のイノベーション研究は制度論と結びついて産業政策や科学・技術・イノベーション政策を論じることがしばしばあります。イノベーション普及論はこの点でやや不十分だと思います。

ネットワーク時代に対応していない

ロジャーズが初めて普及論を世に問うて以来半世紀以上が経過しています。この間、情報やコミュニケーションに関わる技術は長足の進歩を遂げており、人と人との間のコミュニケーションチャンネルは大きな変貌を遂げました。

マスメディアチャンネルは、古くは新聞や雑誌、ラジオ、テレビにほとんど限定されていました。今でもこの四つのマスメディアチャンネルはマスコミ四媒体と呼ばれているほどです。一方、電話、ファクシミリ、携帯電話などは対人コミュニケーションチャンネルです。しかし、一九七〇年代から一九八〇年代にかけて、ＶＴＲを先駆けとして通信・放送衛星、ファクシミリ、インターネット（古くはパソコン通信）など、これまでにない情報通信技術が登場してきました。当時は、マスコミ四媒体などの「オールドメディア」と対比して、これをニューメディアと呼び、ニューメディア時代の到来と盛んに喧伝していたものです。

ここでは、コミュニケーションチャンネルに起きた変化を、イノベーションの普及という観点から考えてみます。

第一はマスメディアと対人コミュニケーション間の境界があいまいになってきたことです。ガラケイはまだ対人コミュニケーションの要素が強かったと思いますが、スマートフォンになると、対人コミュニケーションとマスメディアチャンネルを包含したものと考えるしかありません。一九八〇年代のニューメデイア時代には、中間的コミュニケーションなどと中途半端な呼び方がされていたインターネットなどのコミュニケーションチャンネルが、今では対人コミュニケーションチャンネルやマスメディアチャンネルを呑み込みつつあります。

第二は情報伝達技術の格段の向上によるメディアの多様化と高度化です。これまでと比べ物にならないほど、伝達情報の高品質化、伝送容量の増大、費用対効果の改善が実現するとともに、データのデジタル化により、さまざまな種類の情報を瞬時に伝送することが可能になりました。

その結果、高速大容量かつ地球規模の多様なメディアを介した個々人および諸組織間の情報ネットワークが形成されるに至っています。コミュニケーションチャンネルが限定的であった時代は、ある程度時間をかけてイノベーションが普及していましたが、現在では普及現象が爆発的に起こる可能性が高まっています。

ロジャーズ普及論では収まりのつかないコミュニケーションチャンネルの変化が起きた結果、たとえばマーケティングの分野ではバズマーケティングとかバイラルマーケティングなどの手法が登場してきています。鷲田（二〇一五）はスモールワールドなどの考え方を組み入れた普及のミクロモデルを提案しています。ネットワーク時代を解明する挑戦的な試みが今後増えることが期待されるところです。

5　まとめ

こうして、ロジャーズ普及論の課題と限界を列挙してみますと、現在のイノベーションに関わる課題がそのまま浮き彫りになっているような気がします。実に歴史を感じさせます。最後にイノベーション普及論をロジャーズのもとでかつて学んだものとして、感想を何点か述べておきたいと思います。私事にわたりますが、一九九〇年頃に南カリフォルニア大学で彼の講義を受けたことがあります。講義方法を含めて、大変感銘したことを今でも鮮明に記憶しています。彼は同大学大学院コミュニケーション管理研究科の大スターで、彼の講義は文句なくナンバーワンの人気科目でした。

ロジャーズ普及論は社会現象としてのイノベーションの普及がテーマですので、経済的な視点に乏しいという欠点があります。元々経済学者シュンペーターがイノベーションの重要性についての問題提起をしたわけですし、イノベーションを経済現象として捉えることは不可欠でしょう。

この点に普及論の限界がありますが、一方でイノベーションを経済現象の視点からのみ捉えてしまうのは、それはそれでいろいろな意味で危険であるように思います。たとえば普及論では、イノベーション属性に関わる相対的優位性として、経済的な利得のみならず、社会的な威信の獲得に着目しています。その点、イノベーションを徹底的に社会現象として捉えてきた普及論は大変貴重であると思います。

ロジャーズの出自は農村社会学です。社会学の伝統なのでしょうか、普及論は現象の観察から入りますので、計画立案とか戦略構築という点からみると物足りないかもしれません。この点、キャズムによって一躍有名になったムーアは上手（うわて）です。一目でわかる図を読者に示して、どうしたらキャズムを突破することができるか、言葉巧みに、時には妖しく読者を誘導していきます。

ロジャーズの文章は軽妙ですが、軽薄ではありません。一つ一つの文章の長いのが難点ですが、精緻かつ論理的です。何よりも彼の観察者としての視点は秀逸です。彼の事例紹介は何度読んでも新たに気づかされるところがあります。仮に彼の理論がまったく見向きもされなくなることがあったとしても、彼が収集した豊富な事例は消え去ることなく、新たな視点から解釈されながら、これからも多くの人に語り継がれていくことでしょう。

普及活動の実践という点でロジャーズの面目躍如なところは、野外観察と同時並行的に行う関与調査や関与分析でしょう。農業イノベーションの普及、家族計画の普及、エイズの予防活動などの推進にロジャーズは多大の貢献を果たしています。これに類似の方法として誘発型普及論という考え方が経済学の分野で登場しています。制度の導入など外部から何らかの刺激を加えることにより、イノベーションの普及を誘発する実証的な研究で、今後の発展の一つの方向として注目されます。

最後に、彼の主著『イノベーションの普及』の参考文献の不思議を指摘してこの章を終わりたいと思います。彼の参考文献は膨大です。しかし、目をよく凝らして何遍眺めてみても、イノベーションの普及やインベーション・ダイナミクスでおなじみの経済学者や経営学者、たとえばアッターバック、アバーナシー、フォスター、マンスフィールド、タッシュマンなどの名前は見当たりません。クリステンセンに関しては、『イノベーションの普及』（二〇〇三）の参考文献のなかに彼の単著となっている文献が二件記載されています。しかし、本文中でのクリステンセンの文献の引用は一件だけですし、しかもそれは彼が第一著者の文献ではないのです。今ではロジャーズの心のうちをうかがうことはできませんが、何事によらず好き嫌いが激しい人だったのかもしれません。

＊＊＊

■コラム■　ビデオテープレコーダーの普及

イノベーションの普及の事例としてビデオテープレコーダー（ＶＴＲ）を取り上げます。わが国の本格的なテレビ放送は一九五〇年代に始まっており、既にこの頃から日本ビクターの研究者だった高柳健次郎などの先駆者は家庭用ＶＴＲの開発を構想していました。

当時のことですので、米国から技術を導入するなどして開発に努めた結果、家庭用ＶＴＲとしてソニーからベータマックス

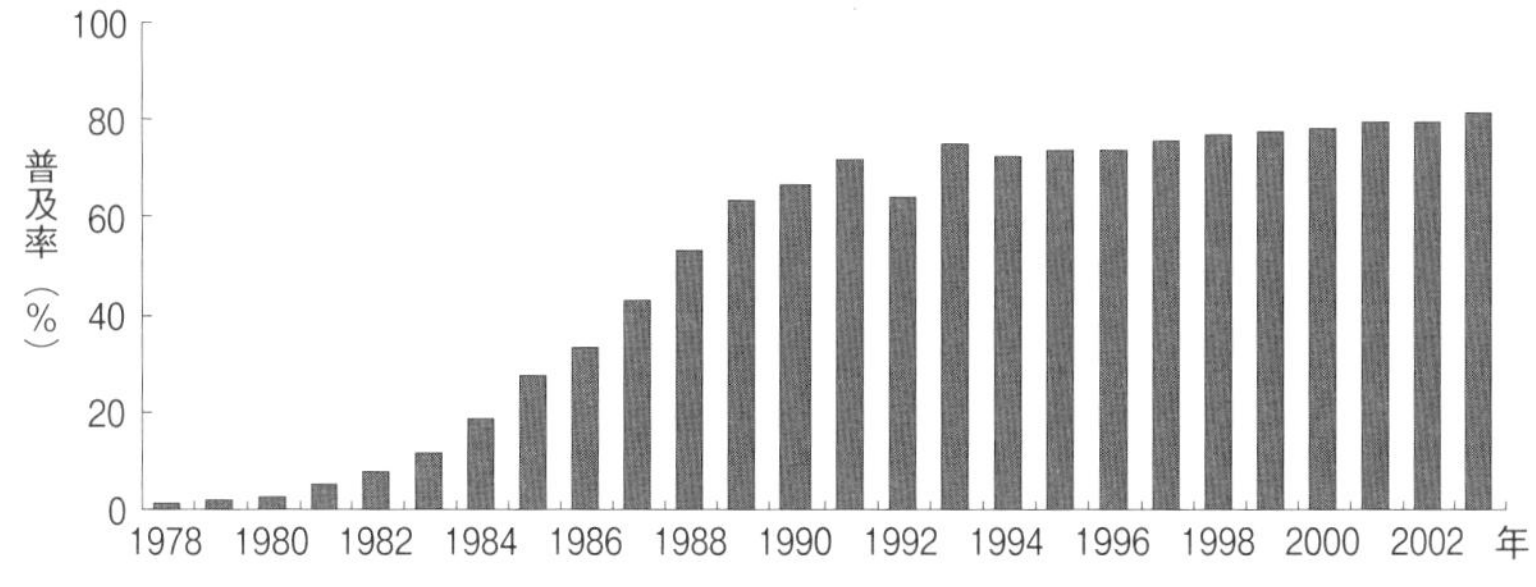

図 2-1　家庭用VTRの世帯普及率

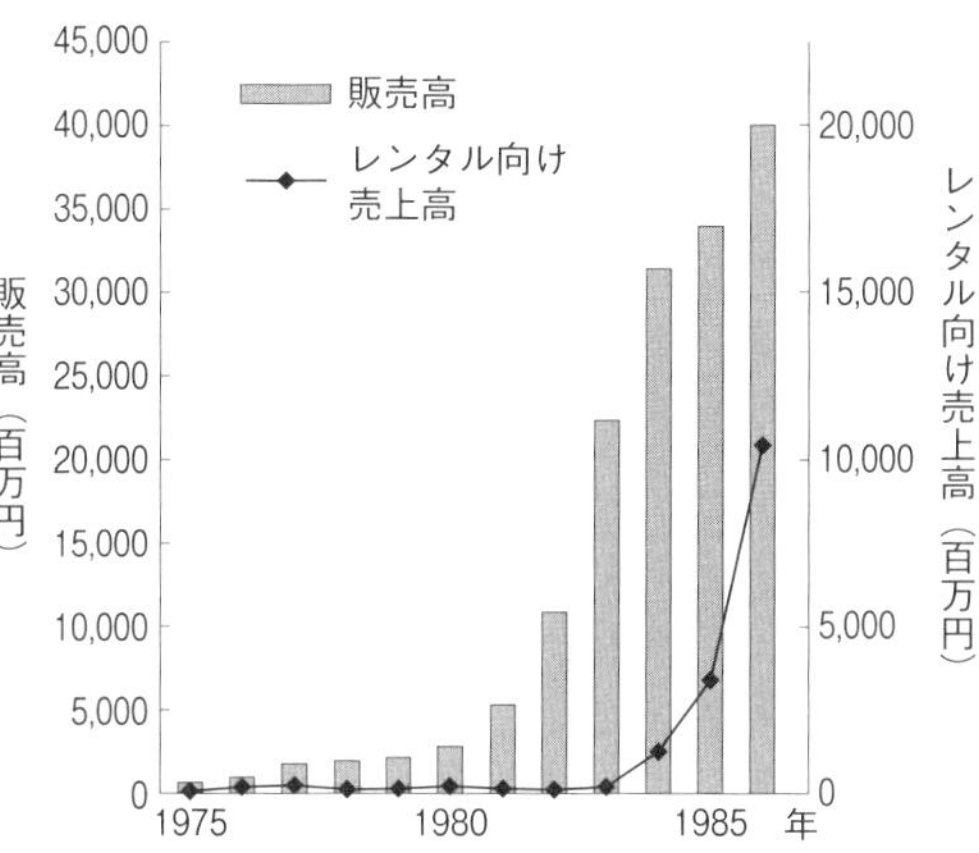

図 2-2　ビデオカセットの販売とレンタル売上高
（電子工業年鑑, 1988）

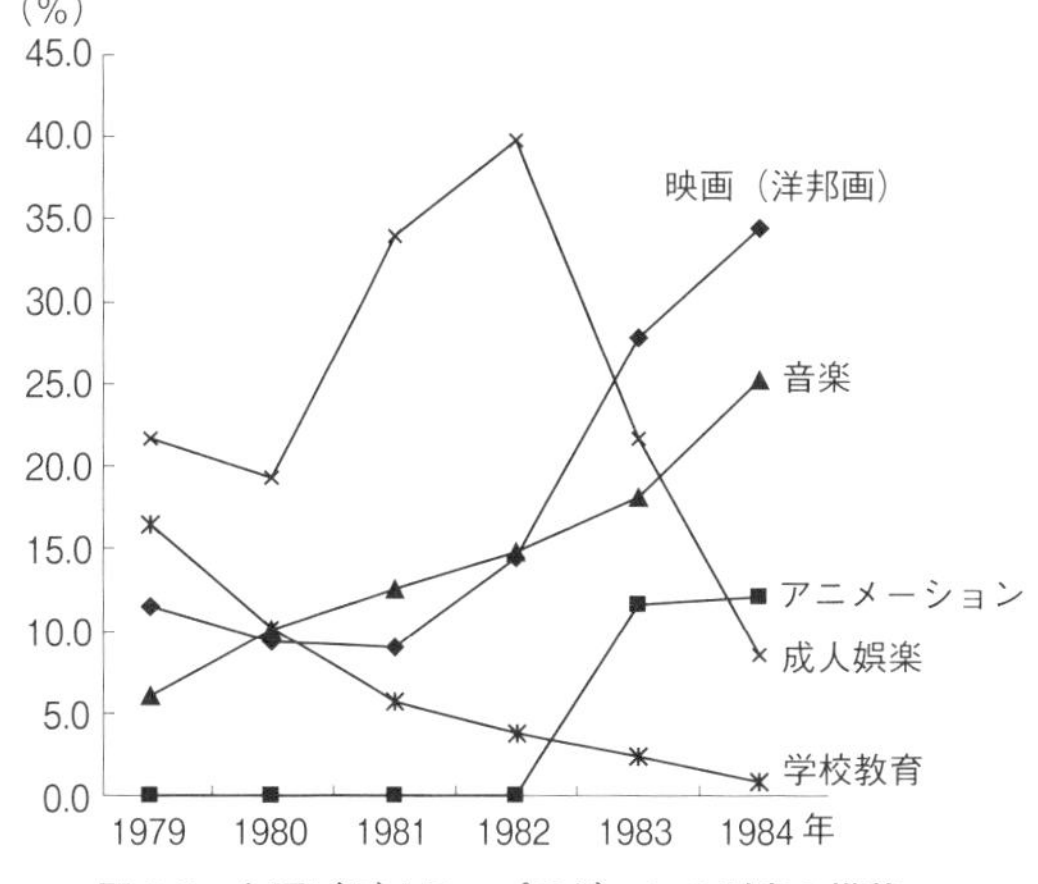

図 2-3　主要ビデオテープのジャンル別売上推移

が、日本ビクターからＶＨＳがそれぞれ一九七五年と一九七六年に世界で初めて販売開始されています。当初、ソニーの経営陣は家庭用ＶＴＲのタイムシフト利用を想定していましたが、これだけでは家庭用ＶＴＲが家庭に広く受け入れるまでには至りませんでした（図２‐１）。

しかし、一九八〇年前後からレンタル・ビデオ店が街中に進出するとともに、録画済みカセットテープの販売が急増します（図２‐２）。それに伴い、成人娯楽ものが氾濫（図２‐３）し始め、やがて家庭用ＶＴＲが急速に普及するところとなります。

その際、ベータマックスではなく、ＶＨＳ方式のビデオがレンタル・ビデオ店で多く貸し出され、それにつれてＶＨＳ方式の家庭用ＶＴＲが優位になっていきます。その結果、

ＶＨＳ方式の家庭用ＶＴＲがタイムシフト等の用途のみならず録画済ビデオを再生する装置として定着することになりました。

「ビデオテープのジャンル別売上高」という代理指標を通じての類推になりますが、家庭用ＶＴＲの普及に関しては、成人映画の愛好者がイノベーターにあたるようです。ついで、映画（洋邦画）やアニメなどの売上高が増加しているところを見ると、一般家庭が初期採用者や初期多数派に該当するものと推測されます。

第二部　ドミナント・デザイン論

―製品進化の視点から組織と戦略の変化を捉えたイノベーション理論の定番―

イノベーション普及論は受容者側に立ったイノベーション論でした。第二部では、イノベーションのダイナミックな挙動を主としてイノベーションの提供者側から検証することとして、これをアバーナシーとアッターバックの提唱するドミナント・デザイン論に基づいて論述します。

ドミナント・デザインとは何でしょうか。この概念を最初に提唱した一人、アバーナシーは『生産性のジレンマ』（一九七八）の中で、「市場シェアの大宗を獲得することによって、競合がそれを模倣せざるをえないほどの製品のデザイン」のことをドミナント・デザインと呼んでいます。今からおよそ四〇年前のことです。そのうえで、ドミナント・デザインとなるに至った製品として、自動車ではフォード・モデルTを、航空機ではダグラスDC-3を例示しています。

今では、ドミナント・デザイン論はイノベーション・マネジメントの中核的なモデルとして、毎年著名な国際学術誌に論文が掲載されており、この分野の定番の一つになっています。アバーナシーとアッターバックの説くドミナント・デザイン論は非常に魅力的で、イノベーション関連分野の専門家や研究者、そして技術企画や経営戦略などの部署にいるビジネスパーソンの間に広く浸透した考え方です。

しかし、ちょっと待ってください。四〇年前にアバーナシーとアッターバックが思い描いたとおりの図式で、イノベーションは進化するものなのでしょうか。実際のところ、ドミナント・デザイン論は実証的な調査研究に基づきながら、これまでに著しい発展と変化を遂げてきているのです。ところが、わが国の現状を振り返ってみると、その本質が十分に理解されておらず、通俗的かつ表面的なレベルに留まっていて、依然として二〇世紀のモデルに基づいて議論している例を多く見かけます。

これは極めて残念なことです。ドミナント・デザインに関わる多くの貴重な知見が人々にほとんど知られず、従って活用されないことになります。もっと悪いことに、はるか昔に棄却された理論やモデルに基づいて商品開発や製品開発、経営戦略や技術戦略を立案することで、誤った方向にイノベーション活動を導いてしまいかねません。

このような現状を踏まえて、第三章ではドミナント・デザイン論の考え方について整理するとともに、ドミナント・デザインと表裏一体の関係にあったA-U（アバーナシーとアッターバック）モデルをめぐる経緯（いきさつ）に触れます。第四章ではドミナント・デザイン論に関わる議論と課題、最近の研究動向などについて説明します。ドミナント・デザイン論は今から四〇年ほど前に初めてアカデミアの世界に出現して以来、紆余曲折をたどりながら、長年月をかけて進化し発展を遂げてきたイノベーション理論なのです。

第三章　ドミナント・デザイン論の体系
―何故市場に広く浸透している製品はどれも似通っているのか―

「年年歳歳花相似たり、歳歳年年人同じからず」劉希夷（唐詩選）

ドミナント・デザインという考え方は、自動車などの製品カテゴリーにおいて製品イノベーションおよび工程イノベーションの発生頻度が時間の経過に伴って変化することを指摘したアバーナシーの著書『生産性のジレンマ』、およびアバーナシーとアッターバックが「工業的イノベーションのパターン」について論じたエッセイの中に初めて登場します。共に一九七八年に相前後して出版されています。彼らの発想は、何故市場に広く浸透している製品はどれも似通っているのかという点にありました。

1　ドミナント・デザイン論の骨子

アバーナシーとアッターバックが考えていたドミナント・デザイン出現のメカニズムを再現してみます。そのストーリーは新製品の誕生から始まります。

科学的ないし技術的に顕著な進歩がもたらされることにより、既存の市場に存在しなかったような新規な機能あるいは高度の性能を備えた新製品が市場に現れると、これと類似の機能や性能を持った製品が追随してきます。一九七〇年代半ばに登場したＶＴＲ（ビデオテープレコーダ）やＰＣ（パーソナルコンピュータ）、あるいは一九九〇年代に登場した携帯電話やデジタルカメラ、ごく最近ではドローンやタブレット型パソコン、スマホ、ロボット掃除機などを想像してください。

第二章のコラムで取り上げたＶＴＲの販売が開始された一九七〇年代半ば、ＶＴＲはベータマックスとＶＨＳに大別することができました。ベータマックスは初めのうちソニーしか製造・販売しておりませんでしたが、ＶＨＳは当初から日本ビクターや松下電器産業（当時）を始めとして何社かの家電メーカーが生産していました。

ＶＴＲ発売当初は、他社の製品との差別化を図るためでしょうか、実にさまざまな性能や機能を備えた製品が家庭電器量販店に並んでいたものです。その後、ＶＨＳが優勢になるとともに、各社が販売するＶＴＲ製品はどれもこれも似通った機能や性能を持ち、価格も大体落ち着くところに落ち着いてまいりました。それに加えて、企業間の優劣がはっきりしてくると、下位企業はＶＴＲ製品の生産から徐々に脱落していき、寡占体制が築かれるところとなります。

これだけですと、これまでに家電製品やエレクトロニクス製品などで何度もくりかえされてきたことを物語っているだけかもしれません。すべて、新聞やテレビなどのマスコミで報道されてきた公知の事実です。しかし、このストーリーには製品の進化に関する重要な法則が隠されているのです。

ドミナント・デザイン出現のメカニズム

新製品の登場後暫くの間は、市場がどの程度の規模になるのか、どの市場セグメントの顧客をターゲットとすべきか、あるいは顧客や消費者は新製品に対してどのような機能や性能を好むのか、といったことが皆目わかりません。一方、当該製品の生産者にとっては、どのような技術が利用可能なのか、どのような技術開発が必要なのか、そもそも必要とされる技術開発能力が自社に備わっているのか、などについておよそ見当のつかない状態が続きます。一言でいえば、この時期は製品に関わる技術と市場は、ともに不確実性が極めて高い状況下にあるのです。

この間、市場への参入や開拓を目指して、関係各社はさまざまな新製品を市場に投入してきます。あるいは異業種の企業やスタートアップ企業が市場に参入してくることもあるでしょう。この段階で重視されるのは製品の機能や性能です。生産に要する費用が低廉で価格が安ければなおのこといいのでしょうが、多くの場合特段の考慮が払われることはありません。

当初は参入企業の数が少ないなか、当該製品に商機があるとみるや、徐々に参入企業の数が増えてきます。

この段階では、比較的ラジカルな製品イノベーションの発生頻度が高く、製品の変更が頻繁に行われますので、専用ではなく汎用の装置や器具が多用されます。その結果、汎用の装置や器具の操作に熟練した工員が作業に当たることになります。したがってまた、生産工程は柔軟かつ労働集約的であって、必ずしも首尾一貫したものとはなっておらず、おおむね非効率な生産に留まることになります。

新製品が市場に受け入れられ、時間の経過に伴って市場に浸透していきますと、消費者のニーズがはっきりしてきます。それにつれて、消費者のニーズを満たす技術分野が明らかになり、当該製品の提供者である生産者にとって技術と市場に関わる不確実性が減少してきます。そのような状況の中で、やがて当該製品分野を律するドミナント・デザインが出現し、これに従ってデザインされた製品が市場において優勢になります。

ドミナント・デザインが出現すると、比較的ラジカルな製品イノベーションの発生頻度は低下する一方で、既存製品の改良を図る漸進的な製品イノベーションや、生産工程に改善を加える工程イノベーションの発生頻度が高くなります。

この段階に至ると、ドミナント・デザインを反映した製品を生産するための専用の装置や器具が多用されるようになり、また熟練工ではなく非熟練工が、こうした専用の装置や器具を使って作業を行うことが多くなります。その結果、作業工程の柔軟性は低下し、合理化や効率化が図られるとともに固定化し始めます。

市場にドミナント・デザインが出現すると、多くの場合、規模の経済が作用するようになってきます。規模の経済が作用することにより、大量生産に長けている比較的規模の大きな企業が次第に優勢になる一方、非効率な運営に留まる企業は振い落され、ドミナント・デザインが出現するまで増加傾向にあった企業数は減少し始めます。

どの企業の製品も大体似通ってくるので、一般には同じ性能や機能であれば、顧客つまり消費者は価格の低い製品を指向する一方、こうした製品を低廉な費用で生産できる企業が生き残っていくことになります。なかでも、当該製品にネットワーク外部性が作用する場合、ドミナント・デザイン出現の影響はさらに顕著であり、生存企業の数は極端に減少することがあります。

アバーナシーとアッターバックは、ある製品カテゴリーにドミナント・デザインが出現する過程のあらましを以上のように描写しています。初めて読んだ方は「成程、そうなんだ！」と思わず声を挙げたくなることでしょう。彼らの提示したモデルは、おおよそ一般的な認識に合致するもので、極めて説得力に富んだモデルです。

「デザイン」とは製品のアーキテクチャのこと

アバーナシーとアッターバックは、ドミナント・デザインは自動車や航空機などの製品に出現しやすいと説明しています。これらの製品は、おしなべて有形の、しかも比較的構造や仕組みの複雑な製品つまり「もの」です。「ドミナント・デザイン」は「ドミナント」と「デザイン」から構成されています。これを手掛かりとして、自動車や航空機のような製品に出現するドミナント・デザインの意味を考えてみましょう。

ドミナント・デザイン論で想定している「デザイン」は機械設計とか回路設計あるいは設計図面などで使われている「設計」とは若干意味が異なります。アバーナシーたちが想定する「デザイン」は構想とか概念、あるいは考え方などに近く、コンピュータ科学の用語を借りてくるならば、アーキテクチャと読み替えるほうがふさわしいようです。つまり、製品の構築とか構成、あるいはデザイン方式とかデザイン様式、デザイン思想であり、若干硬めに表現すれば、製品を構成する諸要素を統合する方法です。たとえばクリステンセンたち（一九九八）は、「ドミナント・デザインの最も際立った特徴はアーキテクチャ特性にある。つまり、ドミナント・デザインとは、当該製品を構成する部品間の関連付けを定義する概念の集合体である」と述べています。

アバーナシーは『生産性のジレンマ』（一九七八）のなかで、ドミナント・デザインについて次のように説明しています。

①市場シェアの大宗を獲得することによって、競合がそれを模倣せざるをえないほどのデザインをドミナントな製品デザインと呼ぶ。
②ドミナント・デザインは多くの生産者にとって市場セグメントの大部分のニーズを満たすものである。
③ドミナント・デザインは必ずしも根元的イノベーションの産物ではない。

④ドミナント・デザインはそれまでのニッチ市場を超えて、市場に広くアピールする。

アッターバックは『イノベーション・ダイナミクス』(一九九四)のなかで、ほぼアバーナシーの考えを踏襲しながら、「ある製品カテゴリーにおけるドミナント・デザインとは市場の忠誠を勝ち取ったデザインのことである。それは、競合やイノベーターが市場の十分な数の支持者を獲得しようと望むならば、是非とも固執せねばならないデザインである」と指摘しています。

アバーナシーたちと同じハーバード大学のアンダーソンとタッシュマン(一九九〇)は、四年以上連続して五〇％以上の市場シェアを獲得した場合、その製品を構成するデザインをドミナントつまり支配的と呼ぶと述べています。非常に具体的ですが、これは製品カテゴリーにドミナント・デザインが出現したか否かを定量的に計測することが彼らの研究目的であったためだと思います。

本書は、さしあたりアバーナシーの定義に従うことにします。

2 A‐Uモデルの栄枯盛衰

ドミナント・デザインを語るとき、欠かすことのできないのがアバーナシーとアッターバックのモデル(A‐Uモデル)です。アバーナシーとアッターバックは、ドミナント・デザインに関する初期の著作のなかで、製品および工程イノベーションの発生頻度の変化を表す図を提示しており、この図はA‐Uモデルと呼ばれています。

流動期、遷移期、特殊期

アバーナシー(一九七八)は、新製品が登場した後のイノベーションの進化プロセスを流動期、遷移期、および特殊期に区分しています。これを前述のストーリーに即して説明すれば、次のようになります。

①〈**流動期**〉製品が市場に現れた初期の段階を流動期と呼ぶ。この時期には比較的ラジカルな製品イノベーションの発生

頻度が高く、工程イノベーションの発生頻度は低い。

②〈**遷移期**〉ドミナント・デザインの出現に伴って、遷移期に移行する。徐々に工程イノベーションと漸進的な製品イノベーションの発生頻度が増加する反面、ラジカルな製品イノベーションの発生頻度は減少する。

③〈**特殊期**〉時間の経過とともに、製品および工程イノベーションの発生頻度はともに減少に向かう。

当初アバーナシーたちは、自動車などの工業製品はこの順に進化し、特殊期に至ると当該産業は成熟期に到達して、それ以上の発展はないものとしていました。後述しますが、この点について自動車産業などの実態にそぐわないとして、後に彼らは脱成熟という考え方を導入しています。

この後のコラムに記載されている図をご覧ください。これがA‐Uモデルと呼ばれている図です。一つは一九七五年の論文に、残りの二つは一九七八年の著作に掲載されているものです。不思議です。彼らの当時の一連の著作をみると、最も肝心なはずの製品および工程イノベーションの発生頻度の変化を表す図が少なくとも三種類あるのです。

どれがA‐Uモデル図か

何故三種類あるのか、それはどうしてなのか、結局どうなったのか。そもそも、何故A‐U（アバーナシーとアッターバック）モデルと呼ばれるようになったのか。その詳細に興味のある方はコラムをご覧いただくとして、ここにはその経緯をかいつまんで記しておきます。なお、これは学術誌等に発表された論文やエッセイに基づいて推論したもので、当事者に直接インタビューしたわけではないことをお断りしておきます。

①アッターバックとアバーナシーは、一九七五年の論文の中で「イノベーションの発展段階モデル（図3‐1）」を提示している。

②当時のイノベーション研究者パビットとロスウェルは、一九七六年の批評論文のなかで、図3‐1をアッターバック‐アバーナシー・モデルと名付けている。A‐Uモデルという名称が生まれる端緒となったとみられる。この段階では、U‐Aモデルだったが、後に順序が入れ替えられて、A‐Uモデルになった。

③それ以後、ブレッソンとタウンゼント（一九八一）に加えて、クラークやティースなどイノベーション・マネジメントの大御所がこれを追認するところとなり、A‐Uモデルという名称が研究者の間に定着していった。

④アバーナシーとアッターバックは、一九七八年のエッセイのなかでイノベーションの発生頻度推移を表す図3‐2を提示している。このエッセイを掲載した雑誌はアバーナシーの著作『生産性のジレンマ』の直前に出版されている。この図にドミナント・デザインの出現時期は記入されておらず、また図に名称は付されていない。後にアッターバックは『イノベーション・ダイナミックス』（一九九四）のなかで、図3‐2をA‐Uモデルと呼んでいる。

⑤アバーナシーは、『生産性のジレンマ』（一九七八）のなかで、イノベーションの発生頻度の推移およびドミナント・デザインの出現時期を組み合わせた図3‐3を提示している。図の名称は「遷移、境界条件、そしてイノベーション」である。

以上の考察から、アバーナシーは図3‐3を、アッターバックは図3‐2をもってA‐Uモデルと考えていたのではないかと私は推測しています。より正確には、「A‐Uモデル」ではなく、「イノベーションの進化モデル」と呼んだ方がいいのかもしれません。というのは、彼らはA‐Uモデルの名付け親ではないからです。

アバーナシーは一九八三年に死去しています。五〇歳の若さでした。画期的な著作『生産性のジレンマ』を出版して五年後のことです。この間、もしかすると二人は、何をもって「A‐U（イノベーションの進化）モデル」とするかを巡って、同床異夢だったのかもしれません。

A‐Uモデルの図を掲載しているイノベーション・マネジメントや技術経営のテキストをみかけることがあります。その多くは、図中にドミナント・デザインの出現時期を明示しています。この場合、アッターバック『イノベーション・ダイナミクス』（一九九四）が提示している図3‐2ではなくて、アバーナシー『生産性のジレンマ』（一九七八）に記載の図3‐3をもってA‐Uモデルと呼んでいることになります。

また、製品イノベーションと工程イノベーションの発生頻度の推移を表す軌跡の交点をもって、ドミナント・デザインの出現時期と解説している本をみかけることがあります。これはまったくの間違いです。両軌跡の交点には何の意味もありません。

しかし、これはごく些細なことです。

A‐Uモデルの妥当性は検証されていない

本題はこれからです。どの図がA‐Uモデルだろうと、実はたいしたことではないのです。

A‐Uモデル図に記されているイノベーションの発生頻度の推移を表す軌跡が妥当かどうか、こちらのほうがよほど大きな問題なのです。いずれの図を見てもすぐわかるように、縦軸つまり発生頻度に定量的な目盛りが記入されていないのは、実証的な研究に基づく学術的な論文としては若干奇妙なことです。

しかも彼らは実証的な研究に基づいて、これを導出したと説明しているのです。それに加えて、イノベーション進化モデルつまりA‐Uモデルを表す図が少なくとも三枚あり、図ごとにイノベーションの発生頻度の推移を表す軌跡は明らかに相違しています。この軌跡は実証的な調査に基づくものなのでしょうか。この軌跡は信頼していいものなのでしょうか。とすれば、どれが信頼に足る図なのでしょうか。

一九七〇年代半ば以降の議論に立ち返ってみましょう。図3‐1の導出過程に対して、早くも一九七六年にパビットとロスウェルは、次のように否定的な見解を述べています。即ち、アッターバックとアバーナシー（一九七五）はマーキス（一九六九）が列挙した五六七のイノベーションのうち三三〇しか取り上げていないうえに、何故そうしたのか、その根拠を明らかにしていないと批判しています。さらに追い打ちをかけるように、マイヤーズたちが分析した産業は、鉄道産業、鉄道機械提供産業、住宅供給産業、コンピュータ製造産業、そしてコンピュータサプライ産業の五業種であり、業種ごとに必要とされるイノベーションの種類は異なるうえに、産業の発展段階も異なり、製品および工程イノベーションの分類もあいまいであると指摘しています。ほとんど全否定です。

ブレッソンとタウンゼント（一九八一）は、A‐Uモデルのアイデアを英国の産業に適用すべく、一九四五年から一九七〇年までの間に英国の六八一の企業が成し遂げた一、六二九のイノベーションを対象として分析を行っています。その結果、分析の前提条件としてイノベーション用語の定義や分類上の問題はあるものの、おおむね妥当だったと述べています。そのうえで、A‐Uモデルはイノベーションをめぐるさまざまな現象を説明する統合的な基礎理論の形成に貢献するだろうと評価しています。しかし、必ずしもA‐Uモデルが統計的に立証されたわけではないと付け加えています。

そのしばらく後にクレッパー（一九九七）は、製品のライフサイクルについて詳細な分析を行っています。そのなかで、アバーナシーたちの著作『産業ルネッサンス』（一九八三）に掲載されているデータに基づいて、米国の自動車産業の長期間にわたる製品および工程イノベーションの発生頻度を時間軸に沿って図示しています。

図などの詳細に興味のある方は原論文をご覧いただくとして、その結果、彼は米国で自動車産業が勃興した後、一九六〇年代以降の脱成熟期を除いて、製品イノベーションが先行し、やがて工程イノベーションの発生頻度が高くなる傾向がみられるとして、A‐Uモデルの考え方は一応妥当だと述べています。しかし、クレッパーが作成した図を見るかぎり、A‐Uモデル図にあるような滑らかな曲線が描けるとは到底考えられません。

A‐Uモデルに関する議論は、クレッパーの製品ライフサイクルについての詳細な考察によっておおむね決着したように見えます。つまり、彼の見解を要約すれば、多くの産業における製品および工程イノベーションの発生頻度の変化に関して、A‐Uモデルは一応妥当だけれども、それは辛うじて証明できる程度であって、A‐Uモデル図にあるような滑らかな曲線で図示できるほどの明確な傾向はない、というものです。

その後数十年経過した現在、国際的な学術誌でA‐Uモデルを研究対象とした論文を見かけることはほとんどありません。A‐Uモデルは製品のライフサイクルのなかの一現象として生き残っているようです。

読者のなかには、A‐Uモデル、特にイノベーションの発生頻度の推移に関わる図3‐3の形状を子細に眺めて、新製品出現初期のちょっとした突起や両イノベーションの軌跡の形状、両イノベーションの交差するあたりに何か意味があるのではないかと考えている人がいるかもしれません。夢があっていいとは思いますが、実際のところ、A‐Uモデルにおいて製品および工程イノベーションの発生頻度に関する軌跡の形状や両者の軌跡の位置関係にはほとんど意味がないのです。

＊＊＊

■コラム■　当初少なくとも三種類あったA‐Uモデル図

アバーナシーとアッターバックは、ドミナント・デザインに関する初期の著作のなかで製品および工程イノベーションの発生頻度の変化を表すモデルを図示しており、この図はアバーナシー・アッターバック・モデル（Abernathy-Utterback Model）と呼ばれています。ところが、彼らの一連の著作をみると、最も肝心なはずの製品および工程イノベーションの発生頻度の変化を表すA‐Uモデル図には、明らかに互いに異なる図が少なくとも三種類あることがわかっています。それは何故でしょうか。秋池（二〇一二）による検証も参考にしながら、説明することにします。

〈三種類のA‐Uモデル図〉

図3‐1は一九七五年にアッターバックとアバーナシーが発表した論文に掲載されている図で、図の名称は「イノベーションと発展段階」です。これは製品および工程イノベーションの発生頻度の推移を時系列的に表した図で、一九六九年のマイヤーズとマーキスの報告書に基づいて、産業の発展段階に応じたイノベーションの発生頻度を分析することにより作成したと彼らは説明しています。

彼らはこの研究を発展させて、一九七八年に「工業イノベーションのパターン」というエッセイを専門雑誌に寄稿しています。これは、ドミナント・デザインに関する学術論文の参考文献のなかに必ずと言っていいほど記載されている論文です。しかし、およそ標準的な学術論文の体をなしておらず、八頁ほどの絵付き読み物であり、彼らがそれまでに行ってきたイノベーション研究の解説記事だと推察されます。

図3‐2はこのエッセイの中で彼らが提示するイノベーションの進化モデルです。しかし、彼らはこの図に名称を付しておりません。しかも、ドミナント・デザインの出現を表す位置とか記号の表示は見当たりません。このエッセイの主題は、製品および工程イノベーションの発生頻度の時系列変化を主として自動車産業の事例に基づいて明らかにすることであって、ドミナント・デザインに関わる記述はまことに慎ましやかです。なお、これとほぼ同じ図がアッターバックの著作『イノベーション・ダイナミクス』（一九九四）にも掲載されています。その名称は「イノベーションのダイナミクス」です。

同年にアバーナシーは彼の代表的な著作『生産性のジレンマ』を公にしています。図３‐３は同書の中でアバーナシーが提示するイノベーションの進化モデルで、図の名称は「遷移、境界条件、そしてイノベーション」とあります。

これら三種類の図は、彼らが同時期に行った一連の研究のなかで、同じ発想に基づいて描かれているにもかかわらず、一見して三者間の相違は明白です。図３‐１の製品イノベーションの形状は他の二つの図のそれと明瞭に異なっています。工程イノベーションの形状も図３‐２および図３‐３のそれと同一だとはとても言えないでしょう。いわば、これは「試作品」だっ

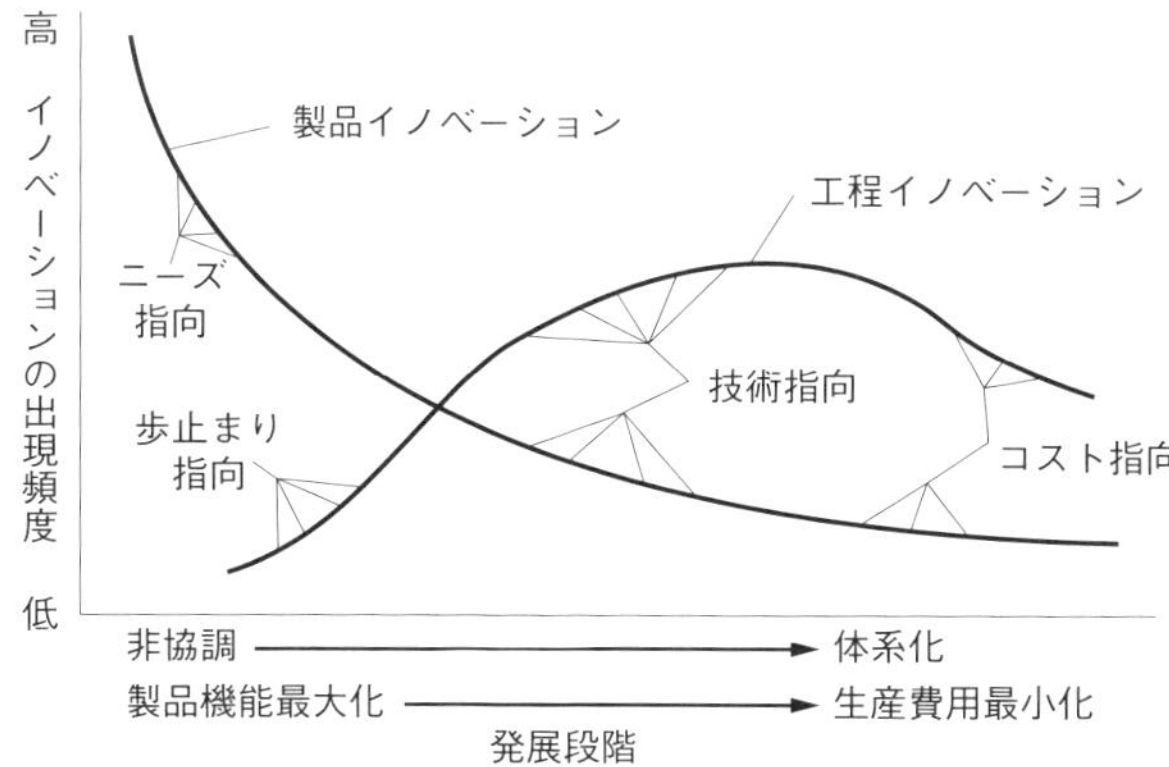

図 3-1　アッターバックとアバーナシー（1975）が提示するイノベーションの進化モデル

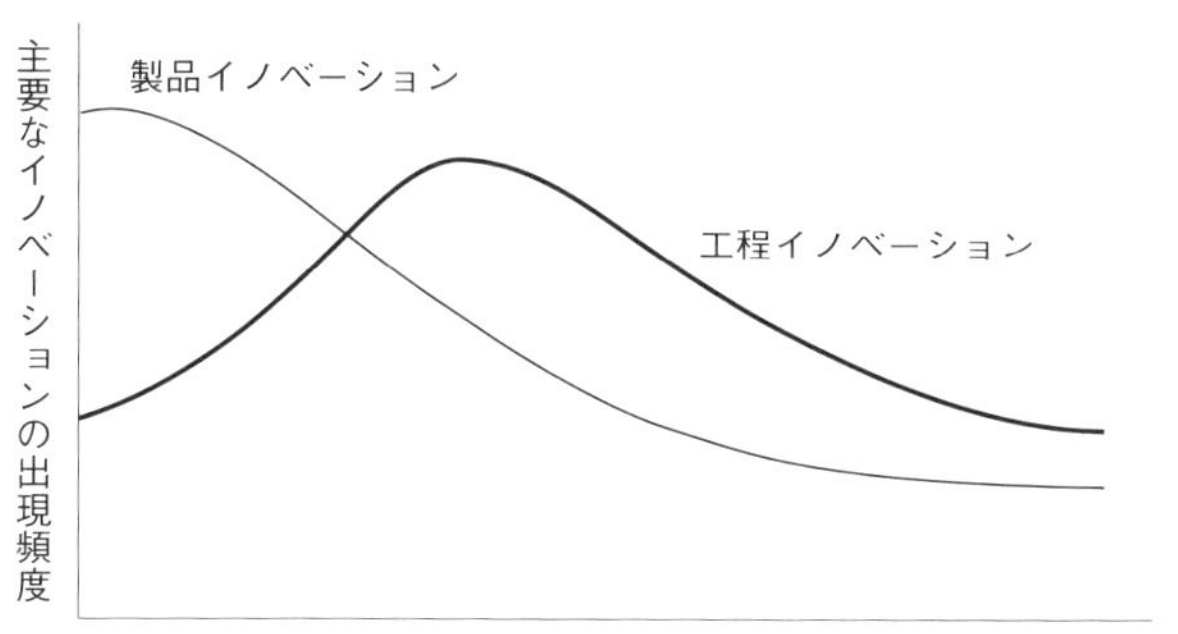

図 3-2　アバーナシーとアッターバック（1978）およびアッターバック（1994）が提示するイノベーションの進化モデル

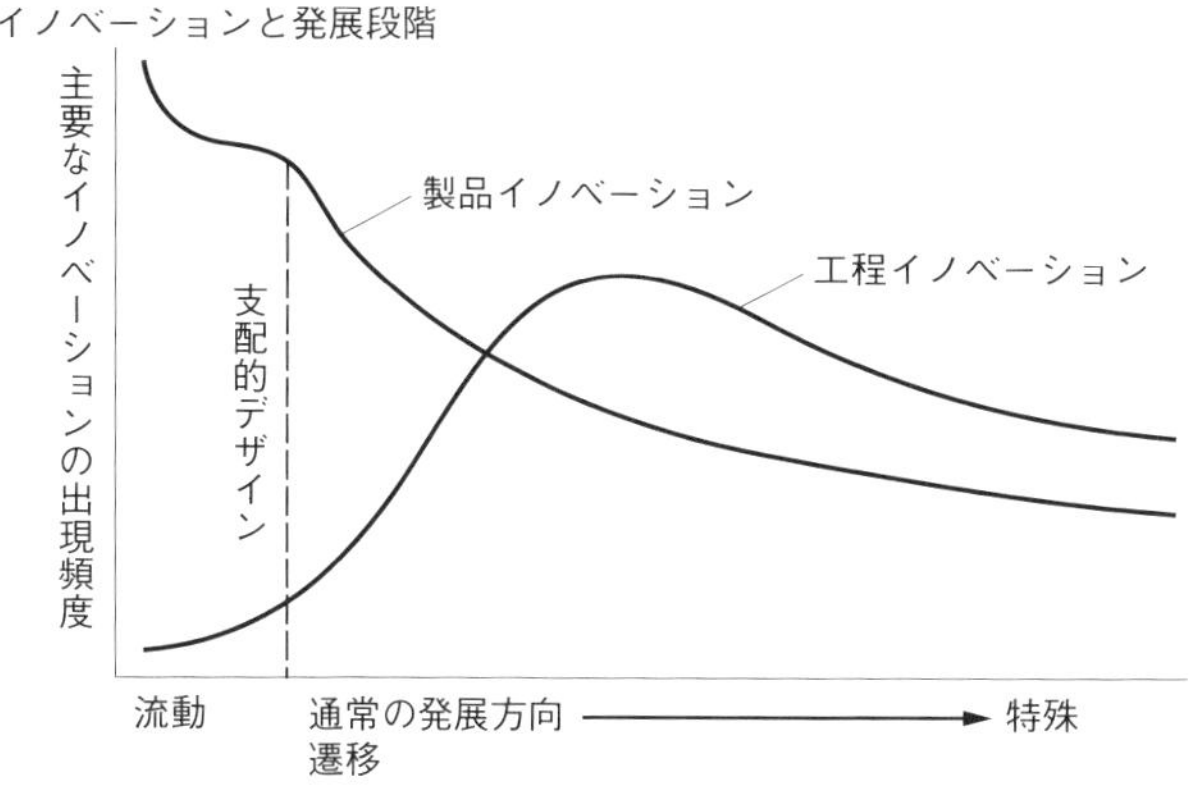

図 3-3　アバーナシー（1978）が提示するイノベーションの進化モデル

たと推測できます。

図3-3には「ドミナント・デザイン」が示されていますが、図3-1と図3-2には見当たりません。図3-3の製品イノベーションと工程イノベーションの形状は微妙に、しかし明確に図3-2のそれと異なっています。図3-3の製品イノベーションの発生頻度に関わる軌跡のうち、ドミナント・デザイン出現以前の部分は、図3-1と図3-2を組み合わせたようにもみえます。

　同じ研究者がほぼ同時期に同じ研究テーマについて発表した一連の著作にもかかわらず、最も肝心のモデル図に関して著作間でこれほどの違いがあるのは極めて奇妙なことです。一体どの図をもって製品および工程イノベーションの発生頻度の時系列変化を示す「A-Uモデル」と呼べばいいのか、何故こうなったのか、誰がA-Uモデルと呼ぶようになったのか、などといった疑問が湧いてきます。

〈A-Uモデルをめぐる顛末〉

アッターバックとアバーナシーの論文が一九七五年に「オメガ」誌に掲載された翌一九七六年、パビットとロスウェルは同じオメガ誌上でアッターバックたちの提案を酷評しています。その際彼らは、アッターバックたちが提示するモデルを「アッターバックとアバーナシー」モデルと名付けています。

　それから数年後の一九八一年、ブレッソンとタウンゼントは、アッターバックとアバーナシー（一九七五）が行った解析結果を検証しています。その副題は「他のデータと組み合わせたアバーナシーとアッターバック（A-U）モデル」です。このなかで彼らは、アッターバックとアバーナシー（一九七五）の論文に掲載された図を「イノベーションと発展段階」という名称で転載しており、これをA-Uモデルと称しています。ブレッソンたちの論文は一九八一年に刊行されているにもかかわらず、アバーナシーとアッターバックが一九七八年に公刊した一連の著作を引用しておりません。したがって、彼らは本論の図3-1（一九七五）をもってA-Uモデルとしていることに疑いありません。

　その数年後クラーク（一九八五）は、A-Uモデルとは「初期の「流動」の状態から高度に「特殊」で固定化した状態へと遷移するものとしての製品と工程の進化の過程を記述したもの」だと述べています。さらに彼は、A-Uモデルは新製品の進化過程において、当該製品に関するイノベーションが製品イノベーションであるか、あるいは工程イノベーションであるかに着目していると指摘したうえで、新製品の登場後しばらくの間は製品イノベーションの発生頻度が比較的高いのに対して、ある時期つまり遷移期を過ぎると工程イノベーションの発生頻度が高くなると述べています。ここで注目すべきは、クラークはA‐Uモデルを論じるにあたってドミナント・デザインの出現についてまったく言及していないことです。

ティースは一九八六年の著名な論文のなかで「製品／産業ライフサイクル上のイノベーション」図を提示しています。この図において、彼は製品および工程イノベーションの発生頻度を示すとともに、明示的な説明はないものの、ドミナント・デザインと思しき座標位置を図示しています。これを彼は「アバーナシーとアッターバックのフレームワーク」と呼んでいますが、同図中に示されている製品および工程イノベーションは前記の図3‐1、図3‐2、そして図3‐3とはかけ離れた形状をしています。

その十年近く後の一九九四年、アッターバックは『イノベーション・ダイナミクス』のなかで図3‐2とほぼ同じ図を掲載しています。図中にドミナント・デザインの出現を表す座標位置は記入されておらず、その名称は「イノベーションのダイナミクス」であり、彼はこの図のことを同書本文中でA‐Uモデルと呼んでいます。

＊＊＊

3　脱成熟論から非連続変化論へ

A‐Uモデルを提唱した当初、アバーナシーたちは、製品の進化は特殊期を迎えるとイノベーションの一連の過程は完了し、後は漸進的に進歩するだけだと説明していました。しかし後になって、彼らは特殊期の後に脱成熟期が出現することがあると述べて、彼らのモデルを若干修正しています。

すなわち、アバーナシーたちは『産業ルネッサンス』（一九八三）のなかで、それまでの研究活動を総括して、「製品の進化は一方向のみに進行する。つまり、産業構造と競争という点で、ものづくり産業は必ずや成熟産業に至る傾向がある。生命体と同様、老化現象は生産活動においても不可逆の過程である」と述べています。

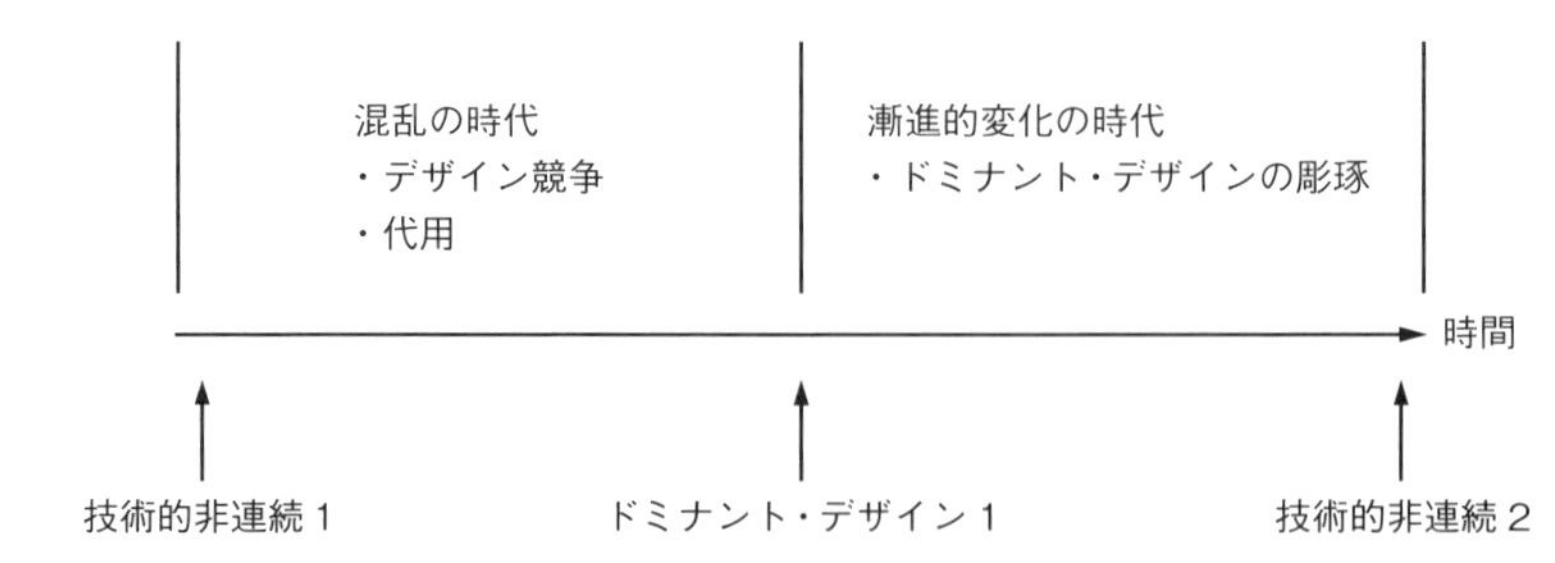

図 3-4　AndersonとTushman, 1990 が提示するイノベーションの進化モデル

しかし、こう総括した直後に、脱成熟化の可能性について「(生産活動に) 生物的な類推を適用する論理はついに破綻をきたすところに至ったのかもしれない。何故ならば、製造業の発展に伴って、成熟化の進行を阻み、場合によってはそれを逆転させることができるのだ。我々は産業の「脱成熟化」の可能性について論じることになるだろう」と指摘しています。

さらに、「もし脱成熟化が進行するならば、技術は再び市場競争における最重要課題となる。市場の需要側は新たなニーズと性能を満たすことを求める一方、供給側は性能と価値に関して新たな次元に直面することになる。その結果、技術の「見える化」、「価値増大」、そして「多様化」が進行する」と述べています。

つまり、脱成熟化とは、ある製品カテゴリーにおいて流動期が再び出現することであり、アバーナシーとクラーク（一九八五）は、脱成熟化が生まれる条件として新技術の登場、消費者の需要変化、そして政府の政策変更の三つを挙げています。この少し後に、新宅（一九九四）は脱成熟化過程によってもたらされた新しい成熟化過程を「再成熟化過程」と呼ぶとともに、カラーテレビ産業とウォッチ産業を中心とした事例研究を行い、成熟産業の技術転換と企業行動について分析しています。

これとは別に、タッシュマンとアンダーソン（一九八六、一九九〇）はA‐Uモデルとドミナント・デザイン論を詳細かつ実証的に検討しています。彼らの知見によると、ある製品カテゴリーに「非連続変化」をもたらす技術が登場すると、その製品の属する産業は「混乱の時代」を迎えます。その後「ドミナント・デザイン」が出現すると、「漸進的変化の時代」に移行することになります。漸進的変化の時代がしばらく続いた後、再び技術の非連続変化が生じ、混乱の時代に逆戻りします（図3‐4）。彼らの考え方の特徴は、アバーナシーたちと違って、製品イノベーションの進化過程は循環構造を描くと主張しているところにあり、自ずと脱成熟過程を包摂していることになります。

この後タッシュマンとオーライリー（一九九七）は、このモデルを多少変えて、多様化、騒乱の時代、選択、漸進的変化の時代、に区分したビジネスモデルを提案しています。容易におわかりいただけると思いますが、「多様化」は「非連続変化」に、「騒乱の時代」は「混乱の時代」に、「選択」は「ドミナント・デザインの出現」に対応しています。

ドミナント・デザイン論が登場した一九七〇年代後半から一九九〇年代にかけて、その提唱者であるアバーナシーやアッターバック、あるいはアンダーソンやタッシュマンなどハーバード大学を中心とする研究者がドミナント・デザイン論に関わるモデルを精緻化し、その意味を徐々に磨き上げていきます。その過程で、ドミナント・デザイン論やA‐Uモデル、そして脱成熟などの考え方に対する評価は、どのような展開を遂げてきたのでしょうか。

4　研究者の間に広く浸透しているドミナント・デザイン論

ドミナント・デザイン論は経営学とりわけイノベーション・マネジメントや技術経営の研究者の間に広く浸透している考え方です。たとえばマーマンとフレンケン（二〇〇六）は、ドミナント・デザイン論は関連分野の研究者の間でパラダイム転換を連想させるほどの理論枠組みになっていると述べています。パラダイム転換とは、クーンが『科学革命の構造』において提唱した考え方で、それまでの世界観やものの見方、思考法を根本から覆して、新しい状態へと転換させることを言います。またゴツォポウロス（二〇一五）は、ドミナント・デザイン論が技術サイクル、技術進化、参入時期の選択、企業の業績や生存に関する論文の間で中心的な位置を占めていると論評しています。

ドミナント・デザイン論が学術の世界にどの程度浸透しているか、トムソン・ロイター社が提供しているウェブ・オブ・サイエンスに基づいて分析してみました。同社のホームページによると、これは全世界の一二、〇〇〇以上の学術誌を網羅している論文情報データベースで、一九〇〇年以降の自然科学、社会科学、芸術、そして人文学に関わる論文を閲覧できると説明しています。ウェブ・オブ・サイエンスを利用して、私は主としてドミナント・デザインに関わる英語の論文の学術雑誌への掲載件数、掲載学術誌、研究分野などについて調べてみました。詳細は三藤（二〇一六）の論文に譲るとして、ここではその結果をかいつまんで述べることにします。

その結果、二〇一五年末の時点で合計で三一〇件の論文が検索条件に合致することがわかりました。まず、被引用件数についてみると、アンダーソンとタッシュマン（一九九〇）の論文は八五三件、アバーナシーとアッターバック（一九七八）のエッセイは六四三件あります。前述のように、アンダーソンたちの論文はドミナント・デザインの出現過程に技術の非連続的変化を加味したものです（図3‐4参照）。この論文の被引用件数が抜きんでて多いのは、それまでのドミナント・デザイン論を総括したとの評価を受けているからだろうと思います。

第二は、ドミナント・デザイン論に関わる論文件数はいまでもまったく減少しておらず、むしろ増加の兆しさえ見せていることです。マーマンとフレンケンは、ドミナント・デザイン論は関連分野のイノベーション研究者の間でパラダイム転換をもたらした理論であると指摘していますが、あながち大げさな表現ではないようです。

第三は、ドミナント・デザイン論はビジネスおよび経済学を筆頭として、工学、公共管理、経営科学など幅広い学術分野のトピックとして挙げられており、普遍性の高い理論モデルであることです。

A‐Uモデルをトピックとする論文の出現頻度はどのくらいあるのでしょうか。同様の分析を行った結果、前述したブレッソンとタウンゼント（一九八一）の論文を含めて二〇一五年までの合計で四件のヒットを確認したのみでした。ドミナント・デザイン論が注目を集めるようになった一方、A‐Uモデルをトピックとする論文はほとんどみあたりません。これは、A‐Uモデルは製品ライフサイクルの過程で発生する現象の一つと捉えられるようになってきたからだと考えられます。それに加えて、モデル自体が必ずしも実証されていないうえに、実証することがそもそも困難だからでしょう。

この数十年間、脱成熟化をトピックとする論文はほとんど見当たりません。タッシュマンとアンダーソン（一九八六、一九九〇）の提唱する非連続モデルのなかに包含されたということでしょうか。

あわせて、同様の条件で破壊的イノベーション理論についても検索してみました。第三部で述べるように、破壊的イノベーション理論はクリステンセンが提唱している理論で、イノベーション・マネジメントや技術経営においてドミナント・デザインと並んで広く知られている考え方です。その結果、二〇一五年末までに二五六件の論文が該当することが確認されました。

破壊的イノベーション理論はドミナント・デザイン論よりも遅く一九九〇年代以降に提唱されています。してみると、破壊的イノベーション理論はドミナント・デザイン論と同程度、あるいはそれ以上にイノベーション・マネジメント分野で広く浸透した考え方であることがわかります。

第四章　ドミナント・デザイン論の展開
―イノベーションのライフサイクル分析から企業の生き残り戦略へ―

「顧客は好きな色の車を手に入れることができる、それが黒である限り」ヘンリー・フォード

ドミナント・デザインに関わって、ビジネスパーソンはどのようなことを実践すべきなのでしょうか。換言すれば、ビジネスパーソンはドミナント・デザイン論をどのように「使えば」いいのでしょうか。そして、ドミナント・デザイン論はビジネスにどこまで「使える」のでしょうか。

ビジネス上の課題に対処すべく、ドミナント・デザインを巡って長年にわたり多くの研究が積み重ねられてきました。以下、こうした問題意識をもちながら、アバーナシーとアッターバックがドミナント・デザイン論を提唱した後に得られた研究成果を改めて整理することにします。次いで、最近のドミナント・デザイン論の潮流を紹介することとします。

1　ドミナント・デザインの研究によって得られた知見

当該製品にドミナント・デザインが出現するか否か。これが、製品の開発と販売を任されているマネージャーが真っ先に考えるべきことの一つです。これまでの研究の成果によると、ドミナント・デザインが出現しやすい製品とそうでない製品、つまり業界があることが明らかになっています。

ドミナント・デザインの出現する確度が高いとすれば、マネージャーは次のような事項を検討することになるでしょう。

第一は、どのようなドミナント・デザインが出現するかという問題です。つまり、当該製品カテゴリーにおいて、どのようなデザインが支配的になるか、わが社はそれに対応する技術力はあるか、マーケティングは抜かりがないかといったことに配慮しながら、マネージャーは戦略を立案し行動することになります。

第二は、ドミナント・デザインはいつ頃出現するか、その兆候は何か、ということです。もしその兆候がみられるならば、ドミナント・デザインの出現を見据えて、マネージャーは業界での生き残りを図り、さらに競争優位を獲得すべく戦略を練ることになります。あるいは、その製品カテゴリーへの参入のタイミングを計る経営者がいるかもしれません。

ところでドミナント・デザインは、時にドミナント・製品デザインと言い換えられるくらいで、おおよそ形のある製品を対象としています。ドミナント・デザイン論はサービスやサービス業にも適用可能なのでしょうか。私の調べたところでは、数は少ないものの、いくつかの調査事例を確認することができました。

若干第三章と重複するところがありますが、これまでにドミナント・デザインに関わって得られた知見を以下の項目に沿って整理したうえで、説明することにします。

・ドミナント・デザイン出現の因果関係
・ドミナント・デザインが出現しやすい製品カテゴリー
・ドミナント・デザイン出現の遅速
・サービス、サービス産業とドミナント・デザイン
・ドミナント・デザイン出現の兆候、生き残り戦略、参入のタイミング

ドミナント・デザインは技術と市場の妥協の産物として出現する

ドミナント・デザインが出現するに至るまでの因果関係の解明はドミナント・デザイン論の重要課題であり、多くの研究が行われてきました。この点について、アバーナシーとアッターバックの最初期の考えを要約すれば、「ドミナント・デザインは技術と市場の妥協の産物として出現する」ということになるでしょう。

それ以後多くの研究が行われてきましたが、アバーナシーやアッターバックの当初の提案とそれほど変わったところはなく、おおよそ次のように整理できます。

①必ずしも科学的ないし技術的に最先端のものがドミナント・デザインになるわけではない。

②ドミナント・デザインは技術決定論に従うのではなく、市場のなかで利害関係者間の相互作用のなかで形成される。利害関係者の介在度合は一様ではなく、有力な企業や業界団体、標準化組織、政府機関の行動が影響を及ぼす。

③ドミナント・デザインは最適解ではなく、大多数の利害関係者にとっての満足解である。

今となっては、至極当たり前の指摘に見えます。しかし、ここには重要なメッセージが含まれています。つまり第一に、技術だけ、あるいは市場だけがドミナント・デザインの決定要因ではないことです。とかく、技術者や開発者は技術決定論の立場を取りたがります。一方マーケティングや販売部門は、マーケットドリブンつまり市場至上主義の立場を取りたがります。しかしこれをやや離れたところからみると、ドミナント・デザインは利害関係者間の妥協の産物として出現するとみえるのです。

第二は、ドミナント・デザインは極めて戦略的な産物だということです。経営戦略の教科書などを通じて語り継がれていることですが、VTR製品においてVHSがベータマックスを圧倒した事例などは典型的です。クスマノたち（一九九二）は、VTRの一連の経過を分析した結果、戦略的マヌーバリングつまり戦略的目標を達成し競争優位を勝ち取るために、日本ビクターや松下電産は企業連合の形成を目指したと述べています。このほか、ドミナント・デザインの出現をめぐって、これまでに数多くの戦略論が展開されています。

ドミナント・デザインは比較的複雑な製品に出現しやすい

アバーナシーは『生産性のジレンマ』（一九七八）のなかで、自動車産業におけるイノベーションの発生過程を徹底的に分析しています。その結果、彼はT型フォードをドミナント・デザインの代表的な事例として挙げています。また、彼は航空機製造産業ではダグラスDC‐3がドミナント・デザインとしての地位を勝ち取ったと述べています。

ここで注意していただきたいのは、この二つの産業分野に関して彼は具体的な製品（商品）名をドミナント・デザインとして挙げていることです。一方、アバーナシーとアッターバックの一連の著作をみると、加工食品や半導体、冷蔵庫用の冷凍装置、缶密封技術などの製品カテゴリーでドミナント・デザインが出現したことを示唆していますが、必ずしも具体的なメーカーや製品名を挙げておりません。

ドミナント・デザインを具体的な製品に代表させるのか、それとも当該製品カテゴリーに着目するのか、議論のあるところでしょう。しかしその後の潮流をみると、具体的な製品名ないし商品名ではなく、ハードディスクとか半導体、VTRなどの製品カテゴリーを念頭に置いたうえで、当該製品カテゴリーの中で何らかの特徴を有するデザインをドミナント・デザインと称する例が多いようです。イーサネットなどは例外の一つです。しかし、これも当初はコンピュータ・ネットワークの名称で固有名詞でしたが、後に規格に採用されて一般的な名称になっています。

クラークは一九八五年にA・Uモデルに関して「製品が複雑な場合、製品がさまざまの異なった方法で製造されうる場合、そしてこれらの工程のいずれかがさまざまな製品デザインを伴う場合、A・Uモデルは進化過程に関して正確で有用な意味を提供できるようにみえる」と指摘しています。またティースは一九八六年に、A・Uモデルは「消費者の嗜好が比較的均質なマスマーケット向けの製品に適している」と指摘しています。これらの所説はいずれもA・Uモデルについて論じていますが、そのままドミナント・デザインの出現に適用可能です。その後のドミナント・デザイン研究は、おおむねこのあたりの知見を踏襲しているようです。

これを整理すれば、ドミナント・デザインが出現しやすい製品は、有形の、比較的構造や仕組みが複雑で、製造工程に工夫が必要な、最終消費者向けの「もの」ということになるでしょう。

ドミナント・デザインの出現に対して批判的な見解もあります。ネルソン（一九九四）はドミナント・デザインが出現するとしても、それは一つなのか、それとも複数のドミナント・デザインが併存するのかという疑問を投げかけています。この点に関して、三藤（二〇〇七）はファクシミリにおいて二つのドミナント・デザインが併存していたことを示唆しています。また、ウィンドラムとビルケンホール（一九九八）は、カメラやパソコンなどを事例としてシミュレーションを行った結果、ドミナント・デザインは限定的にしか出現せず、ニッチ市場が存在することのほうが多いと結論づけています。

ドミナント・デザイン出現の遅速の指標

スリニバサンたち（二〇〇六）は、ある製品カテゴリーにおいてドミナント・デザインが出現するか、そしてもし出現するとすれば、ドミナント・デザインが出現するまでにどのくらいの期間か、というテーマのもとで、六三の事務機器と耐久消費財を対象として分析しています。その結果、「製品の専有可能性」が弱い場合、「ネットワーク効果」が弱い場合、「製品のラジカル度」が低い場合、そして「研究開発強度」が強い場合にドミナント・デザインが生じやすいと述べています。

注目に値するのは、ネットワーク効果の弱い方が、ドミナント・デザインが出現しやすいという主張です。彼らによると、ネットワーク効果が作用するゆえに、むしろ消費者は「待ちの姿勢」を取ることになることになり、その結果「過剰慣性」が作用して、ドミナント・デザインが出現しにくくなると述べています。

サービス、サービス産業への適用は少ない

ドミナント・デザイン論の対象は、ほとんどが形のある製品でした。ドミナント・デザイン論はサービス、あるいはサービス産業にも適用できるのでしょうか。

マーマンとフレンケン（二〇〇三）は、二〇〇一年頃までのドミナント・デザインに関わる論文二四件の研究目的、研究方法、産業、製品、技術等を詳細に比較して表にまとめています。その表をみると、ほとんどは製造業が生産する製品です。その中で二件、サービス産業を対象とした研究事例が記載されています。一つはファクシミリの導入に関わる電気通信産業を分析しているバウムたち（一九九五）の研究であり、今一つはＬＡＮ産業の誕生過程を分析しているバーグとケニー（二〇〇〇）の研究です。

〈標準規格のドミナント・デザイン〉

バウムたちはファクシミリ・サービスに関わる電気通信産業を研究対象としています。彼らはファクシミリの標準規格に関するドミナント・デザインを論じていて、具体的にはＣＣＩＴＴ（国際電信電話諮問委員会）が一九八〇年に定めた伝送技術と速度に関する四グループの規格（Ｇ1、Ｇ2、Ｇ3およびＧ4）の成立を以てドミナント・デザインが出現したとしています。この点で、電気通信産業というサービス産業が研究対象ですが、ドミナント・デザインの出現に関わる論点はサービスではなく、ファクシミリ装置の標準規格です。

バーグとケニーは、米国におけるＬＡＮ（ローカルエリアネットワーク）産業の誕生の歴史をドミナント・デザイン論および技術の社会構成主義に基づいて論じています。対象はＬＡＮ産業つまりサービス産業ですが、ドミナント・デザインに関する考察は、ネットワーク技術が対象です。具体的には、コンピュータ・ネットワークの規格であるイーサネットが市場において優勢になったことをもってドミナント・デザインが出現したとしています。この意味で、バウムたちの研究と同様、サービスに関わるドミナント・デザインではなく、ＬＡＮ産業が提供しているネットワークシステムの標準規格に関わるドミナント・デザインの出現を論じていることになります。

〈サービスのドミナント・デザイン〉

私の調べた範囲ではサービスを対象としたドミナント・デザインの出現について、以下の二つの研究事例があります。

第一に、バラス（一九八六）は、Ａ‐Ｕモデルを保険業、会計事務所、地方政府などのサービス産業に適用し、製品と同様に金融サービスなどのサービス分野においてもドミナント・デザインが出現したと述べています。それに加えて、これらのサービスではＡ‐Ｕモデルの仮説とは反対に、初期段階では工程イノベーションが優勢である一方、ドミナント・デザインが出現すると製品イノベーションが優勢になると指摘して、これを逆製品サイクルモデルと呼んでいます。彼の一九九〇年の論文は、これを一般的な金融、事務サービス業に拡張し、同じく逆製品サイクルモデルを適用して分析しています。

第二に、高井（二〇〇九）はオンライン証券産業が提供するオンライン証券サービスを対象として、オンライン証券サービス企業の生存可能性つまり撤退リスクの分析を行っています。その結果、参入の早い企業ほど、そしてコア顧客をつなぎとめる施策を多く導入している企業ほど撤退リスクが低減するとの結論を得ています。彼女は別の論文で、二〇〇二年末までにドミナント・デザインが出現したと論じています。

また、近能と高井（二〇一〇）は『イノベーション・マネジメント入門』のなかで、オンライン証券などのサービス業においてもA‐Uモデルの議論を適用することが可能である、つまり製品イノベーションが先行し、ドミナント・デザインが出現すると工程イノベーションが優勢になることを示唆しており、この見解はバラスとは異なるものになっています。

これと類似のテーマで、生稲（二〇一二）は、ドミナント・デザインに関わる分析は行っていませんが、アバーナシー（一九七八）の主張に沿って、ゲームソフト産業におけるイノベーション・パターンを検証しています。すなわち、彼はまず、ゲームソフト産業におけるイノベーションを製品イノベーションに限定したうえで、これを創造的イノベーションと継承的イノベーションに区分しています。

そのうえで、ゲームソフト産業が誕生したころには創造的イノベーションが優勢だったところ、やがて継承的イノベーションへと移行したとして、その原因を分析しています。その結果、生稲は「ゲームソフト産業のイノベーション・パターンの根底には、開発ノウハウの蓄積と活用に由来する、開発生産性のジレンマが存在する可能性」を示唆しています。

サービス産業やサービスへのドミナント・デザイン論の適用例は少ないようです。サービス産業に適用する場合も、サービスそのものではなく、サービスを構成する技術ないし装置を対象としています。あるいは、製品に体化されていなくとも、当該製品の規格や標準などをドミナント・デザインの対象としている調査が多いようです。その意味で、ドミナント・デザイン論をサービス産業やサービスに適用しようと考えているマネージャーは、慎重に対処したほうがいいでしょう。

ドミナント・デザイン出現の兆候、生き残り戦略、参入のタイミング

新製品の開発や販売を担当するマネージャーの目標は、自社製品を市場に投入したとして、市場での競争に打ち勝ち、市場で生き残ることでしょう。競争優位を獲得するとともに、その優位を維持することと言ってもいいでしょう。ドミナント・デザイン論からみると、その課題は次のように整理することができます。

・ドミナント・デザインが出現する兆候を事前に検知できるか
・当該製品カテゴリーにいつ頃参入すれば生存確率が高くなるか
・製品ライフサイクルの各段階においてどのような戦略を取ればいいのか

〈ドミナント・デザイン出現の前に参入した企業は生存確率が高い〉

スアレズとアッターバック（一九九五）は、米国のタイプライター、自動車、テレビ受像機、ブラウン管、半導体、電子式卓上計算機という六つの産業を事例として、企業の生存確率を解析しています。その結果、企業の参入のタイミングは産業内の技術の進化に依存するとしたうえで、「生存確率はドミナント・デザインの出現した後に参入した企業よりも、その前に参入した企業の方が高い」との結論を導いています。

〈機会の窓が開いた直後に参入した企業は生存確率が高い〉

クリステンセン、スアレズとアッターバック（一九九八）は、ハードディスク業界のように急速に環境が変化する産業においては、ドミナント・デザインが出現する直前に「機会の窓」と「学習の窓」が開き、この時期にドミナント・デザインを採用して参入した企業の生存確率が高いことを実証したうえで、次のような仮説を導いています。

・参入するに当たってドミナント・デザインを採用した企業は、そうでない企業よりも当該業界から退出する可能性が低い。
・学習の窓、機会の窓が開いている時期に参入した企業は、そうでない企業よりも退出する可能性が低い。
・アーキテクチュラル・イノベーションを採用した企業の方が、そうでない企業よりも退出する可能性が低い。

言うまでもないでしょうが、筆頭著者はこの論文が掲載された後すぐに破壊的イノベーション理論で有名になる、あのクリステンセンです。また、アーキテクチュラル・イノベーションについて知りたい方は第六章のコラムをご覧ください。

以上二つの研究は、ドミナント・デザイン論の主テーマが製品のライフサイクル分析や企業組織の分析から、企業の生き残り戦略やイノベーション戦略に転換するきっかけとなった先駆的な研究と考えられます。この後、ドミナント・デザイン論の研究は、ドミナント・デザイン出現の兆候、その中での企業の生き残り戦略、当該事業への参入の時期などに関するテーマが増えてきます。

〈新製品売り上げの急上昇は参入企業の増加によってもたらされる〉

アガーワルとバユス（二〇〇二）は、市場の進化と製品イノベーションに関わる売り上げの間の相関関係を分析した結果、製品イノベーションに関する売り上げの急上昇は価格の下落よりもむしろ参入企業の増加によってもたらされると述べています。すなわち彼らは、米国の一五〇年に及ぶ新製品に関わるデータを分析した結果、市場がテイクオフし売り上げが急上昇するためには、価格以外の要因つまり企業の参入に伴う製品イノベーションの活発化が重要であると指摘しています。

〈ドミナント・デザインはクリティカルマスの形成と相前後して出現する〉

三藤（二〇〇三）はドミナント・デザイン論とロジャーズの提唱する普及論を結びつけて、日本語ワードプロセッサー（WP）の社会システムへの普及過程を分析した結果、WPにドミナント・デザインが出現する時期と前後して、クリティカルマスが形成されると述べています。

三藤（二〇〇七）はこれを発展させて、VTRやファクシミリなどでは、社会システムと技術的イノベーションの間に共組織化過程が働いていたことを指摘しています。そのうえで、少なくとも情報通信技術に関わる製品カテゴリーにおいては、クリティカルマスの形成と相前後してドミナント・デザインが出現する可能性が高いと主張しています。

〈早期参入とコア顧客の維持が撤退リスクを低減させる〉

高井（二〇〇九）は、オンライン証券産業が提供するオンライン証券サービスを一つの製品（産業）カテゴリーと捉えたうえで、オンライン証券の生存可能性つまり撤退リスクの分析を行っています。その結果、参入の早い企業ほど、そしてコア顧客をつなぎとめる施策を多く導入している企業ほど撤退リスクが低減するとの結論を得ています。

2　ドミナント・デザイン論に関わる最近の潮流

最近の学術誌の中から、私が注目しているドミナント・デザインに関わる論文をいくつか紹介します。私の主観で選んでいますので、今後の潮流になるかどうか保証はしかねますが、いずれの研究も経営戦略や商品企画、マーケティング戦略、イノベーション戦略の立案に資するところが大きいのではないかと考えています。

デジカメの要素技術ごとのドミナント・デザインの形成

ベナーとトライプサス（二〇一二）は、米国市場でのデジタルカメラの普及の推移に関して、参入企業のフレーミング（枠組み形成）の違いがドミナント・デザインの形成過程に及ぼす影響を論じています。即ち、既存の銀塩カメラ産業、家電産業、およびコンピュータ産業に属する企業はデジタルカメラという新製品カテゴリーに対して、それぞれ別のフレーミングを形成しつつ、新産業に参入したと述べています。

そのうえで、デジタルカメラを構成する七つの要素技術を挙げ、各々の要素技術がドミナント・デザインを確立した後に、上位システムであるデジタルカメラに関しても二〇〇四年にドミナント・デザインが出現したと結論づけています。なお、七つの要素技術のうち六つの要素技術にはドミナント・デザインが出現した一方、残る一つの要素技術にはドミナント・デザインが出現しなかったと述べています。

このように、本論文はデジタルカメラという技術システム全体のみならず、個別要素技術を併せて分析したうえで、デジタルカメラのイノベーション過程を解明している点でユニークな研究です。ただし、この研究では個別要素技術の分析に留まっており、デジタルカメラのシステム全体のアーキテクチャには触れていません。また、デジタルカメラ事業は日本が世界の最先端を走っているにもかかわらず、日本の企業の動向をさほど考慮に入れていないようにみえます。

製品に関わるドミナント・カテゴリーの出現

ドミナント・デザイン出現の兆候に関して、技術パラダイム論の視点からの分析や、製品の進化過程でドミナント・デザインのみならずドミナント・カテゴリーが出現するという見解があります。以下、最近の学術誌に掲載された三つの研究を紹介します。

〈技術パラダイム論と製品カテゴリー〉

ドーシーとネルソン（二〇一三）は、かつてドーシー（一九八二）が提唱した技術パラダイム論の視点から、次のような指摘をしています。即ち、パラダイムは何らかのものの見方、捉え方を規定すると指摘したうえで、ある製品カテゴリーにパラダイムが導入されることにより、取り組むべき関連の問題が明らかにされ、それを解明するための方法論がパターン化されることになるとの仮説を提示しています。

そのうえで、技術パラダイムは、選択された技術経済的課題に対する解の特殊なパターンを伴うとともに、デザイン概念の形を取ると主張します。ここで、特定の人工物や工程の形態を性格づけるのがデザイン概念であり、技術パラダイムの確立はドミナント・デザインの出現を伴うが、ドミナント・パラダイムの登場は必ずしもドミナント・デザインの出現を伴わないとの見解を述べています。概念的な論文ですが、二人は世界的に著名なイノベーション研究者であり、今後のドミナント・デザイン論の一つの方向を示しているのかもしれません。

〈ドミナント・デザインとドミナント・カテゴリーは共進化する〉

同様の文脈で、グローダル、ゴツォポウロスとスアレズ（二〇一五）は、産業の形成期において、ドミナント・デザインとドミナント・カテゴリーは共進化しつつ、両者とも当初は発散するが、次第に収斂していくと述べています。ここで彼らは、カテゴリーとは社会的に構成された区分であって、同じものと認識された対象物をグループ化したものだと定義しています。

そのうえで、彼らは次のようなことを主張しています。

①技術的なデザインとカテゴリーの進化は、当初の発散過程から次第に収斂するという意味で、同じパターンを経る。

②技術的なデザインとカテゴリーを産業の出現の統合部分を構成するものとして同時的に考える、つまり技術的なデザインと社会認知的な構成の共進化と捉えることができる。

〈ドミナント・カテゴリーの後にドミナント・デザインが出現する〉

スアレズ、グローダルとゴツォポウロス（二〇一五）は、前記の論文と同様、カテゴリーおよびドミナント・カテゴリーの出現という視点から、製品カテゴリーへの参入の時期について考察しています。彼らはまず、カテゴリーとは社会的に構成された区分あるいは用語であると説明します。さらに、カテゴリーは、さまざまな対象物を同じものと知覚可能なグループに区分するための枠組みであると指摘しています。ここで、「さまざまな対象物」とは、社会的空間のなかにあって、いろいろな形を取って存在するものです。

そして、ドミナント・カテゴリーとは、同じニーズがあるとともに同じ市場空間で競争している製品があるとき、大部分の利害関係者が意識して取り組む概念的な構成物であると規定します。そのうえで、ドミナント・カテゴリーは、製品の属するカテゴリーに対する新規性と親近性の間に存在する葛藤を解消する過程で出現すると述べています。正直なところ、随分七面倒くさい論述です。

それはさておき、以上のような概念規定を行ったうえで、彼らは概略次のように主張しています。即ち、新しい製品カテゴリーが誕生すると、参入企業の数が増える以前に、カテゴリーの数が増加し始めます。その後、時間の経過とともにドミナント・カテゴリーが出現すると、当該産業に参入する「機会の窓」が開かれます。何故ならば、社会認知的な観点からの不確実性が解消されるからです。

ドミナント・カテゴリーが出現した後も企業の数は増加しますが、ドミナント・デザインが出現すると機会の窓が閉じられて、企業の数が減少し始めます。ドミナント・デザインは技術的な不確実性を解消し、当該産業の認知的なダイナミクスを根本から変更するからです。このように、ドミナント・カテゴリーの出現は機会の窓を開く画期となるとともに、ドミナント・デザインの出現は機会の窓が閉じられる画期になるというのが彼らの主張するところです。

私は、ドミナント・カテゴリーが現れた後、しばらくしてドミナント・デザインが出現するという最後の論文に最も注目しています。ところで、前記二つの論文は、筆頭著者は異なるものの著者三名は同じです。しかし、一方はカテゴリーとデザインは共進化を遂げると主張しているのに対して、他方はドミナント・カテゴリーの後にドミナント・デザインが出現すると述べています。こういうことは……ありなんでしょうかね。

イノベーション・ショックの後にドミナント・デザインが出現する

アージレス、バイジロウとニッカーソン（二〇一五）は、産業のダイナミクスにおける大規模な移行と変化の開始時期、つまり企業が戦略選択を迫られる時期は、ドミナント・デザインやアーキテクチャが出現する時点ではなく、もっと早い時期に訪れると論じています。すなわち彼らは、ある製品カテゴリーにおいて、ある特定の企業が新しい製品デザインを先導的に導入し、その製品に対して市場関係者にとって予想外のとてつもなく大きな需要が喚起された時に、企業は重大な戦略選択を迫られると主張します。

この時期を彼らは「イノベーション・ショック」と呼んでいます。つまり、まさしくその新製品は、当該製品カテゴリーに対する需要の加速度的な増加をもたらし、既存の企業は、それに対処するために、「模倣」、「立ち位置の変更」、あるいは

「退出」のうち、どれか一つの戦略の選択を余儀なくされると結論づけているのです。

そのうえで、彼らはイノベーション・ショックに促されて、新規参入企業が現れると述べるとともに、

①機会の窓はイノベーション・ショックによって開かれる、

②機会の窓はドミナント・デザインの登場によって閉じられる、

と主張しています。また、イノベーション・ショックの代表的な事例は一九〇六年のアンダーウッド・タイプライター、一九〇八年のT型フォード、二〇〇一年のアップル・アイポッド、二〇〇七年のアップル・アイフォンだと述べています。

彼らによると、イノベーション・ショックによって企業のシェイクアウト（振い落し）が始まり、それはドミナント・デザインの出現によって加速されるのです。つまり、ドミナント・デザインの出現がシェイクアウトを加速させこそすれ、シェイクアウトの火を点けるわけではないと彼らは主張します。さらに、イノベーション・ショックは「追随者のジレンマ」を引き起こすとともに、既存企業の戦略の変更や新規参入企業の戦略に影響を及ぼすことになると付け加えています。

これがアージレスたちの論文の骨子であり、大変面白いアイデアだと思います。彼らは自動車の事例を中心に、タイプライター、スマートフォン、タブレット型コンピュータなどがこのモデルに合致すると述べています。仮に彼らの考えが他の事例でも実証されるとなると、ドミナント・デザインに関わる考え方を根本から見直さなければならないかもしれません。

ドミナント・デザインとサービス戦略の関係

クスマノ、カールとスアレズ（二〇一五）は、特にIT関連産業は製品の販売と同時に、それに伴ったサービスの提供が事業の売り上げを向上させるための重要な要素になっているとしたうえで、製品製造企業のサービスと競争戦略の関係性について、産業のライフサイクルの変化に基づいて検証しています。彼らは、産業のライフサイクルを混乱期、移行期、および成熟期に区分して、製品製造企業が提供すべきサービスを段階ごとに論じているのです。ドミナント・デザイン論と戦略論を組み合わせた議論はこれまでも数多くありますが、これをサービスイノベーションと結びつけているところにこの研究の面白さがあります。

ドミナント・デザインに関して、最近の論文のなかから、いくつかの研究とそこから得られた知見を紹介しました。ドミナント・デザイン論自体が、時々の産業の変化やビジネスパーソンのニーズを反映しつつ、実証的な分析やさまざまな事例に基づく検証作業を通じて、進化と変容を遂げていることがおわかりいただけたと思います。

なかでも、デジカメにおけるドミナント・デザインの出現、ドミナント・カテゴリーからドミナント・デザインへ、そして、イノベーション・ショックの出現を論じた研究は注目に値します。いずれも、ドミナント・デザインが出現するとして、①その予兆は何か、②利害関係者はどのような思惑で行動しているか、そして③参入のタイミングと取るべき戦略、という点に着目した研究です。

この問題意識のもとで、それぞれの論者はフレーミング、ドミナント・カテゴリーの出現、そしてイノベーション・ショックという新概念を導入して、ドミナント・デザインの出現に関わる本質に肉薄しようとしています。いずれの論文も示唆に富んでおり、その提言は極めて実践的で、これこそビジネスパーソンが求めているところではないでしょうか。

この議論は始まったばかりです。読者の皆さんにもぜひチャレンジしていただきたいものです。実務のなかから、新しい知見が得られ、その結果、新しいイノベーション戦略やマーケティング戦略が生まれることを期待しています。

最後にドミナント・デザイン論がたどってきた進化の歴史を整理して、第二部を締めくくりたいと思います。

3　ドミナント・デザイン論の達成点

アバーナシーとアッターバックが一九七〇年代にドミナント・デザインの出現について論証した当初の主要なテーマは、製品および工程イノベーションの発生頻度の推移と組織や戦略の変化、ドミナント・デザイン出現の因果関係、ドミナント・デザインが出現しやすい製品カテゴリー、などでした。

既に指摘したとおり、ドミナント・デザイン論は技術進化、製品のライフサイクル、参入戦略、生き残り戦略などにおいて枢要な位置を占めており、いまではイノベーション研究や技術経営の代表的なモデルとなっています。それに加えて、ドミナント・デザイン論はその後アーキテクチュラル・イノベーション（ヘンダーソンとクラーク）、変革力マップ（アバーナシーとクラーク）、モジュラリティ、破壊的イノベーション理論などのイノベーション理論が構築される際の礎となっています。

このようにドミナント・デザイン論を総括すると、順風満帆の発展を遂げてきたようにみえます。しかしながら、御多分に洩れず、ドミナント・デザイン論がイノベーション・マネジメントの世界で有力な地位を獲得するまでには紆余曲折がありました。やや大胆ですが、ドミナント・デザイン論の進化の流れをたどってみると、次のように整理できるのではないでしょうか。

① **〈A‐Uモデルとドミナント・デザイン〉**　アバーナシーとアッターバックが一九七〇年代に提案した、ドミナント・デザイン論に関わるもっとも初期のモデル。

② **〈脱成熟化と非連続的変化〉**　一九八〇年代にアバーナシー（脱成熟化）やタッシュマンたち（非連続変化）が提案したモデル。製品カテゴリーにおいて、特殊期あるいは漸進的進化の時代が永続するのではなく、技術変化やその他の環境変化によって脱成熟化や非連続変化が生じ、再び流動期あるいは混乱の時代に戻るという考え方。

③ **〈ドミナント・デザイン出現の兆候、企業の生存確率、参入のタイミング、機会の窓〉**　アッターバックが『イノベーション・ダイナミクス』（一九九四）のなかで触れているテーマ。ドミナント・デザインが出現する前には企業の数が増加するが、ドミナント・デザイン出現後は企業の数が減少することが多いとの指摘など。この時期以降、企業の生存確率、参入のタイミング、機会の窓などがドミナント・デザインの出現時期との関連で論じられるようになる。

④ **〈ドミナント・カテゴリー、パラダイム論、フレーミング、イノベーション・ショックなどの概念の導入〉**　最近の潮流。ドミナント・デザインが出現する前に、あるいはドミナント・デザインの出現と並行してドミナント・カテゴリーが出現するという考え方。また、製品に関わるパラダイムの形成時期あるいはフレーミングとドミナント・デザインとの関連が論述されている。イノベーション・ショックが業界にもたらされるなかで、各企業は戦略選択を迫られるとの指摘がなされている。

私は、ドミナント・デザインの出現時期が当該製品カテゴリーへの参入および退出企業数との関連で分析が行われるようになった一九九〇年代に、ドミナント・デザイン論の転機が訪れたように思います。この時期にアッターバックを中心とする研究グループによって、機会の窓、参入のタイミング、企業の生存確率など、直接企業の戦略に直結するテーマが設定されるようになります。こうしたテーマの解明を通じて、ドミナント・デザイン論がビジネスに使える理論として発展を遂げてきたのです。

いい話ばかりではありません。ドミナント・デザイン論に対する厳しい意見もあります。最後にアファーの批評を紹介しておきます。彼は『イノベーション・マネジメント』（一九九八）のなかで、ドミナント・デザイン論について一通り説明した後で、その活用に当たっての注意を喚起しています。それを要約すると次のとおりです。

ドミナント・デザイン論はまずもって一つのモデルである。したがって、前提となる仮定が適合しているときにのみ有用である一方、ドミナント・デザイン論にはいくつかの仮定が置かれている。仮定の第一は、イノベーションは流動期、遷移期、そして特殊期に至るまで明瞭に移行するという点である。しかし、この境界はせいぜいのところ不鮮明であり、各期間の長さはイノベーションによってさまざまである。第二は、重要な工程イノベーションは製品イノベーションの後に生起するというものであるが、常にそうなるとは限らない。第三は、ドミナント・デザインが常に出現するとは限らないし、それがどのようなものであるかは必ずしも確認できない。第四は、イノベーションが生起したとして、それが製品イノベーションなのか、それとも工程イノベーションなのか判然としないことがある。

約二〇年前のコメントですが、このコメントの重要性は今でもなんら変わりはありません。ドミナント・デザイン論の意味するところを肝に銘じたうえで、その適用を図ることが求められているのです。

＊　＊　＊

■コラム■　ファクシミリのドミナント・デザイン

ファクシミリとは、紙面などに記録されている文書や写真などを電子的に走査することにより、それらのデータを電気信号に変換して、これを受信者に伝送し、再び文書などとして再生する装置のことです。電子技術を前提にしたファクシミリの基本構成を示すと図4-1のようになります。

一八四三年にスコットランドの技師ベインがファクシミリを試作し実験を行ったのが起源であるとされています。しかし、当時の技術水準では正確な同期を取ることが困難であることなどのために、ファクシミリが実用化されたのは、時代がはるか下って一九二〇年代半ば米国でのことでした。

わが国では一九二八年に国産第一号機が開発されています。しかし、それ以後半世紀近くの間、ファクシミリの用途は写真や気象図の伝送などであり、利用者も新聞社や気象庁、警察など少数の企業や組織に限られていました。その画期は一九七二年の公衆回線開放です。これ以降、電話網を利用したファクシミリが可能になり、専用線を持たない一般の企業などでもファクシミリを利用できるようになりました。これに加えて、CCITT（国際電話電信諮問委員会）はファクシミリの相互通信性を確保するために、一九六八年にG1機の標準化を勧告したのを皮切りに、一九八〇年代にかけて次々とG2機、G3機およびG4機の標準化を勧告しています。その結果、一九八〇年代に入るとファクシミリは日本の企業や一般家庭に広く普及していきます。

ファクシミリが普及し始めた一九七〇年代から一九八〇年代に、どのような要素技術に焦点を当てて、開発が進められてきたのでしょうか。要約すると、次のようになります。

第一に、送信走査および読み取り技術に関して、一九七〇年代初期には機械式走査方式、特に円筒走査方式を採用した装置が大勢を占めていました。その後一九七一年の公衆回線の開放を契機に、ファクシミリの高速化や装置価格の低廉化に対する要求を満たすた

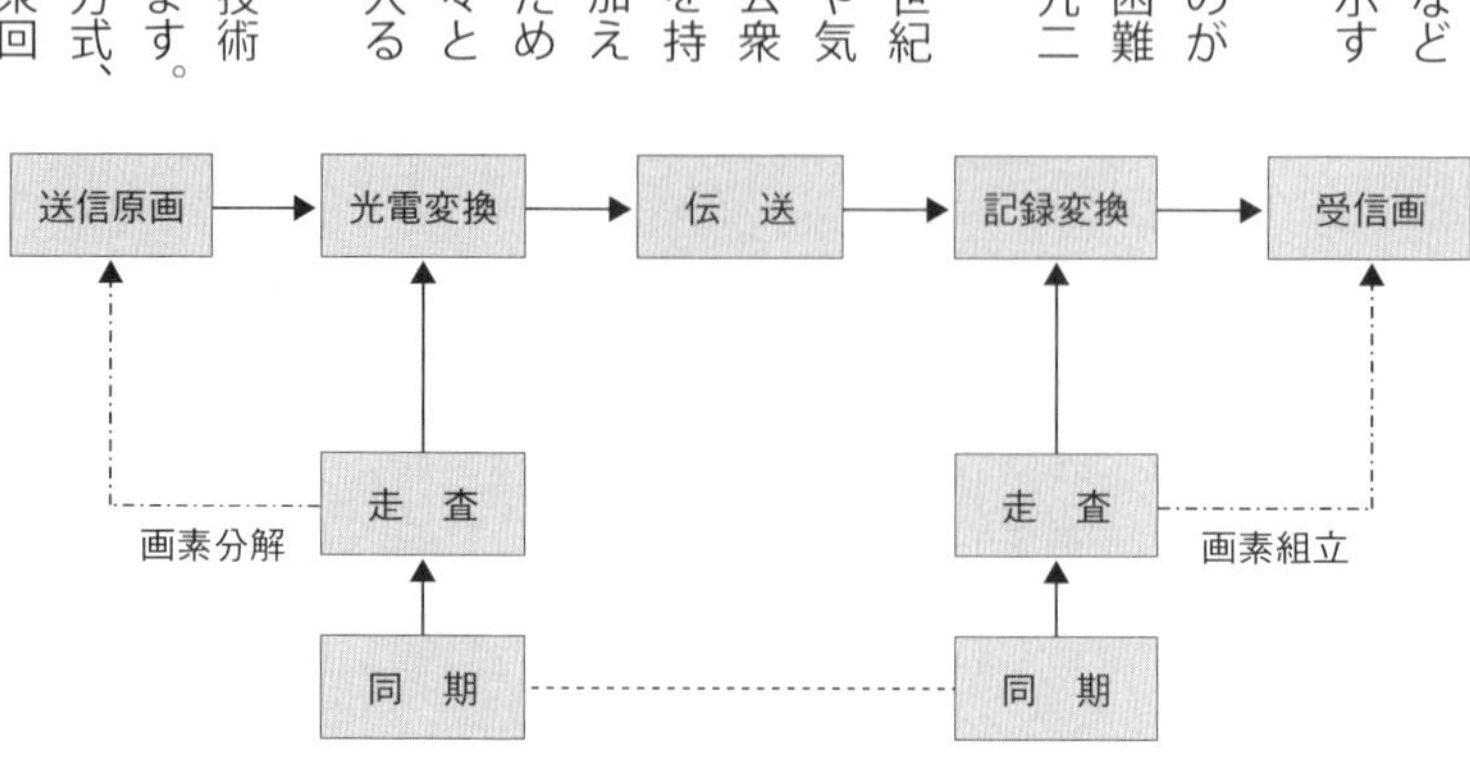

図 4-1　ファクシミリの基本構成（ニューメディア白書）

めに、ほとんどのファクシミリには平面走査方式が採用されるとともに、固体走査方式が主流になってきます。

第二に、走査記録方式については、一九七〇年代初めには、ほとんどの高速機は静電記録方式を採用しており、残りの一部はオプティカルファイバー管露光による電子写真方式を、低速機の多くは放電記録方式を採用しているという状況でした。しかし、一九七〇年代後半以降、ファクシミリ装置に対する需要が顕在化してくるとともに、感熱記録、熱転写記録、通電加熱記録、インクジェット記録方式の研究開発や実用化が進みます。それと同時に、記録方式間の選択淘汰が進行して、一九八〇年代はじめには感熱記録方式が主流になり、一方で比較的後に登場した電子写真式のＰＰＣ（普通紙用）ファクシミリと並存するようになりました。

この時点で、走査記録方式に対する利用者側の要求条件は、記録速度の向上、高品質の画像、普通紙の利用、簡易性、保守性、低コストだったのです。

第三に、この時期にファクシミリ装置の高性能化、経済性の向上、小型化に寄与したのは特にＬＳＩ技術とセンサ技術でした。これにより高性能化が達成されるとともに、ファクシミリの小型化が急速に進んだのです。

この期間にファクシミリ装置は実際にどのように変化していったのでしょうか。画像電子学会ファクシミリ現状調査委員会は一九七二年から一九八二年までの間五年ごとにわが国におけるファクシミリ利用の現状について調査しています。これに基づいて、ファクシミリが一般の企業に普及するようになってきた一九七〇年代から一九八〇年代にかけての送信走査方式、受信走査方式、受信記録方式の技術動向の変遷についてまとめたのが表４‐１です。その要点は次のとおりです。

①一九七二年頃までは送信機と受信機が別々に設置されることが多く、送信走査方式と受信走査方式は必ずしも一致していなかった。その後、一九八二年頃になると送受信兼用機が増加して、送信走査方式と受信走査方式はほぼ一致するようになっている。実際、一九八二年には送受信兼用機が全設置台数のおよそ八七％を占めている。

②一九七二年頃は円筒走査方式が多かったが、次第に平面電子走査方式に移行している。

③受信記録方式をみると、当初は放電ないし静電記録方式が主流を占めていたが、この一〇年間に感熱方式の割合が急速に増加している。

このようにメーカーは、利用者のニーズを満たしつつ技術開発を行い、その結果ファクシミリの標準的なデザインが確立さ

表 4-1　ファクシミリの送信走査・受信走査・記録方式の変遷
（画像電子学会誌より三藤，2007 作成）

		1972	1977	1982
送信走査方式	円筒走査	72.9%	44.9%	21.7%
	平面機械式走査	27.1%	37.0%	12.3%
	平面電子式走査		18.1%	66.0%
受信走査方式	円筒走査	16.3%	36.9%	20.0%
	平面機械式走査	83.7%	51.3%	12.3%
	平面電子式走査		11.8%	67.3%
記録方式	放電	46.1%	37.5%	8.3%
	静電	35.7%	36.9%	24.7%
	通電感熱		13.1%	9.0%
	電解	17.4%	5.0%	
	感熱		3.9%	53.7%
	インクジェット		2.8%	3.9%
	その他	0.8%	0.8%	0.4%

れていきました。一九八〇年代から一九九〇年代、電話機とファクシミリが一体となった複合機は家電量販店の花形商品の一つでした。何社もの、そして何台ものファクシミリ複合機が所狭しと陳列されていたように記憶しています。

しかし、今は家電量販店の片隅に数社の複合機がひっそりと置いてあるにすぎません。つくづく時代の流れを感じさせられます。

第三部　破壊的イノベーション理論

―製品等による市場の分断と破壊の過程を分析したイノベーション理論の最高到達点―

米国で一九九七年に出版されたクリステンセンの著作『イノベーションのジレンマ』は刊行後まもなく専門家や実務家の間で大いに人気を博し、わが国でも二〇〇一年に翻訳出版されて、瞬く間に版を重ねることとなりました。クリステンセンはその後、彼の考え方に共鳴する研究者や専門家とともに『イノベーションへの解』（二〇〇三）や『明日は誰のものか』（二〇〇四）などを次々と出版し、イノベーションに関わる経営戦略論の分野で確固たる地位を築いています。

彼が「イノベーターのジレンマ」を構想するに至ったのは、何故業界の中で最優良と目されてきた企業つまり一時代を築いたイノベーターが、押し寄せるイノベーションの波を乗り越えることができず、あえなく敗退していくのかという疑問でした。

この問に対して彼が下した結論は、ある製品カテゴリーにおいて破壊的イノベーション（クリステンセンは、『イノベーションのジレンマ』ではこれを「破壊的技術」と呼んでいました）に依拠する新製品が登場したとき、既存企業は提供する製品の改良や革新を求める最良の顧客を重視して、より高性能の製品開発に注力するあまり、破壊的イノベーションがもたらす低性能かつ低価格の製品への対応を怠り、二者択一のジレンマに陥る結果、敗退してしまうという驚くべきものでした。

その後、クリステンセンはレイナーとの共著『イノベーションへの解』のなかで、「破壊的技術」を「破壊的イノベーション」に置き換えるとともに、製品カテゴリーのみならず電気通信事業や百貨店などの小売でも同様の現象が生じるとして、その適用をサービス・カテゴリーにまで拡張しています。

クリステンセンが提唱したこの考え方は破壊的イノベーション理論ないし破壊理論と呼ばれ、イノベーション戦略や技術経営戦略論のなかで中核的な地位を獲得するに至っています。ところで、わが国ではほとんど知られていないことですが、クリステンセンの提唱する破壊理論はこれまで幾多にわたる批判にさらされており、国際的な学術誌や専門誌に加えて、ネット上においても賛否両論激しい論争が展開されてきました。

最初の大掛かりな論争は二〇〇六年に『製品イノベーション管理誌（JPIM）』上で展開されました。同誌が破壊的イノベーション理論を検証するために企画した特集のなかで、クリステンセンも加わって総勢八人の研究者が六本の論文を寄稿しています。一九九七年に『イノベーションのジレンマ』が発行されて以来、学術誌や専門誌等で指摘されてきた破壊理論の課題や論点がこの時点で整理されるとともに集大成されたのです。実際、その後の破壊的イノベーション理論に対する批判の多くはここでの議論に基づいて展開されています。

その後二〇一四年六月には、ハーバード大学レポー教授がニューヨーカー誌に「破壊機械」と題するエッセイを寄稿し、そのなかでクリステンセンの提唱する破壊理論を完膚なきまでに断罪しています。これを契機として、破壊理論をめぐる賛否両論さまざまな意見がネット上を飛び交う事態となりました。

恐らくレポーの批判とその後の論争が背景にあると思いますが、二〇一五年秋発行のハーバードビジネスレビュー（HBR）誌にクリステンセンたちが寄稿した「破壊的イノベーションとは何か」の中で、彼らは「皮肉なことに破壊理論は大きな成功を収めたがゆえに危機に瀕している。広く普及したにも関わらず、理論の中核的な概念が誤解され、基本的な考え方がしばしば誤用されている」と慨嘆しています。

一連の激しい論争とあからさまな非難の応酬を読んでいると、クリステンセンならずとも冷静ではいられないほどの批判を散見することがあります。その一方で、これらの論争を通じて破壊的イノベーション理論の有効性と同時に、内在する課題がおよそ明らかになってきたと言って過言ではありません。

この二つの大論争を念頭に置きながら、第五章では破壊的イノベーション理論の骨子について検証するとともに、『イノベーションのジレンマ』が一九九七年に刊行されて以来、数年の間にクリステンセンが破壊理論に加えた修正や追加事項などを整理して解説します。

第六章では破壊的イノベーション理論をめぐる『製品イノベーション管理』誌上での二〇〇六年の論争、並びに二〇一四年のレポー教授の批判に端を発する白熱の攻防とその経過を検証したうえで、破壊的イノベーション理論のさらなる発展を期待して、同理論を再構築するためのいくつかの提案を行います。

第七章では太陽光発電技術のイノベーションに関わるわが国のシステムを事例として、破壊的イノベーションの出現とその影響について検証することにします。

第五章　破壊的イノベーション理論の体系
―何故優れた企業が敗退することがあるのか―

「本日天気晴朗なれども波高し」　秋山真之

本章ではクリステンセンの一連の初期の著作のなかで論述されている彼の考え方を再構成しながら、破壊的イノベーション理論の骨子を説明することにします。クリステンセンが提唱する破壊的イノベーション理論は、構成は若干複雑なものの、明確な論理に貫かれています。しかし、彼が何回か行ったモデルの修正やそれに伴う用語の変更が、破壊理論をわかりにくくしているとともに誤解を生む原因になっているようです。

破壊的イノベーション理論のモデルは、『イノベーションのジレンマ』（一九九七）のなかでは「時間」と「製品性能」を二軸とする二次元平面上に示されており、名称は「持続的および破壊的技術変化の影響」です。ちなみに翻訳書（二〇〇一）では、図の名称は「持続的イノベーションの影響」に変更されています。図の構成は同じです。ところが、この後に刊行されたクリステンセンとレイナーの共著『イノベーションへの解』（二〇〇三）において、破壊的イノベーション理論に関わる基本的な概念が唐突に変更されます。

即ち第一に、破壊にはローエンド型破壊に加えて新市場型破壊が存在すると指摘するとともに、『イノベーションのジレンマ』での説明と破壊理論モデル図はローエンド型破壊に関するものだと述べています。

第二に、『イノベーションのジレンマ』においては、破壊理論の対象は製品だけでしたが、『イノベーションへの解』のなかでは製品のみならずサービスを対象に付け加えています。

第三に、『イノベーションへの解』において、クリステンセンとレイナーは、ほとんどの新技術は元々破壊的でも持続的でもなく、それを適用する段階で破壊的イノベーションにも持続的イノベーションにもなりうると述べて、技術とイノベーションの基本的な関係を変更しています。これ以後彼らは破壊的／持続的技術という用法を使わずに、破壊的／持続的イノベーションに言い換えています。

念のためにはっきりさせておきますと、『イノベーションのジレンマ』を含めて、それ以前のクリステンセンの著作では新たに出現する技術は破壊的技術と持続的技術に区分できるとしていました。しかし、『イノベーションへの解』において、技術とイノベーションという、もっとも基本的な用語の関係が大元から変更されたのです。

その意味で、両著作は異なる前提と定義に基づく破壊的イノベーション理論であると考えた方がよいようにみえます。しかも、私にとっては大変わかりづらいことですが、『イノベーションへの解』では「説明のわかりやすさ」からこうした変更を加えたと述べている一方、クリステンセンは『製品イノベーション管理誌』に掲載された論文（二〇〇六）のなかで、破壊的技術とか持続的技術と呼ぶのは誤りであったと率直に認めていることです。

クリステンセンと共同研究者たちのそれ以後の諸著作は、『イノベーションへの解』で示された枠組みを踏襲しています。実際、クリステンセンと彼の同僚が二〇一五年にＨＢＲに寄稿した「破壊的イノベーション理論とは何か」において、ほぼ同じモデルを提示していることからも、このことを確認することができます。

この錯綜した状況を解きほぐすことが本章の第一の目的です。そのためには、何よりもまずクリステンセンたちが提唱する破壊的イノベーション理論、つまりローエンド型破壊と新市場型破壊についてクリステンセンたちの考えに沿って理解することが不可欠です。

1　ローエンド型破壊―破壊的イノベーション理論の原形―

図５‐１はローエンド型破壊のメカニズムを表した図です。このモデルの対象は製品ないしサービスであり、縦軸は主流

市場が求めている当該の製品ないしサービスの性能を、横軸は時間の経過を表しています。サービスの性能というのは如何にも不自然ですが、クリステンセンの一連の著作に対する主要な訳書は、製品の場合に合わせて通常これを性能と呼んでいますので、混乱を避けるために本書でも一括して性能と呼ぶことにします。また、「製品ないしサービス」については、煩雑さを避けるために、以下特に支障がない限り「製品等」と呼ぶこととします。

　ここで、何気なく「主流市場が求めている」製品等の性能とあって、ややもすると見過ごしそうですが、実はこの修飾節が重要ですので、留意しておいてください。

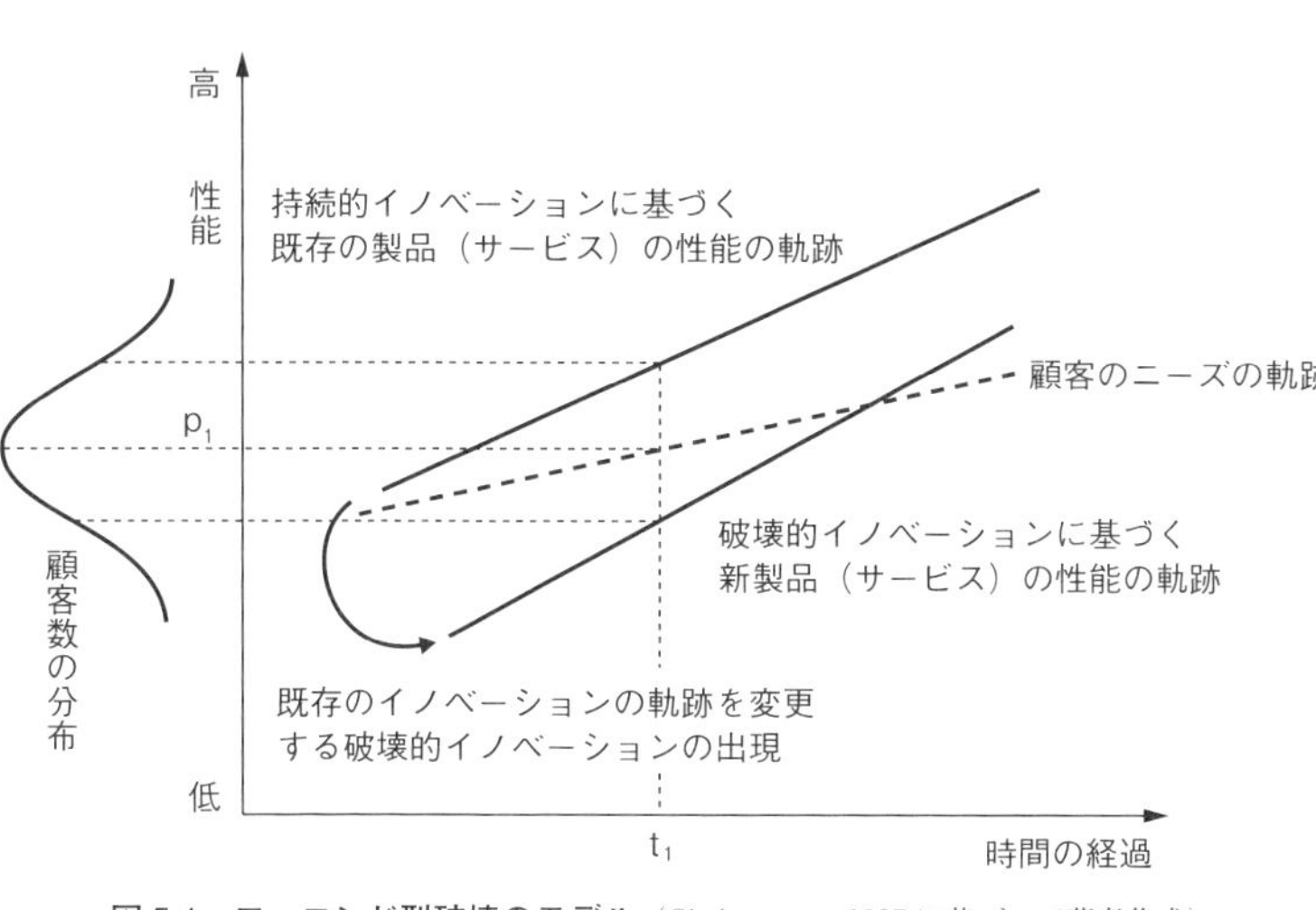

図 5-1　ローエンド型破壊のモデル（Christensen, 1997 に基づいて著者作成）

ローエンド型破壊が起きるための前提条件

図中には三本の軌跡が描かれています。一つは需要者ないし消費者つまり顧客が製品等に対して求める性能の変化に対応した軌跡で、破線で表示されています。時間軸に沿って右肩上がりに変化しており、時間に関して一般に増加関数であることを示しています。

　クリステンセンは後続の著作でこれを二本、三本、ないし一本というように使い分けています。集合としての顧客のニーズの拡がりを表すという点で多少の意味はありますが、肝心なのは顧客が製品等に求める性能が時間軸に沿って増加する、つまり顧客は時間の経過とともに製品等の性能の向上を求めているところにあります。

　図5-1はこれを顧客ニーズの中央値をもって代表させています。時刻t_1において、ある性能p_1を要求する顧客数の分布は図の左側に示す

ように、およそ正規分布になると仮定しています。言うまでもありませんが、下方はローエンド、上方はハイエンドの顧客の数を表しています。

残りの二つの軌跡は、ある技術に基づいてイノベーション活動を行った結果、市場に投入された製品等の性能の変化を時間軸に沿って記したもので、実線で表されています。顧客のニーズと同様、製品等の性能は時間の経過とともに向上すると仮定されていることに注意してください。

クリステンセンたちは、製品等の性能、そして顧客の求める製品等の性能の軌跡をともに直線によって表しています。この点について、彼らは縦軸を対数表示にすると性能の軌跡はおおよそ右肩上りの直線になると指摘しています。しかし、厳密には階段関数になることがありますし、製品等の中には性能を定量化することが困難な場合があります。その意味で、近似的に直線になる、ないし直線であると仮定する、としたほうが妥当だと思います。

ただ、これは本質的な問題ではありません。破壊的イノベーション理論の本質は、イノベーション活動に基づいて開発された製品等に関わる性能向上の軌跡の勾配つまり傾きは顧客ニーズの変化を示す軌跡の勾配よりも大きいところにあります。すぐ後に説明しますが、ここにクリステンセンの極めて独創的なアイデアが潜んでいるのです。

製品等に関わるイノベーションは、持続的イノベーションと破壊的イノベーションに区分されます。前者は当該市場を持続させる、つまり既存の市場を維持するイノベーションです。後者は当該市場を破壊する、つまり持続的イノベーションの軌跡を外れて、非連続的にそれとは別の軌跡をたどることになるイノベーションです。

持続的イノベーションは既存市場を持続させる

通常、持続的イノベーションの担い手は既存の支配的企業、つまり当該市場において価格や品質などの決定力を有する企業です。支配的企業は、既存の技術に基づくか、あるいは画期的な新技術を導入ないし開発したうえで、イノベーション活動を行い、より一層性能の優れた製品等を提供します。

いずれのイノベーション活動においても、（主流市場が求めているところの）より一層性能の優れた製品等の市場への投入は、既存の市場を持続させることになります。当該市場において支配的でない既存の企業が、持続的イノベーションに依拠した製品等を提供することもあります。時には、他の市場で事業を営んでいる企業が、当該市場に持続的イノベーションに依拠した製品をもって新規参入することもあります。あるいは、新しく設立された企業つまり新興企業が、持続的イノベーションに依拠した製品をもって新規参入することもあります。

持続的イノベーション活動に基づいて開発された製品等の性能変化は、図中で上方の軌跡によって表わされます。当然のことながら、こうして開発された製品等は、それまでの製品等に比べて「主流市場が求めている」性能が優れているはずです。そうでなければ、上市早々淘汰されてしまうことでしょう。

このように、既存の支配的企業を含めて、多くの企業は通常、持続的イノベーションに関わる活動を行って、これまで以上に高性能の製品等を開発することにより、既存の顧客を満足させるとともに、既存の市場を維持し継続させることになります。ここで是非とも注意していただきたいのは、持続的イノベーションは必ずしも漸進的技術に基づくものに限られることはなく、根元的技術つまり画期的な新技術に基づく場合もあることです。

破壊的イノベーションは既存市場を分断する

既存の持続的イノベーションの軌跡を外れて、非連続的にそれとは別の軌跡をたどるイノベーションのことを破壊的イノベーションと呼びます。多くの場合、破壊的イノベーションの担い手である破壊的イノベーターつまりディスラプター（破壊者）は、新興のスタートアップ（ベンチャー）企業つまり新興企業であると考えられます。もちろん、既存の企業自身ないしその子会社や関連会社がディスラプターになることもありえます。

破壊的イノベーションは、ディスラプターによって既存の技術ないし新技術に基づいて開発されます。ローエンド型破壊の場合、破壊的イノベーションに依拠する製品等は既存の支配的な製品等に比べて簡便かつ安価な製品等を実現するところに特徴があります。したがって、この場合には破壊的イノベーションに依拠する製品等の性能は既存の製品等よりも劣っており、進化の軌跡は下方に位置することになります。

表 5-1　イノベーションの類型（ChristensenとRaynor, 2003 に基づいて著者作成）

	特徴	事例
持続的イノベーション	要求の厳しいハイエンドの顧客をターゲットとしていて，既存の製品（サービス）よりも性能の優れた製品（サービス）を提供するイノベーション。漸進的であるか根元的であるかは問わない。	
破壊的イノベーション	既存市場の既存顧客向けに性能の良い製品（サービス）を提供するものではない。その時点で入手可能な製品と比べて高性能ではない製品を提供することにより，既存のイノベーション進化の軌跡を離脱し，再定義する。漸進的であるか根元的であるかは問わない。	
（ローエンド型破壊）	主流市場のバリュー・ネットワークにおいてローエンドに端を発する破壊的イノベーション。新市場を生み出すことはない。製品（サービス）は簡単かつ安価である。	鉄鋼ミニミル，ディスカウント・ショップ
（新市場型破壊）	例えばPCが出現したときなどのように，これまでコンピュータを使うことなど思いもよらなかった人々に，入手可能な程度に安価で操作が容易な製品を提供する破壊的イノベーション。非消費に対抗して，新たなバリュー・ネットワークに基づく新市場を創出する。製品（サービス）は必ずしも安価ではない。	PC，トランジスタラジオ(ソニー)，ミニコン

破壊的イノベーションに依拠する製品等は、持続的イノベーションのそれと同様に時間軸に沿って正の勾配を保ちつつ進化します。両者の軌跡はほぼ平行に描かれることが多く、クリステンセン自身そのように言明していることがあります。しかし、両者は別の技術に基づいた製品等の性能の進化軌道を表現することが多々ありますので、平行である必然性はありません。したがって、これは便宜的であって、本質的なことは持続的イノベーションと破壊的イノベーションに依拠する製品等は共に時間軸に沿って進化する、つまり右肩上がりの軌跡を描くところにあります。

クリステンセンは、両イノベーションに関わる二本の軌跡が交差することはないと述べています。というのは、仮に二本の軌跡が交差する場合、理念的には破壊的イノベーションに依拠する製品等の性能が持続的イノベーションのそれを上回るうえに価格が安いわけですから、一も二もなく顧客は破壊的イノベーションに依拠する製品等を購入することになります。これではイノベーターのジレンマが生じないわけで、彼はこうした事態が起こることはないと主張しているのです。しかし、本当にこうした現象が起きることはないのか、必ずしも断定できることではありません。容易に想像がつくように、これは破壊的イノベーション理論の妥当性を検証する際の主要な議論の一つになっています。

以上、ローエンド型破壊を手掛かりとして、破壊的イノベーションと持続的イノベーションについて説明してきました。表5－1は破壊的イノベーション理論に関わるイノベーションの類型をまとめたものです。

これに加えて、ローエンド型破壊モデルは、持続的および破壊的イノベーション活動によって創られた製品等の性能向上速度は顧客が製品等に求めるニーズの上昇速度よりも早いと仮定しています。つまり、イノベーション活動に基づいて開発された製品等の性能を表す軌跡の勾配は、性能に対する顧客ニーズを表す軌跡の勾配よりも大きいことになります。クリステンセンたちは、これは多くの製品等にみられる共通の現象であると述べています。

この仮説は破壊理論が成立するために決定的に重要です。というのは、イノベーション活動に基づいて創られた製品等の性能向上速度が顧客ニーズの上昇速度よりも小さければ、当該製品等が主流市場でシェアを拡大させることは論理的にありえないからです。容易に想像がつくように、これも破壊的イノベーション理論の妥当性をめぐる主要な論点の一つです。

ローエンド型破壊のメカニズム―支配的企業はこうして敗退する―

これらの前提を設けたとき、破壊理論は次の帰結を予測します。即ち、ある製品等のカテゴリーに持続的イノベーションが出現したとき、当該製品等に関して支配的な既存企業は、ほとんどの場合、この持続的イノベーションを擁する新興企業や新規参入企業、あるいは下位企業の攻勢を防御して、その地位を維持します。なぜならば、技術力、販売力、資本力、ブランド力などほとんどあらゆる面で、既存の支配的企業は新興企業や新規参入企業に対して優位な立場にあるからです。

しかし、ある製品等のカテゴリーに破壊的イノベーションが出現したときは、典型的には次のような事態が進行して、当該破壊的イノベーションを擁する新興企業等が既存の支配的企業に取って代わり、次代の支配的な企業になる蓋然性が圧倒的に高くなります。

そのメカニズムは次に述べるとおりです。極めて論理的です。なお、以下の説明では、簡単のために既存の支配的企業は持続的イノベーションに依拠する製品等の開発に力を注ぐ一方、新興企業は破壊的イノベーションに依拠する製品等を開発するものとします。

①ある製品等のカテゴリーにおいて、既存の技術ないし新技術に基づいて、新興企業が従来とは異なるイノベーション活動を行い、既存のものと比べて簡便かつ安価な新製品等を開発する。破壊的イノベーションの出現である。（クリステンセンは、新技術の多くは既存の支配的企業が開発すると指摘している。）

②破壊的イノベーションに依拠する製品等が当該市場のローエンドに足がかりを築く。一方、ローエンド市場に足がかりを築けなかった製品等、そしてその源になったイノベーションは消え去るか、さもなければマイナーな地位に留まる。

③既存の支配的企業は従来からの顧客のニーズを満たすことにより収益を拡大させるべく、持続的イノベーションに基づいた製品等の開発に努める。一方新興企業は破壊的イノベーションに基づいた新製品等の性能向上に努める。

図５‐１に記した時刻t_1において、破壊的イノベーションに依拠する製品等の性能p_1はローエンドの顧客のニーズを満たすことはできるが、ハイエンドの顧客を含めてそれ以外の顧客のニーズを満たすことはできない。その結果、これらハイエンドの顧客の需要は既存の製品等に向かう。

④一般に製品等の性能の向上速度のほうが、その性能に対する顧客ニーズの上昇速度よりも早い（必須の前提条件）。したがって、破壊的イノベーション活動に基づいて創られた製品等に対する需要は徐々にローエンドからハイエンドの方向に向かい、それに伴って市場シェアを拡大させていく。

一方、既存企業はハイエンドの顧客からの高度で厳格なニーズを満たすべく、持続的イノベーションに基づいた製品等の開発を進める。これに伴って、ハイエンドより下方に位置する顧客は、彼らの求める性能を上回る過剰品質の製品等の購入を既存企業から強いられるようになる。

⑤時間が経過するにつれて、破壊的イノベーション活動に基づいて開発された製品等の性能が向上するとともに、以前よりも多くの顧客のニーズを満たすようになる。やがて、破壊的イノベーションに依拠する製品等が市場シェアの太宗を占めることになる一方、持続的イノベーションに依拠する製品等はハイエンドに位置する一部の顧客からの需要に限定されるようになり、市場シェアを減少させていく。

⑥持続的イノベーションを擁する既存企業は撤退するか、あるいはハイエンドの市場を占めるだけのマイナーな存在に陥る。その結果、主流市場において、破壊的イノベーションを擁する新興企業が既存企業に取って代わる。

ローエンド型破壊のメカニズムは以上のとおりです。ローエンド型破壊は、主流市場において相対的に収益性の低いローエンドの顧客を対象とした簡便かつ安価な製品等の提供から始まります。ローエンドの顧客の対極にあるのがハイエンドの顧客です。ローエンド型破壊が成功を収めるのは、ローエンドの顧客のニーズが過度に満たされている場合、つまりローエンドの顧客の求める性能を超えた製品あるいは過剰なサービスが既存の支配的企業によって提供されている場合です。

当初クリステンセンは『イノベーションのジレンマ』（一九九七）において、上記のメカニズムに沿って破壊的イノベーション理論を説明していました。しかし、『イノベーションへの解』（二〇〇三）では、これに新市場型破壊を加える一方、前記の破壊モデルをローエンド型破壊と呼ぶところとなっています。

2　新市場型破壊—ややトリッキーな破壊のメカニズム—

新市場型破壊を説明するために、時間軸と性能軸に加えて「非消費者ないし非消費の状況（機会）」を第三軸として導入します（図5-2）。本書では、これをバリュー・ネットワーク軸、略してVN軸と呼ぶことにします。

クリステンセンによると、経営情報システムなどのアーキテクチャにおいて、バリュー・ネットワークとは「生産者と市場に関して入れ子構造（望遠鏡の筒のような嵌め込み構造）になっているネットワークが存在しており、各レベルにおいて製造された部品は、その一段上のレベルで組立を行う企業に市場を通じて販売されることを意味して」います。その結果、企業が所与のバリュー・ネットワークの中で経験を積むにつれて、「当該企業はこのバリュー・ネットワークの特定の要求仕様に適した能力、組織構造、そして文化を発展させる」ことになります。

VN軸はいささかわかりにくいと思います。原点からの距離にはあまり意味がありません。強いて言えば、原点から遠ざかるにしたがって、主流市場におけるバリュー・ネットワーク（VN）との相違が拡大することを意味しています。

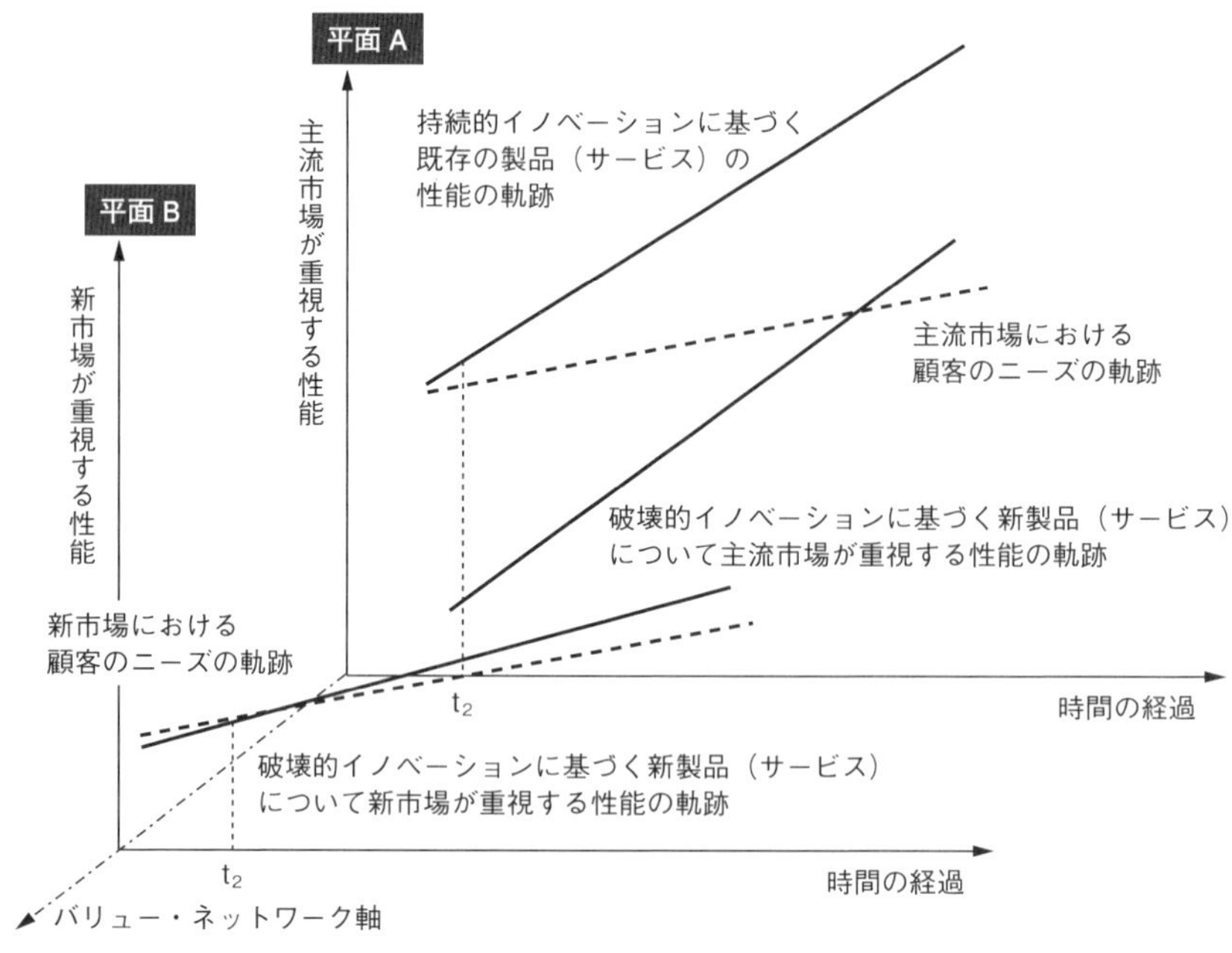

図 5-2　新市場型破壊のモデル図（ChristensenとRaynor, 2003 に基づいて著者作成）

主流市場を表す平面AからVN軸に沿って一定の距離にある点を通る平面をBとします。そうすると、平面B上にある製品等の性能指標は平面Aのそれとは異なることになります。平面B上では、既存の製品等があるとしても、それは極めて高価であるか、あるいは複雑すぎて操作が難しく、事実上一般の消費者は消費ができない状況にあり、クリステンセンはこれを非消費（ノンコンサプション）と呼んでいます。

新市場型破壊は、ある製品等のカテゴリーに関してイノベーション活動を行うことにより、平面B上でこれまで非消費にあった状況を打開して、新たな消費を喚起する製品等を開発し上市することから始まります。典型的には、新市場型破壊は次のような過程を経て破壊的イノベーションを擁する新興企業が、既存の支配的企業に取って代わることを意味しています。

①ある製品等のカテゴリーにおいて、典型的には新興企業がイノベーション活動を行い、従来は非消費状況にあった市場向けに比較的簡便で手ごろな価格の新製品等を開発し、これを上市する。この際、価格は主流市場における既存の製品等よりも安価である必要はなく、新市場の顧客に受け入れられる程度であればよい。

すなわち、図5-2にあるように、時刻t_2において新市場平面Bで、新製品等は新市場の顧客の要求する性能水準をかろうじて満たしている一方、主流市場平面Aでは新製品等が主流市場の顧客の要求水準を満たす状況にはない。

②破壊的イノベーション活動に基づいて開発された新製品等が新市場に足がかりを築く。新市場に足がかりを築けなかった製品等、そしてその源になったイノベーションはマイナーな地位に留まるか、さもなければ消滅する。

③新興企業は、新市場における新製品等に関わるイノベーション活動に努める一方で、主流市場における性能指標の向上を図り、やがて主流市場のローエンドに足がかりを築くに至る。

ここから先は、前述のローエンド型破壊と同様の過程を経て、破壊的イノベーションを擁する新興企業が既存企業に取って代わり、当該市場を支配するようになります。

クリステンセンは『イノベーションのジレンマ』において、ハードディスク・ドライブ（HDD）を事例として破壊的イノベーション理論を説明しています。彼が「イノベーターの陥るジレンマ」を着想したとき、破壊モデルとしてローエンド型破壊しか考えていなかったのですから、HDDの事例はローエンド型破壊にみえます。しかし、上記新市場型破壊の考え方に従うと、HDDはローエンド型破壊ではなく新市場型破壊に該当しそうです。つまり、小型のHDDを求めていた新市場でまず足場を築き、その後記憶容量の大きさを求める主流市場で支配的になったと考える方が自然です。

実際、アーキテクチュラル・イノベーションを提案したことで知られているヘンダーソンは二〇〇六年のエッセイで同様の指摘、つまりHDDは新市場型破壊の一例であると示唆しています。また、山口（二〇〇六）は、クリステンセンのHDDに関する論証を誤りだと指摘したうえで、これを（ローエンド型の）破壊的イノベーションではなく、性能を破壊する、つまり「性能破壊型イノベーション」だと批判しています。山口の主張には、大いに理があります。

実は、クリステンセンは二〇〇〇年頃にはこの矛盾に気づいていたようです。この点については、第六章の「クリステンセンの弁明」において述べることにします。ところで、私の調べた限り、クリステンセンはHDDがローエンド型破壊なのか、もしくは新市場型破壊なのか、一切触れたことはないようです。

こういうこともこれあり、この際、HDDで起こったことを新市場型破壊のメカニズムに沿って、次に説明することにします。

ハードディスクドライブは新市場型破壊

ＨＤＤの破壊過程は何世代かにわたっていますが、わかりやすくするために、ここではＨＤＤの既存の顧客はミニコンピュータ・メーカー、潜在的な顧客はパソコン（ＰＣ）メーカーだとします。主流市場である平面Ａの性能指標は記憶容量であり、平面Ｂによって表される新市場の性能指標は物理的な大きさ（大型ないし小型）です。

事の発端は、それまでの技術体系とは異なる技術に基づいて、主流市場の顧客が求めている性能指標つまり記憶容量では既存の製品に到底及ばないが、物理的な大きさ（小型）という性能指標では優れているとともに、より安価で簡便なＨＤＤが出現したことです。

ここで一つ留意事項を挙げておきます。これは新市場型破壊であって、ローエンド型破壊ではありませんので、「安価」であることは必要条件ではありません。実際、クリステンセンは新市場型の破壊的イノベーションに基づく製品等は、価格が相対的に安い場合が多いが、絶対的に安いとは限らないと指摘しています。そのうえで、初期の携帯電話、パソコン、カメラなどはどれも高価だったが、他の利用可能な技術的解決策に比べれば非常に安価だったと説明しています。

さて、従来よりも小型のＨＤＤは、当座は既存の製品に比べて記憶容量という主流市場が求めている指標において劣るがために、主流市場でのシェアを獲得することはできません。しかし、小型のＨＤＤであれば実現可能なＰＣ市場においてシェアを獲得します。つまりこの新市場において、ＰＣに内蔵可能な小型ＨＤＤに対する需要は存在していたのですが、ＰＣ製造に適切な小型のＨＤＤがないために、潜在的な顧客は非消費の状態に置かれていたのです。

前述のように、新市場型破壊において当該製品等は必ずしも既存の製品よりも安価であることを要しません。しかし、幸い小型のＨＤＤは安価かつ簡便な装置であったがゆえに、小型ＨＤＤに対する需要が喚起され、一層の技術開発が誘発されるところとなりました。その結果、新興企業のイノベーション活動によって開発された小型ＨＤＤ製品は、新市場で販売を伸長させていきます。それに伴って、主流市場の指標である記憶容量を短期間に格段に向上させることにより、主流市場のローエンドでシェアを獲得するに至ります。

その後、さらに一層の性能向上が実現されることにより、ついに主流市場のハイエンドのニーズを満たすまでになります。こうした経過をたどって既存のＨＤＤ製造企業は敗退していきました。しかも、この現象はＨＤＤ製品市場において何世代にもわたって繰り返されたのです。

3　根元的イノベーションと破壊的イノベーションは根本的に異なる

ここまで述べてきたところで、何よりもまず読者の注意を喚起しておきたいのは、破壊的イノベーションと根元的イノベーションの違いです。実務家のみならずよく知られた研究者ですら、破壊的イノベーションと根元的イノベーションを同一視しているかにみえることが時々あります。しかし、実際のところ両者は根本的に異なるのです。

根元的イノベーションはブレークスルー型技術を基礎とする

イノベーションの分類法でもっとも直観的でわかりやすいのは、劇的なブレークスルーを遂げた技術ないし想像すらしえなかった考え方を取り入れたイノベーションと、改良や改善など従来の考え方の延長線上にあるイノベーションに区分する方法でしょう。まったく新しい技術や考え方を取り入れるとともに、社会的に大きな変化をもたらすイノベーションはラジカルないし根元的ノベーションと呼ばれます。これの対極にあるのがインクレメンタルないし漸進的イノベーションで、改良的な技術に基づくイノベーションであるとともに社会への影響も少ないものを指します。

ブランデンバーガーとネイルバフは『ゲーム理論で勝つ経営』（一九九六）のなかで、二〇世紀の天才的な科学者フォンノイマンの逸話に触れています。残念ながら原典がどこにあるかわからないのですが、それによると、彼が二〇世紀半ば頃米国でロケットの開発に携わっているとき、「我々はロケットを飛ばせばいい。それがどこに落ちようと関係ない」と語っていたそうです。当時のロケット開発は、まさしく科学上の新知識とブレークスルー型の技術に基づいたイノベーションであり、周知のように今では経済活動や人々の生活のみならず国際関係の局面などで、人類に広範かつ多大な影響を及ぼしています。

日本政府は二〇〇七年にイノベーション25を発表しています。それによると、「……イノベーションはこれまでのモノ、仕組みなどに対して、まったく新しい技術や考え方を取り入れて新たな価値を生み出し、社会的に大きな変化を起こすこと」を指すとあります。そのうえで、イノベーション活動がいかに重要であるかを説いていますから、イノベーション25は根元的イノベーションの創出を究極の目標としていることがわかります。このように、マクロな側面からみたとき、多くの専門家や実践家はイノベーションを根元的イノベーションと漸進的イノベーションに区分したうえで、議論を展開しているようです。

仮にイノベーションの強度と社会への影響は必ずしも相関関係がないとすれば、両者の折衷型のイノベーション類型を考えることができます。一つは改良的な技術ではあるが、社会への影響度合いが強いイノベーション、もう一つはブレークスルーを遂げた技術や考え方ではあるが、社会への影響度合いはさほどでもないイノベーションです。

たとえばアップル社のアイフォンなどは特段の新技術を使っていないと専門家がしばしば指摘する一方、人々の生活パターンを含めて世の中を大きく変えたという点では前者のイノベーションの典型的な例でしょう。しかし、技術についてはともかく、アイフォンが画期的な考え方を取り入れたイノベーションであるとすれば、これを根元的イノベーションと呼んでもいいかもしれません。まさに企業家による新結合というわけです。しかし、よく考えてみるとこれは同義反復、結果論であるようにも見えます。つまり、考え方が優れていたから根元的イノベーションになったのか、それとも根元的イノベーションになったから元々の考え方が優れていたことが立証されたのか、事後的にしか判別できないように思います。

ブレークスルーを遂げた技術や考え方ではあるが、社会への影響度合いはさほどでもないイノベーションもあるかもしれません。たとえば、コンピュータが発明されたとき、ＩＢＭのワトソン・ジュニアは、コンピュータは世界中で一ダースも売れればいい方だと語ったとの逸話があります。恐らく彼は、コンピュータはブレークスルー技術だが、社会への影響はさほどないと考えたのでしょう。しかし、その後の経過を見ると、コンピュータは根元的イノベーションの代表例と言うべき著しい発展を遂げるとともに、社会に途方もない影響を及ぼしています。このような事例は枚挙にいとまがありません。

考えてみると、これは時間軸の取り方の問題かもしれません。長期的な尺度をもって計測すれば、ブレークスルー技術の多くは、社会に大きな影響を及ぼす可能性が高いと思います。イノベーションには常に不確実性が付きまとっています。だからこそ根元的なイノベーションの開発は魅力的で、多くの天才を引き付けるのでしょう。

破壊的イノベーションはブレークスルー型ないし改良型技術を問わない

既に破壊的イノベーションについては縷々解説したところですが、ここでは改めて根元的イノベーションと対比しながら触れることにします。破壊的イノベーションは、既存の製品等の性能軌跡を外れて、非連続的に別の軌跡をたどることになる製品等の元になるイノベーションのことです。したがって、破壊的イノベーションが瞬時に既存のイノベーションに置き換わったり、ましてやそれを粉砕（ディストラクション）し消滅させたりすることはありません。

もちろん長期的には、既存のイノベーションに置き換わる可能性は大いにありえます。たとえば、クリステンセンが『イノベーションのジレンマ』の中で事例として取り上げたハードディスクドライブ（ＨＤＤ）は、世代交代ごとに前の世代のＨＤＤは主流市場から事実上消滅したと彼は述べています。この事例だけに着目すれば、破壊的イノベーションは既存の持続的イノベーションに依拠する製品等を駆逐するものと解釈されても仕方ないかもしれません。

しかし、破壊的イノベーション理論の本質は、破壊的イノベーションに依拠する製品等と持続的イノベーションに依拠する製品等に、市場を分断することにあるのです。別言すれば、破壊的イノベーションは既存のイノベーションの代替的な存在であって、破壊的イノベーションが出現した後も、既存のイノベーションは「持続的イノベーション」として存在し続けるのです。その意味で、「破壊的」というのは、いかにも誤解を生みやすい訳語で、「分断的」と呼ぶべきだと主張する研究者もいます。しかし、これだけ「破壊的」という用語が日本で定着している以上、今さらこれを変えるのは難しいかもしれません。

破壊的イノベーションは、根元的な技術に基づくイノベーションの場合もあれば、漸進的な技術に基づくイノベーションの場合もあります。実際、クリステンセンによれば、すべてではありませんが、幾世代かのＨＤＤは根元的な新技術に基づく製品ではなくて、漸進的ないし改良的な技術に基づいており、「主流市場が求めている」という意味では低性能で安価な製品でした。

しかし、誤解、おそらくは意図的な誤解は尽きないようです。P＆Gの会長兼CEOであったラフリーと経営コンサルタントのチャランの二人は二〇〇八年に『ゲームの変革者』を著しています。同書は二〇〇八年のビジネスウィーク誌の年間ベストブックに選出された話題作で、ラフリーは二〇〇〇年当時危機に陥っていたP＆Gを見事に立て直した著名な経営者です。そのなかで、彼らはP＆Gが成し遂げてきたイノベーションの数々を列挙しており、彼らはこれらをすべて「破壊的イノベーション」と称しています。しかし、文脈から推察する限り、これらのイノベーションは破壊的イノベーションというよりは根元的イノベーションと言うべきです。

もう一つ例を挙げさせてください。シュワブ（二〇一六）は『第四次産業革命』のなかで、クリステンセンの唱える破壊的イノベーションを引用しつつ、それとは少し違う意味で用いると述べています。著名な研究者や実務家のなかにすら確信犯がいるというのは、何とも悩ましい限りです。

4　破壊的イノベーション理論は既存の経営理論と実践に対する大胆な挑戦

ローエンド型破壊と新市場型破壊に分けて破壊的イノベーション理論を説明してきました。これをまとめますと、破壊的イノベーション理論の基本的なメカニズムは、端的には次のように説明することができます。

①支配的企業は、既存の顧客ニーズを満たすことにより高収益を確保するために、持続的イノベーション活動に基づいて開発された製品等を市場に供給する。

②一方、新興企業は、破壊的イノベーション活動に基づいて開発された製品等を市場に供給する。

③新興企業の提供する製品等は、既存企業の製品等に比べて主流市場が重視する性能の面では劣位にあるが、安価かつ簡便である（ローエンド型破壊）か、あるいは別の性能が重視される新市場（新市場型破壊）をターゲットとして出現する。

④時間が経過するにつれて、破壊的イノベーション活動に基づいて開発された製品等の性能が向上するとともに、以前よりも多くの顧客のニーズを満たすようになる。このようにして、徐々に持続的イノベーションに基づく従来製品の市場を侵食していく。

（何故ならば、破壊的イノベーション理論は、製品等の性能の向上速度のほうが、製品等に要求する顧客ニーズの上昇速度よりも速いと仮定しているからである。）

⑤破壊的イノベーション活動に基づいて開発された製品等が、持続的イノベーション活動に基づいて開発された製品等をハイエンドのマイナーな市場に追いやり、あるいは駆逐する。その結果、破壊的イノベーションを擁する新興企業が、持続的イノベーションを擁する既存企業に代わり、次代の支配的な存在になる。

既存の支配的企業は何故破壊的イノベーションを早期に採用できないのでしょうか。あるいは、何故既存企業は破壊的イノベーションを開発しない、ないし開発できないのでしょうか。

この点に関してクリステンセンは、第一に経営者の能力がないからではない、第二に経営者がリスクを避けようとしているからではない、そして、第三に新たな成長を生み出す事業を思い通りに構築することができないからではないと述べています。要するに、一般に流布し信じられている理由は、まったく的外れであると力説しています。しかもクリステンセンは、破壊的イノベーションの元になった新技術の多くは、支配的企業が既に開発したものだと指摘しているのです。

それでは一体何故なのでしょうか。彼は、優れた経営を行ってきた企業が当該産業のトップの座を失うのは次の理由からだと主張しています。

①優良企業は顧客の要求をよく聴き、顧客にとって優れた製品等を提供するために技術開発に積極的に投資する。

②優良企業は市場動向を注意深く調査し、最良の収益を保証するイノベーションに投資資本を体系的に配分する。

つまり、優良企業は一流企業であれば当然取るだろう経営を実行してきたがゆえに、その指導的な地位を失ってしまったのだと言うのです。極めて逆説的です。

何故支配的企業つまり優良企業はこうした行動を取るのでしょうか。彼は次の五つの法則が、それまで競争に勝ち抜いてきた優良企業の桎梏になると説いています。

①企業収益の源泉は顧客であり、彼らの要求を無視できない。

②新興市場は大規模な企業が参入するには規模が小さすぎることが多い。

③マーケティングは既存の市場を分析するものであって、いまだ存在しない市場を分析することはできない。

④卓抜しているとみられていた組織能力が、破壊的イノベーションの出現に適応できず、無能力化することがある。

⑤市場のニーズの上昇速度を越えて、技術が著しく進歩することがある。

クリステンセン（二〇〇八）は、こうした失敗が起きるのは「実のところ、現在広く受け入れられている経営原理は、ある状況においてのみ適切である」と述べるとともに、既存の経営理論の誤用や誤解を、次の四つに整理しています。

①最良の顧客の声をいつも聞くことは誤りである。企業は顧客が過剰満足状態に陥らないようにすると同時に、非消費者に着目すべきである。

②市場のセグメンテーションによる分析は誤りである。実際は、顧客はその目的を達成するために製品やサービスを雇用（購入）しているのだ。

③既存の企業は将来の投資を評価するときに固定費ないしサンク・コストを考慮してはいけない、という教義（ドクトリン）は誤りであり、スタートアップ企業にやらずもがなの競争優位を与えてしまう。

④既存企業は何が自社のコアコンピタンスであるか常に注意を払い、業務のアウトソーシングは慎重に行うべきである。

クリステンセンの唱える破壊的イノベーション理論は、企業の盛衰に関わる逆説的な事象を鮮明に描写しているのみならず、既存の戦略論やマーケット理論に対して時に挑戦的ですらあります。しかも、彼は、極めて捉えにくいと思われているイノベーションの挙動を分析することにより、将来起こるであろう事象の予測が可能だと主張します。

また、破壊的イノベーション理論は、ハーバード大学ビジネススクールの花形研究者による長年にわたるイノベーション研究の伝統に裏打ちされていることにも触れておかなくてはなりません。破壊的イノベーション理論は、第二部で述べたアバーナシーやアッターバック、クラーク、タッシュマン、ヘンダーソンなど多士済々の研究者が営々として築いてきたイノベーション理論を、ある意味集大成した知識の体系なのです。ハーバード大学でクリステンセンのもとで学び、ビジネスのみならず学術の世界で大きな成功を収めた卒業生が、広告塔になっていることも指摘しておいたほうがいいかもしれません。

こうしたことが複合して、多くの経営者や実務家の強い共感を呼び、絶大な支持を集めるに至っているものと考えられます。しかしその一方で、関連分野の研究者からの反論や反発も根強いものと推察されます。実際、二〇〇六年に『製品イノベーション管理』誌上で交わされた大論争は、破壊的イノベーション理論に対する批判が表層に露出した顕著な事例です。

第六章　破壊的イノベーション理論の展開
—手に汗握る白熱の攻防とその先にあるもの—

「善人なをもて往生をとぐ、いはんや悪人をや」親鸞（歎異抄）

クリステンセンは『イノベーションのジレンマ』の初版を一九九七年に出版した後、若干の修正を加えるとともに、新たに「組織の能力と無能力を評価する方法」に関する章を加えて、二〇〇〇年に改訂版を出版しています。その後、クリステンセンは二〇〇三年にレイナーとともに『イノベーションへの解』を、そして二〇〇四年にはアンソニーとロスとともに『明日は誰のものか』を出版しています。その他、この時期に彼はＨＢＲを始めとしていくつかの著名な学術誌や専門誌に、破壊的イノベーション理論に関連する論文やエッセイを投稿しています。

時代の寵児のように見えますが、実際は傍目で見るほど順風満帆ではなかったようです。

1　誌上の激突—破壊的イノベーション理論をめぐる二〇〇六年の論争—

ダニールズは二〇〇四年に『製品イノベーション管理（ＪＰＩＭ）』誌上でクリステンセンの提唱する破壊理論に対して総合的かつ徹底的な批判を試みています。彼の批判は関連の研究者の注目を集めたようです。二〇〇六年には同誌において、ダニールズの編集のもとでクリステンセンを含めて総勢八人の研究者が、破壊的イノベーション理論について合計六本の論文を寄稿しています。

この事実は我が国ではほとんど紹介されていないようですが、破壊理論の本質や限界を知るために、けっして見逃すことのできない論争でした。まず、事の発端になったとみられるダニールズの批判を要約して述べることにします。

二〇〇四年ダニールズが論争の火蓋を切る

ダニールズ（二〇〇四）は、クリステンセンの提唱する破壊的イノベーション理論が新技術やイノベーションの出現と企業の盛衰の関係を鋭く分析した著作として、研究者のみならず実務家の間で稀に見る注目を集めている一方、その論旨は必ずしも学術的に精査されていないと批判します。そのうえで彼は、破壊的イノベーション理論にはいくつかの重大な欠陥があるとして、次の五つの観点から詳細に論証しています。

①**〈破壊的技術の定義〉**クリステンセンは、破壊的技術ないし破壊的イノベーションに対して明確な定義を与えていないし、技術はいつの時点で破壊的になるのか明らかにしていない。一般に、開発や設計にあたって数多くの指標が検討されているはずだが、破壊的イノベーション理論ではごく僅かの性能指標しか分析の対象とされていない。

②**〈破壊的イノベーション理論の予測能力〉**破壊的イノベーション理論は「いいとこ取り」である。彼の著作では成功事例ばかり取り上げられているが、一方で多数の失敗事例が存在するはずである。破壊的イノベーション理論には予測能力があるとのクリステンセンの主張は疑わしい。

③**〈既存企業の破壊的イノベーション出現後の状況〉**クリステンセンは、既存の支配的企業は破壊的技術に直面すると危うい状況に追い込まれると指摘しているが、実際のところ、多くの企業がその後も事業を継続している。

④**〈破壊的な技術変化が起きているもとで顧客指向であることのメリット〉**クリステンセンは、既存企業は顧客の意見に捕まえられていて、破壊的技術に適切に対応せず、その機会を逸する傾向があると指摘している。これについて、「企業は顧客指向であってはならない」と解釈している向きもあるようだが、「ただ単に即時反射的で視野の狭い顧客指向を排除しているにすぎない」と解釈すべきである。

⑤**〈破壊的技術に追随するためにスピンオフ組織を設置することのメリット〉**クリステンセンは、破壊的技術に対抗する

ために既存企業は本社から分離した組織を設立すべきだと主張している。この主張に対して、たとえば分離した会社を設立すると学習機能や中核的能力が分断されるなどの弊害が生じる等多くの批判がある。どのような状況であれば破壊的技術に対処するためにスピンオフ企業を設立することが有利なのか、また、親会社とスピンオフ企業はどのような関係を保つべきなのか解明すべきである。

ダニールズの批判は破壊的イノベーションと破壊的技術を必ずしも区別しておりません。したがって、第五章で説明した破壊的イノベーションのメカニズムの用法と必ずしも相応していないところがあります。このあたり、破壊的イノベーション理論批判派の特徴ではあります。よほど破壊的イノベーション理論が嫌いなのでしょう。

話を先に進めましょう。二〇〇六年にＪＰＩＭ誌上で展開された論争にはダニールズをゲストエディターとして迎え、クリステンセンも加わって、合計八人の研究者が破壊理論をめぐってさまざまな観点から論じています。まず、矢面に立たされたクリステンセンの見解を説明します。

クリステンセンの弁明―「ジレンマ」以降のいくつかの修正点を率直に語る―

一部感情的な表現も垣間見られますが、クリステンセンは一連の、時には心ない批判に対して、終始真摯な弁明を展開しているように感じられます。彼のエッセイを読むと、一九九七年に『イノベーションのジレンマ』を出版して以来、二〇〇六年頃までの破壊的イノベーション理論にかける思いとともに、クリステンセンが進めてきた一連の理論的考証の過程を知ることができます。破壊的イノベーション理論を深く理解するのに絶好のエッセイですので、彼の弁明を以下にやや詳しく解説したいと思います。

何よりもまずクリステンセンは、破壊は過程（process）であって出来事（event）ではないことを力説します。加えて、研究者のみならず多くの人々は、イノベーションを技術用語とみなしていて、破壊的イノベーションの現象を技術的観点から捉えがちだが、これは誤りだと注意を喚起します。

そのうえで、破壊的イノベーションそのものは高度な技術に依拠する必要はなく、イノベーション活動に基づいて開発された製品等がマーケットのニーズを満たすだけの性能や品質に到達しているかどうかのほうが決定的に重要だと強調します。これはクリステンセンがつとに主張して止まないところですが、米国においてすらなかなか理解されていないらしいのは興味深いところです。わが国でも、破壊的イノベーションは即ち根元的イノベーションに他ならないといった見解をしばしば耳にします。こうした誤解は、決してわが国だけの現象ではないのです。

前置きの次に、クリステンセンは『イノベーションのジレンマ』以来の研究に基づく新たな知見と、それに伴う修正を次のように総括しています。なお、修正点のいくつかは既に『イノベーションへの解』（二〇〇三）などに反映されています。

①これまで、イノベーションに「例外的な事象（アノマリー）」が出現する都度、イノベーション研究は進化してきた。イノベーション研究の初期には、技術的な先端性に応じてイノベーションを根元的および漸進的イノベーションに大別した研究が行われていた。しかし例外的な事象が出現するにつれて、タッシュマンとアンダーソン（一九八六）は能力向上型イノベーションと能力破壊型イノベーションという分類法を導入した。さらにこの分類でも例外的な事象のあることが明らかになるにつれて、ヘンダーソンとクラーク（一九九〇）はモジュラーおよびアーキテクチュラル・イノベーションという概念を導入した。破壊的イノベーション理論研究の発端は、アーキテクチュラル・イノベーションの例外的な事象であったハードディスクドライブの事例研究である。

（能力向上型および能力破壊型イノベーション、そしてモジュラーおよびアーキテクチュラル・イノベーションについては、この後のコラムを参照してください。）

②二〇〇〇年頃に破壊の現象には二種類あることに気づき、これを『イノベーションへの解』では、新市場型破壊とローエンド型破壊に区分して説明している。

③「破壊的（ディスラプティブ）」というネーミングは多義的であり、誤解を招きやすい。むしろアンディ・グローブ（インテル社元会長）の示唆するところに従って、クリステンセン効果と名づけたほうがよかったかもしれない。

④破壊は絶対的な現象ではなくて、相対的な現象であり、「ある一つの企業にとって破壊的なイノベーションが、他の企業にとっては持続的なイノベーションであることがありうる」。相対性概念はイノベーションが破壊的か持続的かを分か

つ重要な概念であり、当該イノベーションを導入した新興企業が成功しうるかどうかを判断する指標になる。

⑤破壊理論はビジネスモデルであって、技術のモデルではない。彼自身、破壊的イノベーション理論を説明するのに当初は「破壊的技術」をもって説明していた。しかし、アンディ・グローブに指摘されて以来、破壊的技術と名づけるのは不正確で、それは誤りだと悟った。つまり、技術能力が既存企業の対応を難しくさせることはなく、ビジネスモデルとしての破壊的イノベーションが既存の支配的企業を困惑させ麻痺させるのだ。それ以後、破壊的技術に替えて破壊的イノベーションに変更した。

⑥理論の価値は、それが真実であるかどうかによっては判断できない。理論は、せいぜい漸近的に真実に近づくことができる程度であり、理論の価値はその予測能力によって評価されるべきである。

クリステンセンは、実に率直にこれまでの経過と自らの見解を表明しているように思います。これに続けて、他の研究者の批判やコメントに応える形で、彼はこれまでの見解の修正やコメントの追加を行っています。

①破壊的イノベーション理論は過去の歴史的な事実から構築されたものであることは間違いないが、非継続性つまり破壊可能性は歴史的な事実から別個に組み立てられた理論であり、例外的な事象の発生を容認するものである。なお、事例研究を実施するときは、イン（二〇一四）の提唱する『事例研究方法論』を参考にしている。

（これは、ダニールズやテリスたちの批判に対する反論です。彼らは、破壊的イノベーション理論は過去に起こった歴史的事象に基づいたものであり、リーダー企業が脱落したり、あるいは新技術の採用に乗り遅れたりすれば、それを破壊的と呼んでいるにすぎないのであって、破壊理論は後付けの循環論法つまり同語反復であると指摘しています。）

②企業の目的関数が株主利益最大化であれば破壊的イノベーション理論がふさわしいが、企業の存続が目的であれば必ずしもそうではないかもしれない。破壊的イノベーションが出現したとして、それが必ずしも全市場に行き渡るとは限らないとすれば、既存企業は何もしないのが最も良い戦略であると考える可能性が高い。

（これは、後述のマルキデスやヘンダーソンのコメントに対する「回答」です。）

③ハイエンドからの新規参入には破壊的イノベーション理論と異なるメカニズムが作用しているようにみえる。

（これは、後述のゴビンダラヤンとコパーレが「ハイエンド型侵入」の可能性に言及していることに対する「回答」です。）

④クリステンセンは、同じ特集号に寄稿しているヘンダーソンの指摘（後述）を引用しつつ、これまでの言説は顧客の役割を重視しすぎていたとして反省の弁を述べている。

クリステンセンのエッセイを読むと、彼の反対派に対して、「この箇所を読んでいない」とか、「何故これが理解できないのか」といったやや感情的な記述が垣間見られます。もちろん批判派が読んでいないはずはありません。批判派は、それは些細なことであって、本質的ではないと理解しているからでしょう。その意味で、いくつかの重要なポイントが水掛け論に終わっており、それが現在まで尾を引いているように見えます。こうした論争にはつきもののことでしょうが、より建設的な議論が望まれるところです。

次にＪＰＩＭ誌二〇〇六年の特集号に掲載された他の論者の見解を要約して以下に記します。まず、ハーバード大学でクリステンセンの先輩格にあたるヘンダーソンのコメントです。彼女は、クリステンセンが破壊的イノベーション理論を発想する元になった概念であるアーキテクチュラル・イノベーションの提唱者であり、二〇〇六年当時ＭＩＴの教授です。

＊＊＊

■コラム■　能力増強型および能力破壊型イノベーション

前述のようにクリステンセンは、イノベーションに「例外的な事象」が出現する都度、イノベーション研究は進化してきたと指摘したうえで、能力向上型および能力破壊型イノベーションと、モジュラーおよびアーキテクチュラル・イノベーションなどに言及しています。

ここでは、タッシュマンとアンダーソン（一九八六）が提唱した能力増強型および能力破壊型イノベーションについて解説します。彼らの考え方は、根元的イノベーションの出現を前提としています。彼らの問題意識は、技術の非連続変化は企業にどのような影響を及ぼすかという点にあります。そのうえで、彼らは技術の非連続変化がもたらすイノベーションの特質によって、既存企業が優位を保つか、あるいは新興企業が優位に立つかをある程度予測できると主張します。この際、彼らは企業の有する内部資源に起因するところの能力に着目します。

ある産業における支配的企業は、まず例外なく何らかの中核的な能力（コアコンピタンス）を内部資源として持っています。何故ならば、中核的な能力がなければ、企業として存続することは困難ですし、しかもその能力が卓越していなければ、普通は支配的な企業にはなりえないからです。とりわけ、技術を基盤とする企業にあっては、中核的な技術能力の存在が不可欠です。ソニーの映像技術、ホンダのエンジン技術などはその典型でしょう。そのうえで彼らは、新たに出現したイノベーションを、ある産業内の企業にとって、その中核的な技術能力を増強するか、それとも破壊するかによって、それぞれ能力増強型イノベーションと能力破壊型イノベーションに区分しています。

直観的には、能力増強型イノベーションが出現したときは当該産業内の支配的な企業が優位を保つ可能性が高いが、能力破壊型イノベーションが出現したときは新規参入企業ないし新興企業が優位に立つ可能性が高くなると考えられます。タッシュマンとアンダーソン（一九八六）、そしてアッターバック（一九九四）は過去の事例を調査した結果、この仮説がおおよそ妥当なことを実証しています。

以上が、能力増強型および能力破壊型イノベーションについてのおおまかな説明です。ここで、くれぐれも注意願いたいのですが、これを持続的および破壊的イノベーションと混同しないでください。両者は発想が根本的に違いますし、結論もまったく異なります。

前者は、根元的イノベーションが企業の有する中核的な技術能力に及ぼす影響を検証したものです。それが既存の企業の中核的技術能力を増強するものであれば、既存の企業が生き残る可能性が高いことになります。一方、もしそれが既存の企業の中核的技術能力を破壊するものであれば、新興企業が優位に立つ可能性が高いことになります。

これに対して、破壊的イノベーション理論の主張するところによれば、持続的イノベーションの特徴は、既存の市場を維持しながら、既存の製品等の性能を向上させるところにあります。一方、破壊的イノベーションの特徴は、既存の市場を分断して、ローエンドの市場ないし新市場に（破壊的イノベーションに依拠する）新製品等が投入されるところにあります。

前者の「破壊」の対象は企業の有する中核的技術であるのに対して、後者の「破壊」の対象は市場です。ちなみに、両者とも訳語では「破壊」という言葉を使っていますが、「能力破壊型」ではdestructiveですし、「破壊的イノベーション」ではdisruptiveです。両者の違いに関心のある人は辞書に当たってみてください。

冒頭に述べたように、彼らのモデルは基本的に技術の非連続変化つまり根元的イノベーションの出現を前提としています。しかし、実際には必ずしも根元的イノベーションが出現しなくとも、産業界や社会に甚大な影響を及ぼすイノベーションが存在することが明らかになってきました。この例外事象を解決するために、ヘンダーソンとクラーク（一九九〇）はアーキテクチュラル・イノベーション論を提唱したのです。アーキテクチュラル・イノベーション論については、次のコラムで紹介します。

＊＊＊

理論家ヘンダーソンによる組織と戦略の視点からの好意的コメント

ヘンダーソン（二〇〇六）はエッセイの冒頭で、これまでの技術経営研究はもっぱら技術の供給側に焦点を当てていたのに対して、クリステンセンは市場からの視点を導入したところに破壊的イノベーション理論の新規性があるとこれを評価します。これに続いて、ヘンダーソンは破壊的イノベーション理論を次のように総括します。即ち、彼の主張の本質は、企業の失敗の原因は技術能力によるものではない、というところにある。そうではなくて、経営陣は最も収益の上がる顧客に絡めとられており、低いマージンの新顧客に資源を分配することが極度に困難な状況にあることだ、と破壊的イノベーションに対する彼女自身の解釈を披瀝します。

そのうえで、このアイデアは経営者の大いに共鳴するところであり、実務家が破壊的イノベーション理論を高く称賛する所以であるとヘンダーソンは評します。しかし彼女によると、こうした一面があるのは確かだが、支配的企業が破壊的イノベーションに直面したときにしばしば対応を誤るのは、経営陣の意思決定機構が主要な理由であるというクリステンセンの考え方は誤解を招きかねず、むしろ主要な原因は既存の企業に備わった組織能力つまり日常の組織業務の運営にあるとして、次のように述べています。

①『イノベーションのジレンマ』は、既存の支配的企業は破壊的イノベーションの出現に対して逐一対応すべしと主張し

ているようだし、一般にもそう理解されているようにみえる。しかし、既存企業にとって、生産およびマーケティングに関わる中核的能力を変更するのは困難な場合がある。それのみならず、中核的能力の存在ゆえに、新たに適切な能力を構築することが困難な状況下にあるならば、破壊的イノベーションに対応しないと決定することは完全に合理的な選択である。この点で、『イノベーションのジレンマ』以来、クリステンセンの見解は状況によって異なっており、必ずしも一貫性がない。

②新市場型破壊では消費者の嗜好の変化を伴いやすく、その定義からして主たる性能軸の質的変化を惹起せしめる可能性が高い。支配的企業の内部で確立されてきた日常業務をとおして、既存の企業には深く埋め込まれた組織能力が存在する。その結果、破壊的イノベーションが出現するに至った背景にあるところの消費者の嗜好の変化を感知し、状況に応じて行動することは極めて困難であり、ここに既存企業にとって大きな経営課題が存在している。

ヘンダーソンはおおむね破壊的イノベーション理論に対して好意的です。しかし、一つの重要な点で批判的です。つまり、ヘンダーソンは、既存の企業が消費者の嗜好の変化に対応して組織能力を転換し、マーケティングの再構築を図るのは通常は極めて困難なことであり、これはマーケティングの根本問題であると指摘しています。そのうえで、ダニールズ（二〇〇四）はこれを企業の持つ「市場関連能力」あるいは「顧客対応能力」と呼んで、その解明が必要であると主張しているのに対して、クリステンセンはこれまで明確な回答を用意していないと述べています。全般にヘンダーソンは、どちらかというと果敢で冒険的なクリステンセンの「勢いのよさ」に注意を促しているように見受けられます。

＊　＊　＊

■コラム■　アーキテクチュラル・イノベーション

自動車とか冷蔵庫などの、比較的構造が複雑な組み立て型の製品を考えてみてください。言うまでもなく、第四章で述べたドミナント・デザイン論の対象となる製品です。

これらの製品は多数の部品の集合体です。たとえば、現在の自動車はおおよそ数万点の部品から構成されています。しかし、部品をただ単に集めただけでは自動車にはなりません。あるデザイン・コンセプトつまり設計思想に基づいて部品を組み立てて、初めて自動車として機能することになるのです。このように製品の構成要素を統合する方式のことをアーキテクチャといいます。これは比較的構造が複雑な組み立て型製品に内在する特質です。

ヘンダーソンとクラーク（一九九〇）は、こうした組み立て型製品の特質に着目して、アーキテクチュラル・イノベーションという概念を提唱しています。組み立て型製品は、第一に部品つまり構成要素（コンポーネント）に関する知識、および第二に構成要素を連結する方式つまりアーキテクチャに関する知識が備わって、初めて完成させることができます。そのうえで彼らは、前者を構成要素知識、後者をアーキテクチュラル知識と呼んでいます。

彼らによれば、イノベーションは新たな知識を導入することによって創出されます。したがって、イノベーションには次の四つのタイプが存在することになります（表6－1参照）。

- **〈漸進的イノベーション〉** 製品のいずれの構成要素にも、これまでの設計概念を覆すような新知識は導入されていない。製品アーキテクチャに特段の変更はない。
- **〈モジュラー・イノベーション〉** 一つないしそれ以上の構成要素に、これまでの設計概念を覆すような新知識が導入されている。製品アーキテクチャに特段の変更はない。
- **〈根元的イノベーション〉** 一つないしそれ以上の構成要素に、これまでの設計概念を覆すような新知識が導入されている。製品アーキテクチャに変更が加えられている。
- **〈アーキテクチュラル・イノベーション〉** 製品のいずれの構成要素にも、これまでの設計概念を覆すような新知識は導入されていない。製品アーキテクチャに変更が加えられている。

何故彼らはアーキテクチュラル・イノベーションという概念を導入したのでしょうか。それは、これまでのイノベーションの区分法――根元的および漸進的イノベーション――では説明のつかない例外事象が現れたからです。それまでの常識では、根元的イノベーションを擁する企業が産業を席巻し、支配すると考えられていました。しかし、改良とか改善の結果創出されたかに見えるイノベーション――これまでの考え方によれば漸進的イノベーション――が、市場において優勢になる現象が目につくようになってきたことに彼らは着目しました。ヘンダーソンたちは、アーキテクチュラル・イノベーションという考え

表6-1　製品アーキテクチャからみたイノベーションの類型
（Henderson & Clark, 1990を参考にして著者作成）

製品アーキテクチャに変更が加えられている	**アーキテクチュラル・イノベーション（architectural innovation）**	**根元的イノベーション（radical innovation）**
製品アーキテクチャに特段の変更はない	**漸進的イノベーション（incremental innovation）**	**モジュラー・イノベーション（modular innovation）**
	製品のいずれの構成要素にも、これまでの概念を覆すよう新知識は導入されていない	一つないしそれ以上の構成要素に、これまでの概念を覆すよう新知識が導入されている

方を導入することによって、この例外事象の解消を図ったのです。

アーキテクチュラル・イノベーション論は、ドミナント・デザイン論を中核的な概念として構築されています。つまり、ある製品カテゴリーにおいて、ドミナント・デザインが出現する以前は、技術の不確実性が高いために、企業は製品のさまざまな構成要素を開発するとともに、実現可能性の高いアーキテクチャを見定めなければなりません。流動期には探索型の知識活動が必要とされるのです。

その後ドミナント・デザインの出現に伴って、それに沿った製品開発を進める段階になりますと、確定されたアーキテクチャに則りながら、個別構成要素の性能向上を図ることになります。また、これに従いつつ企業の一連の知識過程――コミュニケーションチャンネル、情報のフィルタリング、そして問題解決のための戦略――が整序されます。イノベーションの進化段階が特殊期に至ると、アーキテクチュラル知識は安定し、深掘り型の知識活動に移行するのです。

経営戦略とりわけイノベーション戦略への含意は何でしょうか。次の理由で、新しいアーキテクチュラル・イノベーションの出現は既存の企業に不利に作用します。アーキテクチュラル・イノベーションが出現したとき、既存の企業には「旧来のアーキテクチュラル知識がコミュニケーションチャンネル、情報のフィルタリング、そして問題解決戦略のなかに深く埋め込まれており、情報探索過程や新情報創出過程の遂行に時間がかかる」からです。仮に既存の企業がこうした事態を認識したとしても、組織改革を断行するのは容易なことではありません。これに対して新興企業つまりスタートアップ企業は、特段のしがらみがありません。白地から新事業を立ち上げることができるので、この点で優位にあります。

ヘンダーソンとクラークの提唱するアーキテクチュラル・イノベーション論は、実に含蓄のある理論です。わが国では、たとえば田路（二〇〇五）は、アーキテクチュラル・イノベーションに基づいて、半導体デバイスを事例とした詳細な研究を行っています。

難点を挙げるとすれば、アーキテクチュラル・イノベーション論は技術やイノベーションの進化に偏りすぎていて、必ずしも市場ニーズの変化を明確な形でモデルに導入しきれていないことです。この点について、ヘンダーソン自身がイノベーション・マネジメントや技術経営の伝統的な思考法だと述べています。私の理解するところでは、この難問を克服したのが破壊的イノベーション理論なのです。

＊＊＊

テリスとダニールズによるマーケティングの視点からの冷淡なコメント

テリスは同特集号のエッセイの中で、破壊的イノベーション理論に関して、次の二つの点を大いに評価するとともに賛意を表明しています。即ち第一は破壊的イノベーションの性能向上経路に関する考え方であり、今一つは現在の顧客の要望を傾聴したがために、破壊的イノベーションを無視した既存の支配的企業が被る災厄です。

その一方で、破壊理論にはいくつかの限界があり、特に次の二点は大きな問題であるとテリスは指摘します。即ち、第一は破壊的技術の定義であり、第二は理論の妥当性を証明する方法論です。テリスらが実施した研究によると、既存企業が敗退する原因は技術的イノベーションへの対応にあるのではなく、マスマーケットに対するビジョンの欠如と当該市場への参入がもたらす「共食い現象（cannibalization）」を恐れてのことだと主張しています。

ダニールズは同特集号のゲストエディターとして冒頭の辞を述べています。まず、破壊的イノベーション理論が果たした学術的および実務的功績の大きさに賛辞を呈したうえで、各論者の意見を集約し、併せて同理論に対する彼の見解を次のようにまとめています。

①クリステンセンは破壊理論が予測に成功した事例をいくつか挙げているが、それ以上のものではない。成功事例をいくら挙げても同じことであり、結局のところ、これは「いいとこ取り」ではないか。

②イノベーションと経営が交差するマーケティングの役割を論じるには学際的な研究が必要であるが、なかなか所期の目

的が達成されていない。クリステンセンは何か特定の仕事を行うために製品やサービスを「雇う」という表現を使って、マーケティングで多用されているセグメンテーション論を批判している。しかし実際のところ、この考え方はマーケティング研究においては既に何十年も前から議論されていることである。

③破壊理論にはいくつかの重要な課題があるものの、極めて強力な理論であり、これほどの議論を巻き起こした理論は稀である。しかし、破壊的イノベーションのマネジメントは、結局のところアートに行き着くのではないか。

このように、ダニールズとテリスは、クリステンセンの破壊的イノベーション理論に対してかなり批判的です。特にクリステンセンがしばしば依拠していると思しき、事例研究調査手法が気に入らないようです。イン（二〇一四）の提案する事例研究調査法は、今では一定の学術的評価がなされている研究方法であると思います。しかし、マーケティング研究の主流派を始めとして破壊的イノベーション理論に批判的な研究者の多くは、破壊的イノベーション理論を定量的かつ統計的に証明しない限り、受け入れることはできず、仮説に留まると考えているようです。

その他の主な意見

以上のほか、この特集号には三本の論文が掲載されています。これをかいつまんで紹介することにします。まず、ゴビンダラヤンとコパーレは、イノベーションの破壊可能性を測定する手法に言及するとともに、「ハイエンド型侵入（破壊）」の導入を提案しています。ハイエンド型侵入の提案に対して、クリステンセンは懐疑的な見解を持っていることは既に指摘した通りです。

次に、マルキデスは、破壊的イノベーションには「技術に関わるもの」、「ビジネスモデルに関わるもの」、そして「世界で初めて出現した根元的なもの」の三種類があるとの持論を展開しています。そのうえで、彼はこれら三種類の破壊的イノベーションには一定の類似性はあるものの、いくつかの点で根本的な相違があるので、破壊的イノベーションを一括して論じるのは間違いであり、種類ごとに論じるべきだと述べています。また、前述のように、マルキデスは破壊的イノベーションが最終的に全市場に隅々まで行き渡るとは限らないので、既存の支配的企業は何もしないのが最良の戦略だと考えてもおかしくないと指摘しています。

最後に、スレーターとモーアは、破壊的イノベーションの中でも特に技術的な破壊的イノベーションを成功裏に開発し商業化するための能力は、企業の戦略的方向づけ、および対象市場の選択と市場への対応方法によって決まる、と主張しています。そのうえで、破壊的イノベーション論とムーアの提唱するキャズム論を結合して、企業の取るべき戦略をたてるべきだと提案しています。キャズムはムーアの提唱している考え方です。この文脈では、変革者たるイノベーターが周縁の市場から主流市場に移動する際に遭遇する「深い溝」のことです。詳しくは本書第二章をご覧ください。

このように、二〇〇六年ＪＰＩＭ誌上ではクリステンセンの提唱する破壊をめぐって極めて活発な議論が交わされました。ゲストスピーカーであるダニールズの説明では、各エッセイの原稿はいったん他の執筆者に回覧され、互いに他のエッセイを読みながら、最終の原稿をまとめたとのことです。したがって、クリステンセンのエッセイを読むと、しばしば他の論者のエッセイを引用しながら論述しています。

その意味で、中身の濃い高度の論議が展開されたことがわかります。実際、これ以後に破壊的イノベーション理論についての研究や議論が行われるときには、この特集号のエッセイの少なくともどれかが引用されることが多いようです。

次に述べる、ハーバード大学歴史学教授レポーが火をつけた二〇一四年の論争でも、批判の根拠のほとんどは二〇〇六年の議論に求めることができます。この論争はレポーがニューヨーカー誌に寄稿した「破壊機械」をきっかけとして、その後半年以上にわたりネットの上で熱く展開されます。

2　災いはある日突然に——二〇一四年破壊的イノベーションをめぐる白熱の攻防——

二〇一四年の論争は思いもよらぬ方向からやってきました。同年六月発行のニューヨーカー誌は、ハーバード大学教授レポーがクリステンセンの提唱する破壊理論を徹底的に糾弾するエッセイを掲載したのです。レポーは歴史学を専攻しており、イノベーション・マネジメントはもちろんのこと経営学にもあまり縁のない研究者ですが、極めて鋭利かつ技巧に満ちたレポーの批判的エッセイはたちまちのうちに評判となりました。

ハーバード大学歴史学教授レポーの華麗にして過激な攻撃

ニューヨーカー誌に掲載されたエッセイの中で、レポーは一八世紀西欧に端を発する産業革命以降、破壊理論が社会に浸透するまでの長期に及ぶ近代化の歴史を素描するとともに、破壊理論の意味するところとその疑わしさを断罪しています。彼女の論じるところは広範かつ多義的ですが、その主張は破壊理論の出現に至る歴史的な展望と、破壊理論そのものに対する論難に分けることができます。

〈レポーの文明論〉

まず彼女は「一八世紀は進歩思想、一九世紀は進化、二〇世紀は成長そしてやがてイノベーション、我々の時代は破壊、その未来志向にもかかわらず、隔世遺伝。これは、金融破綻、地球規模の荒廃という終末論的な恐怖、そして疑わしい証拠など深遠な不安の上に構築された歴史の理論」と述べて、産業革命以降の文明の発展と破壊理論を結びつけつつ、破壊理論は「疑わしい証拠」の上に構築された理論であることを暗示します。

さらに追い打ちをかけるように、イノベーションと破壊理論を次のように揶揄します。即ち「イノベーションという考え方はある種の進歩思想であり、それは啓蒙から願望を取り除き、二〇世紀の恐怖を洗い落とし、その批判から救うものである。破壊的イノベーションはさらにその先を行く。破壊が描く天罰に抗して救いの希望を約束する。破壊せよ、さらば救われん」。

〈破壊理論に対する容赦のない批判〉

次に彼女は破壊理論の本丸に迫ります。第一に、『イノベーションのジレンマ』（一九九七）の冒頭で取り上げられているハードディスクドライブ（ＨＤＤ）を筆頭に、小売、掘削機、製鉄などの事例を取り挙げたうえで、クリステンセンの破壊的イノベーション理論は「いいとこ取り」の研究であると非難します。たとえば、ＨＤＤの研究は対象期間が唐突に区切られていて、シーゲート社はあたかも市場から撤退したように見えるが、今日に至るまで世界最大級の企業であると指摘します。また、米国製鉄産業の衰退は労働組合や年金などの問題のほうが、日本からの鉄鋼製品の輸入よりも影響が大きかったというのが歴史上の通説であると主張します。彼女は「クリステンセンの情報源は疑わしく、しかもその論理は疑問が多い」と糾弾するのです。

第二はクリステンセンが破壊的イノベーション理論の有用性としてつとに強調する予測可能性に対する批判です。レポーは、クリステンセンの予測は必ずしも的中しておらず、しかも彼の論理展開は循環論法になっていると指摘します。つまり、クリステンセンは破壊的イノベーション理論を自然界の進化論と比較しているけれども、レポーによれば「破壊理論の賛同者は循環論法が好きなようである。もし既存の大企業が破壊しないのであれば、それは失敗する。そして、その大企業が失敗するならば、失敗の理由はその企業が破壊しなかったからである。スタートアップが失敗するとき、それは成功である。何故なら、失敗の流行は破壊的イノベーションの顕著な特徴だからである。（失敗を恐れることをやめ、失敗を受け入れるようにせよ。）既存の大企業が成功するとき、それはただ単にその企業がまだ失敗していないだけである。そして、これらのうちのどれかが起きるとき、それはすべて破壊現象のなお一層の証拠になる」と痛烈な皮肉を述べています。

第三は適用対象の問題です。破壊理論は元々ビジネスの世界の理論であったところ、レポーによれば、いまや「ビジネス分野とはかけ離れた価値観や目標を持つ学校や医療、メディアなどに適用されようとしている。人々はハードディスクではない。公立学校、大学、教会、博物館そして多くの病院が破壊的イノベーションにさらされている。確かにこれらの組織は収入があり、支出があり、そして諸施設をもっているが、ハードディスクやトラックのエンジン、服地屋が産業であるのと同じ意味での産業ではない」として、こうした公共性の高い分野への破壊理論の適用を激しく糾弾しています。

これらの手厳しい批判の後で、レポーはとどめを刺すかのように、「破壊的イノベーションはつまりビジネスの成否にかかわる理論であり、それ以上ではない。その理論は変化を説明しない。それは自然界の法則ではない。それは歴史の所産であり、時間の経過の中で鍛造されてきたアイデアである。それは動揺をもたらし神経に差障る不確実性の時代に生まれた製品である。変化によって金縛りになり、連続性が見えなくなっている。それはおそろしく貧弱な預言者である」と筆法鋭く迫ります。

〈荒野のおおかみ〉

しかし、ここでレポーは、かつて自らが目撃したことを振り返りながら、突如としてその矛先を転じます。破壊といえば何事も正当化されるかのごとくであり、既存の社会秩序を「破壊」すると喧伝して、人々の不安をあおり、これ見よがしの若者が跋扈して、人間を不幸にしている一方、これらの若者も、立ち止まり、過去を振り返り、懐疑の念をもち、日常を生き、考えをめぐらしていると述懐するのです。そのうえで、彼女はヘルマン・ヘッセ『荒野のおおかみ』（一九二七）を想起しつつ、こうした若者つまり「彼は狼である、彼は人間である」と述べて、エッセイを結んでいます。

このエッセイは、実に冷静に、淡々と叙述されており、しかも技巧的です。ヘッセの『荒野のおおかみ』（一九二七）はこのエッセイの通奏低音となっています。ヘッセはその中で、自らの半生を回想しつつ、戦間期のニヒルな時代状況を鮮やかに描写しており、彼の自画像と思しき人物がさまざまに形を変えて登場してきます。そして、ヘッセ自身が、人ではなく荒野の狼だと、心の中でつぶやくのです。この本は一九六〇年代から七〇年代にかけて米国の反体制的な若者のバイブルとなっていたようです。

レポーは、エッセイの冒頭において、彼女が学生時代にアルバイトをしていた事務所の浴室で、栓の詰まった流し台の中に『荒野のおおかみ』の文庫本が漂っているさまを何気なく描写します。レポーが何故こうした昔のシーンを回想するのか、読者はその理由がわからないまま、このエッセイを読み進めます。実はこれは伏線だったのです。『荒野のおおかみ』が最後に突然蘇ってくるのです。ここで突然、読者は破壊的イノベーターつまりディスラプター（破壊者）が人間であると同時に荒野の狼であることを知るのです。実に感動的です。

加えて、このエッセイの冒頭には、戦略論で名高いマイケル・ポーターが登場します。かつて彼女は、ポーターの助手の助手として働いていたそうです。レポーは、ポーターは企業の成功に関心を持つ一方、クリステンセンは企業の失敗に関心を持っていると読者にささやきます。ポーターは善良な経営者の味方であり、クリステンセンは邪悪な破壊者の味方であることを示唆しているように見えます。

実に見事な技巧です。読むものを釘付けにしないではいられません。きわめて難解な文章で、私などは辞書をひっきりなしに調べ、最後まで読むのに随分時間がかかりました。しかし、ニューヨーカー誌が想定する読者層つまり米国のハイレベルな知識人ならば、読み始めたら一瞬も止まらずに最後まで読み通したことでしょう。おそらくクリステンセンもその一人でした。

レポーのエッセイをめぐるネット上の攻防

クリステンセンはレポーのエッセイがニューヨーカーに掲載された直後にブルームバーグ社のベネット記者の電話インタビューを受け、ベネットはこれを記事にまとめています。これを読むと、クリステンセンがレポーのエッセイに激怒しているさまが生々しく伝わってきます。

〈クリステンセンの憤怒〉

まずクリステンセンは、レポーが指摘するように、ビジネス界において「破壊」という言葉が濫用されているのは事実だが、彼女は研究者が絶対に侵してはいけない最低のマナー違反を犯していると指摘します。

つまり、レポーは『イノベーションのジレンマ』（一九九七）に基づいて批判を展開しているようだが、仮にその後の著作を読んでいないとすれば、それは研究者として恥ずべき行為であるとクリステンセンは反駁します。そのうえで、『イノベーションのジレンマ』を出版した後、何人かの研究者や実務家から誤りを指摘され、二〇〇三年に出版した著作『イノベーションへの解』において多くの修正を施しているし、鉄鋼業界の破壊については労働組合に関わる問題も加味したうえでの結論であると言及しています。

二人は同じハーバード大学に所属しているものの、クリステンセンはこれまでレポーに会ったこともないそうです。これだけの批判をするのであれば、「ジル（レポーの名前）、私の研究室に来て、話を聞かせてくれ！」と電話口で叫んでいたといいます。

〈ネットを飛び交う賛否両論の嵐〉

レポーの批判的なエッセイがニューヨーカー誌に掲載された直後から、破壊的イノベーション理論をめぐって多くの意見が雑誌、新聞やネット上に投稿されました。表6‐2は、破壊理論をめぐる二〇一四年の論争に関わって、ゴブル（二〇一五）がまとめた文献リストを参考にしつつ、筆者が作成した文献の一覧です。

原則として文献資料に記載されている日付順に並べてあります。もとより関連の資料や文献をすべて網羅することは不可能ですが、この表を一瞥していただくことにより、レポーのエッセイが破壊理論にもたらした衝撃の「破壊的な」大きさが伝わってくるものと思います。投稿された意見の中では、クリステンセンが関わった一連の著作の共著者や協力者など、彼の周辺に位置する専門家やコンサルタントからの反論が注目されます。なかでもギルバートとサーストンの反応は迅速で、いずれも六月三〇日に投稿されています。

ギルバートはハーバード大学出身で、破壊的イノベーションに関してHBRに寄稿した著作もあります。現在はデザートニュースなどの最高経営責任者です。一方サーストンは、投資銀行パートナーなどいくつかの企業の役職についています。かつてインテル・キャピタルで働いていた時に破壊的イノベーションのデータ分析を行うためのソフトウェアをクリステンセンと共同開発し、数理的な解析を行っていたとのことです。

後もう一人、三人目はレイナーです。彼はデロイト・サービスLPの取締役であり、ご存知のように、『イノベーションへの解』その他、クリステンセンとの共著を何冊か出版しています。

彼らの言辞は丁寧でも謙虚でもありません。しかし、レポーは破壊的イノベーション理論に関する著作をろくに読んでいないうえに、論理を捻じ曲げて、内容や趣旨を曲解しているとして、異口同音に彼女のエッセイを冷静かつ論理的に批判し

の論争に関わる文献リスト

年月	著者	表題	雑誌・新聞
7月18日	Tim Walters	Is Jill Lepore's critique of disruption theory really "a criminal act of dishonesty"?	Digital Clarity Group
8月8日	Matt Marx	Taking a wait-and-see aproach with disruptive innovations	TechCrunch
<2015年>			
1月4日	Clayton Christensen	Disruptive innovation is a strategy, not just the technology	Business Today, 23 (26), pp.150-158
2月号	MaryAnne Gobble	The case against disruptive innovation	Research-Technology Management, 58 (1), pp.59-61
5月21日	Greg Satell	Disruptive innovation: Let's stop arguing about whether disruption is good or bad	Harvard Business Review
9月16日	Lee Vinsel	Snake oil for the innovation age: Christensen, Forbes, and the problem with disruption	Blog
秋号	Andrew King and Baljir Baatartogtokh	How useful is the theory of disruptive innovation?	MIT Sloan Management Review, 57 (1), pp.76-90
10月24日	Jay Fitzgerald	'Disruptive innovation' theory comes under scrutiny	Boston Globe
12月号	Clayton Christensen, Michael Raynor, and Rory McDonald	What is disruptive innovation?	Harvard Business Review, 93 (12), pp.44-53
<2016年>			
春号	Juan Sampere	Missing the mark on disruptive innovation	MIT Sloan Management Review, 57 (3), pp.26-27
春号	Ezra Zuckerman	Crossing the chasm to disruptive innovation	MIT Sloan Management Review, 57 (3), pp.28-30
春号	Martin Bienenstock	Did the critique of disruptive innovation apply the right test?	MIT Sloan Management Review, 57 (3), pp.27-29
4月20日	朱穎	「破壊的イノベーション」を巡る大論争(1)：その真相	BBIQモーニングビジネススクール
4月21日	朱穎	「破壊的イノベーション」を巡る大論争(2)：ジレンマとは何か	BBIQモーニングビジネススクール

表 6-2　破壊理論を巡る 2014 年

年月	著者	表題	雑誌・新聞
＜2014年＞			
6月23日付	Jill Lepore	The disruption machine: What the gospel of innovation gets wrong	The New Yorker
6月16日	Kevin Roose	Let's all stop saying disrupt right this instant	New York
6月16日	Paul Krugman	Creative destruction yada yada	New York Times
6月17日	Jonathan Rees	Disruption disrupted	More or Less Bunk
6月17日	Will Oremus	The New Yorker thinks disruptive innovation is a myth	Slate, Arizona State University
6月19日	Richard Feloni	The New Yorker's takedown of disruptive innovation is causing a huge stir	Business Insider
6月19日	Steve Denning	The New Yorker: Battle of the strategy titans	Forbs
6月20日	Drake Bennett	Clayton Christensen responds to New Yorker takedown of disruptive innovation	Bloomberg Businessweek
6月23日付	Drake Bennett	Even the father of disruption thinks "disruption" has become a cliché	Slate, Arizona State University
6月24日	飯田哲夫	「イノベーションのジレンマ」後の世界：クリステンセン批判を巡って	ZDNet Japan
6月27日	Haydn Shaughnessy	What did the innovator's dilemma get wrong?	Forbs
6月27日	Clive Crook	An incompetent attack on the innovator's dilemma	Bloomber View
6月30日	Clark Gilbert	What Jill Lepore gets wrong about Clayton Christensen and disruptive innovation	Forbs
6月30日	Thomas Thurston	Chirstensen vs. Lepore: A matter of fact	Crunch Network
7月3日	M.S.	Disruptive innovation: Negative externalities	Economist
7月8日	Michael Raynor	Of waves and ripples: Disruption theory's newest critic tries to make a splash	Deloitte University Press
7月13日	John Naughton	Clayton M Christensen's theory of 'disruption' has been debunked. Can we all move on now, please?	The Guardian

ています。彼らの反論は、この後に適宜触れることにします。

レポーが投じた一石の波紋はこれで消え去ったわけではありませんでした。二〇一五年一〇月発行のMITスローンマネジメントレビュー誌（SMR）に、キングとバアタートグトクは、クリステンセンたちの破壊的イノベーション理論に関わる著作に登場する企業の経営者や専門家を対象として調査した結果を寄稿しています。彼らはその中で同理論に内在する課題を詳細に論じています。

キングたちの実証的な、しかし棘のある批判

キングとバアタートグトクは、クリステンセンたちの提唱する破壊的イノベーション理論の妥当性と一般化の可能性は学術的にほとんど検証されていないと指摘します。そのうえで、同理論の正しい使い方、中核的な構成要素、適用範囲、そして同理論は予測に使えるか、といった事項を問う目的で、クリステンセンたちが『イノベーションのジレンマ』と『イノベーションへの解』で取り上げている七七の事例を対象として専門家にアンケート調査およびインタビュー調査を実施しています。その結果、彼らは次の知見が得られたと述べています。

①既存企業が持続的イノベーションに沿った改良を加えていない産業が約三分の一あり、しかも破壊的イノベーションが登場する段階で既に顧客からの不満が噴出していた産業が存在していた。

②多くの既存企業（六〇件）は、顧客のニーズを過剰に満足させる製品やサービスを提供することはなかった。

③半数程度の既存企業（三〇件）は、潜在的な破壊の脅威に対応する手段を持っていなかった。あるいは、教育、郵便事業など、法律による規制が存在しているがゆえに、的確なイノベーションを行うことができなかった。

④既存企業の六二％は確かに破壊的競争者の出現により低迷することになったが、このうちおよそ三分の一の企業は必ずしも撤退に至ることはなかった。

結局、事例調査対象とした既存企業七七社のうち、破壊的イノベーション理論の成立条件をすべて満たしたのは六社つまり九％しかなかったとキングたちは報告しています。そのうえで、彼らは破壊的イノベーション理論の適用について、次の

ように結論づけています。

①同理論を適用すればすべてが解決する、というのは大きな誤りである。しかし将来起こる可能性があることを警告するという点では意味があり、同理論は予測よりも警告として用いられるべきである。

②同理論を適用しようとする場合、その前提条件に合致したときにのみ適用すべきであり、何にでも適用しようとすると事態を見誤る可能性がある。同理論は特殊な事例から導き出されており、他の戦略論と組み合わせた適用が望ましい。

キングたちの論文が掲載された直後、ハーバード大学の立地するマサチューセッツ州ボストン市の地元新聞ボストングローブ紙の記者フィッツジェラルド（二〇一五）は、破壊的イノベーション理論をめぐる論争を紹介したうえで、破壊理論が危機に瀕していると論評しています。

フィッツジェラルドはまた、クリステンセンに対してeメイルによるインタビューを行っています。それによると、彼はキングたちの論文について「産業ごとに破壊の出現の仕方が違うにもかかわらず、彼らの論文はこうしたことを一切考慮していない」として強く反論したうえで、そもそもは「野心的な試みであり、本来もっと大きな成果を収めることができたはずなのに、調査上の多くの欠陥のために当初の目的が達成されていない」と批判していたとのことです。

フィッツジェラルドはレポーにも質問しています。それによるとレポーは、破壊的イノベーション理論はこれまでほとんど学術的な評価を受けておらず、「この理論の欠陥や矛盾、不適切さなどを指摘した研究者は沈黙を強いられたり、あるいは無視されたりしている。まるで破壊を信じることは信仰の問題であり、いくつかの証拠に基づいて疑問を呈することは異端に当たるかのようだ」として、遺憾の意を表していたとあります。

ＨＢＲ誌上でのクリステンセンたちの婉曲な、しかし断固たる主張

キングたちの論文がＳＭＲ誌に掲載された直後、クリステンセン、レイナーそしてマクドナルドが執筆した「破壊的イノベーションとは何か」というエッセイが二〇一五年一二月号のＨＢＲに掲載されます。クリステンセンたちはエッセイの冒

頭で、「皮肉なことに破壊理論は大きな成功を収めたがゆえに危機に瀕している。広く普及したにもかかわらず、理論の中核的な概念が誤解され、基本的な考え方がしばしば誤用されている。二〇年も経過したのに、初期の作品が好評であったがために、その後の理論の精緻化に影を落としている」と述べて、二〇一四年以降のレポーを始めとする批判が如何に激しいものであったかを暗示するとともに、破壊的イノベーション理論自体が決まり文句と化し、誤解と誤用が満ち溢れていることを概嘆しています。

邦訳がダイヤモンドハーバードビジネス誌に掲載されていますので、ここでは前記の論争に関わる要点を中心に述べることにします。クリステンセンたちは、このエッセイは破壊的イノベーション理論の現状報告であるとしたうえで、特にウーバーテクノロジー社（以下、ウーバー）を事例として同理論を適用する際の注意点などを述べています。

彼らによると、ウーバーの提供する配車サービス事業は、最初から主流市場のハイエンドに橋頭保を築いたのであり、破壊的イノベーションではなく、持続的イノベーションであると指摘しています。このエッセイでは明言していませんが、彼らはハイエンド型侵入という考え方には否定的です。

彼らは、破壊的イノベーションの同定にはちょっとしたコツが必要でトリッキーであるとしたうえで、次のように注意を喚起しています。いずれも前記レポーの批判を意識したものと推察されます。

①ある破壊的イノベーションは成功するが、別の破壊的イノベーションは失敗する。破壊理論は循環論法ではない。

②破壊理論はどのようにして市場に橋頭保を築くかという点についてはほとんど言明していない。そうではなくて、新興企業は経営資源に恵まれた既存企業との真っ向勝負を避けよ、と言っているに過ぎない。

③「（レポーの言う）破壊せよ、さもなければ破壊される」という表現は誤解を招きかねない。破壊が起こっているとすれば、企業はそれに対応する必要がある。しかし、既に利益を上げている事業から撤退するなどの過剰反応は要しない。そうではなくて、既存の持続的イノベーションに投資することにより、中核的な顧客との関係を強化すべきだし、破壊的イノベーションに即応する必要はない。破壊に起因する成長の機会をつかむために新事業を設立してもよい。

また、これまでしばしば批判の的になっている予測可能性に関して、「新技術が開発されても、破壊理論は経営者が何をすべきかの指針を与えることはできない。そうではなくて、持続的経路を取るのか、それとも破壊的経路を取るのかという戦略的選択を行う際の手助けとなるものである」と述べています。

彼らの知見によると、持続的イノベーションをもって新規参入した場合、成功確率はおよそ六％しかないとのことです。その意味で、ウーバーの事例は破壊的イノベーション理論の見地からすると例外的な事象つまりアノマリーに属するとしたうえで、「参入者が持続的イノベーションを単独で実施しようとしてもなかなかうまくいかない」と指摘しています。一方、ウーバーがタクシー業界への新規参入に成功したのは、業界に存在する規制のゆえであり、これまでこの業界にはほとんどイノベーションらしきものが存在しなかったからだと述べています。

ＳＭＲ誌上に収録された専門家の好意的反応

この数か月後の二〇一六年三月号に、ＨＢＲはクリステンセンたちのエッセイに対する読者の反響を掲載しています。一方、ＳＭＲは二〇一六年春号に、キングたちの著作と破壊的イノベーション論を俎上に載せて、三人の専門家――サムペレ、ビーネンストック、そしてズッカーマン――の見解を掲載しています。ＨＢＲの特集は読者と著者たちとの間の質疑応答の形式をとっていて、さほど面白くありません。これに対して、ＳＭＲには専門家の辛辣で率直なコメントが寄せられていますので、こちらを紹介します。

サムペレはキングたちの論文を痛烈に批判しています。これまでクリステンセンの破壊理論はほとんど批判されてこなかったと著者たちは指摘しているが、既に二〇〇六年のＪＰＩＭ誌上での論争を含めて多くの議論がなされていると反論するとともに、彼らの論文の前提条件と得られた結果について疑問を呈しています。

次にビーネンストックは、クリステンセンの破壊的イノベーション理論は実務上たいへん有益な理論であり、戦略の構築に大いに貢献していると指摘したうえで、キングたちの主張の問題点は、破壊的イノベーションが既存企業の市場シェアを取ったか否かについて調べていないことにあるとして、彼らの論文を強く批判しています。

最後にズッカーマンは、完全な理論など決して存在しないとまず大前提を述べたうえで、どのようにして最優良の企業が失敗することがあるのか、という破壊理論の問題設定は素晴らしいと評しています。次に破壊理論の知見は「能力の罠」や「内部競争」など類似の問題を扱った既存の知見の改良に寄与しているとして、この点についても大いに評価しています。

しかし、破壊理論において何が中核的な議論であり、何が周縁的な議論であるかが必ずしも明らかではないとの疑問を呈しています。そのうえで、キングたちは既存の製品等の性能が主要な顧客のニーズを遥かに超えてしまうことが破壊的イノベーション理論の中核であると仮定しているようだが、過剰満足が破壊理論の中核的理論かどうかは疑問であり、むしろズッカーマンはハイエンド型侵入も含んだ、「想定外のキャズムの橋渡し」とでも呼ぶことのできる概念が破壊理論の中核をなす考え方であると自身の主張を披歴しています。興味深いことに、二〇〇六年の論争の時と同様、ここでも「キャズム」が引用されています。

サムペレとビーネンストックは実務的な専門家です。わが国と同様、欧米でも実務家や専門家の多くはクリステンセンの理論に好意的のようです。これに対してズッカーマンはＭＩＴスローンスクールの教授で、破壊的イノベーション理論に対して客観的な分析を加えています。こうした議論を読むにつけ、同理論が決して完成されたものではなく、また理論の発展のためには批判精神が是非とも必要であるとの思いを新たにします。

3　白熱の攻防から見えてくるもの

レポーの提起した問題は何だったのでしょうか。ここで真っ先に指摘しておかねばならないのは、クリステンセンを含めて何人かのネット投稿者が指摘しているように、レポーは破壊理論に関する著作や論文を精読してはおらず、破壊理論について必ずしも通暁していないと推察されることです。

実際、彼女の指摘のほとんどは既に二〇〇六年のＪＰＩＭ誌上で論じられていて、これまでの論点を蒸し返したに過ぎない面があります。むしろ、彼女の主眼は文明批評にあるといってよいでしょう。彼女は、「破壊せよ、さらば救われん」とか「破壊しなければ破壊される」といった、米国の風潮に警告を発しているのです。

この点について、クリステンセン陣営のギルバートは、イノベーターは無慈悲でもないし、利己的でもない、金銭欲だけに突き動かされているわけでもないと述べたうえで、過去はよく、破壊者、イノベーターは悪であるという偏見をレポーは持っていようにみえると批判しています。

また、レイナーは、「破壊的イノベーションが必ず既存企業を破綻させたり、既存の産業を殲滅したりするわけではない。破壊理論は、失敗の理論ではなく、成功の理論である。この理論は、ある特定の製品市場に新規参入する企業が取り得る進路、つまり新規参入企業が存立可能な事業を構築するための機会を提供している」と述べるとともに、ポーターとクリステンセンを対比して破壊的イノベーション理論の批判を試みるレポーの立論を批判します。

破壊的イノベーション理論と文明論の関係に深入りするのはこの程度にしておきます。ここで取り上げるには話があまりにも大きすぎます。

破壊理論は正しく伝えられてきたか

ギルバート、サーストン、レイナーなどクリステンセンの同調者は、レポーのエッセイに対して一様に彼女の破壊理論に対する無知さ加減を攻撃しています。しかし、クリステンセンたちの側に過失はないのでしょうか。クリステンセンは、理論そのものが進化発展するのであって、レポーがほとんど彼のごく初期の著作である『イノベーションのジレンマ』のみに依拠して破壊理論を断罪することの非を論難しています。

この主張は至極もっともです。しかし、これだけ著名で広く流布した理論にもかかわらず、何冊かの著作に加えて、批判と反批判を合わせていくつもの論文を読破しないと全貌を理解することができないのが現状です。しかも、彼が何回か行った修正やそれに伴う用語の変更が破壊理論をわかりにくくしています。

クリステンセンは、『イノベーションのジレンマ』では対象を製品に限定するとともに、後にローエンド型破壊と呼ぶことになる破壊モデルを提示しています。しかし、レイナーとの共著『イノベーションへの解』ではこれに新市場型破壊を加えると同時に、対象を製品のみならずサービス・カテゴリーにまで拡張しています。さらに、技術は本来的には破壊的でも持続的でもないとして、「破壊的／持続的技術」ではなく、「破壊的／持続的イノベーション」に置き換えています。

多くの人々は『イノベーションのジレンマ』の改訂版（二〇〇〇）が定本だと考えているかもしれません。しかし、彼はその後大幅な修正を加えており、一部の個所は誤りだったとさえ言明しています。むしろ『イノベーションへの解』のほうがクリステンセンたちの主張を忠実に反映しているのです。破壊理論を決まり文句化せしめ、その誤解や誤用を助長させている責の一半は、クリステンセンの側にもあるのではないでしょうか。

破壊理論の方法論

技術とイノベーション、セグメンテーションと製品やサービスの雇用、破壊の形態、破壊的イノベーションと根元的イノベーション、顧客指向など、破壊的イノベーション理論の擁護派と批判派の論点や基礎となる考え方が異なるために必ずしも建設的な議論になっていないようにみうけられます。

クリステンセンとその賛同者の多くは事例研究を重視する一方、批判派は命題を証明するには統計学的な計量分析が必要であり、事例研究のみでは十分でないことを示唆しています。その結果、破壊的イノベーション理論はいいとこ取りだという批判が特に主流派のマーケティングや経営学研究者の間から聞こえてきます。ここには、研究方法論上の大きな相違がみられます。

破壊理論は批判にさらされてきたか

破壊的イノベーション理論はこれまで多くの学術的な批判にさらされてきたという意見と、ほとんど学術的な批判にさらされてこなかったという意見が交錯しています。後者の立場に立つ専門家は、破壊的イノベーション理論に関するクリステンセンらの著作は、単行本か、あるいはＨＢＲなどの商業誌に掲載されているだけで、学術誌で議論されたことがほとんどないと指摘しています。前者の意見を持つ専門家は、二〇〇六年のＪＰＩＭ誌上での論争を挙げることが多いようです。

どちらの主張が的を射ているのでしょうか。本書の読者は既におわかりのように、レポーの批判のほとんどは二〇〇六年の論争で示された議題を蒸し返したものです。これを裏返して言えば、二〇〇六年に提起された課題がほとんど解明されないまま、およそ一〇年間が経過してきたのかもしれません。その間、クリステンセンを中心とする破壊的イノベーション理論の賛同者たちは、理論体系の変更をほとんど行うことなく、ほぼ同じ枠組みのもとで破壊的イノベーションの出現とみられる現象を解釈してきたように思います。事実、二〇一五年秋にHBRに掲載されたクリステンセンたちのエッセイを読むと、ローエンド型破壊と新市場型破壊に区分した破壊的イノベーション理論の骨格を維持していますし、破壊的イノベーション理論のさしたる変更は必要ないと言明しています。

しかし、この間に例外事象がたびたび現れているように思います。また、ハイエンド型侵入について散発的に問題提起されていますが、決着はついていません。こうしたことから、私は二〇〇六年以来一〇年以上にわたって、破壊的イノベーション理論はほとんど学術的な批判にさらされてこなかったように考えています。少なくとも、こうした批判にクリステンセンたちは正面から応えていないように見えます。

破壊理論の中核概念

最後に、破壊的イノベーション理論の中核的な概念が必ずしも明らかでないことが、同理論をめぐる議論を複雑にしています。これはむしろ、それまでのイノベーション研究を総合したがゆえの逆説的な事態なのかもしれません。キングたちは四つ前提条件を挙げていますし、ズッカーマンは「想定外のキャズムの橋渡し」が中核概念だとの持論を述べています。

わが国では、クリステンセンの提唱する破壊的イノベーション理論は実務家や専門家のみならず研究者の間でも絶対的な支持を集めているようです。しかし、少なくとも米国の研究者の間では、絶大な支持を集め、広く受容されているわけではありません。レポーの指摘する論点の多くは二〇〇六年の論争で語られてきたところであり、依然として研究者の間で論議があります。また、インターネットの浸透など情報通信技術の発展と普及に伴って、新たな論点が生まれているのです。

たとえば、電気自動車（ＥＶ）業界の新興企業テスラ社、民泊事業を主導して急成長を遂げているエアビーエヌビー社、配車サービスを手掛けて今や世界的な企業に成長したウーバーなどは、破壊的イノベーションを擁するディスラプターなのか、それとも持続的イノベーションの担い手なのでしょうか。さまざまな論点が顕在化しています。破壊的イノベーション理論は経営者や実務家から極めて高い評価を受けているものの、これをめぐる議論は今後とも果てしなく続くに違いありません。

4　破壊的イノベーション理論はどこまで使えるか

破壊的イノベーション理論は、ビジネスにどのくらい「使える」のでしょうか。既述のイノベーション普及論は、枯れた理論モデルで、マーケティングを始めとして実にさまざまな分野で活用されています。その結果、今ではマーケティングや組織論、技術移転、国際開発などのなかに、当たり前のように潜り込んでいます。ドミナント・デザイン論は長年にわたってアカデミアの世界で彫琢され、ビジネスの世界で活用することのできる、有用な知見が着実に積み重ねられてきています。そして、第四章で指摘したように、新たなる発展の時期に至っているように見えます。

これに対して、実務家や専門家の破壊的イノベーション理論に対する評価はすこぶる高いものの、その基本的な枠組みをめぐって、アカデミアの世界では依然として白熱の論争が続きそうな勢いです。

アカデミアの実情はさておいて、破壊的イノベーション理論はどこまでビジネスに使えるのでしょうか。新事業を立ち上げたいと考えている起業家、新規プロジェクトを任されているビジネスパーソン、既存事業の競争優位を獲得ないし維持したいと考えているビジネスパーソン、こうした人たちはむしろこちらに関心があるでしょう。そこで次に、破壊的イノベーション理論に関わる論争を踏まえつつ、第五章で述べたローエンド型破壊および新市場型破壊モデルに基づいて、次の論点に沿いながら破壊的イノベーション理論のビジネスへの適用可能性、つまり使い方について検討していきます。

・性能と時間を二軸とする破壊の枠組み
・イノベーション活動に基づいて開発された製品等の性能変化の軌跡
・製品等に対する顧客のニーズ変化の軌跡
・予測能力

・支配的企業が持続的イノベーションの軌道を離脱するのは合理的か

初めに、破壊的イノベーション理論の枠組みである性能―時間軸の妥当性について、製品とサービスに等しく適用可能か、縦軸として考慮すべき性能は一つでいいのか、そして新市場に関わる第三の軸であるバリュー・ネットワーク軸の意味、について検討します。

製品とサービスに等しく適用可能か

クリステンセンは、二〇世紀後半に著しい進化発展を遂げたＨＤＤを対象として、同業界の栄枯盛衰を徹底的に分析した末に、破壊的イノベーション理論を構築するに至っています。その後レイナーとの共著『イノベーションへの解』では、対象として製品のみならずサービスを含む破壊理論を提唱しており、七五の事例を分析した結果を示しています。

しかし、個別の製品やサービスに関する説明は十分ではなく、彼らですら「この（破壊的戦略と企業に関わる）情報は、確定的なものというよりはむしろ示唆的なものとみなしてほしい」と述べているほどです。しかも、その事例には、製品やサービスに加えて、具体的な企業名が記されている例があり、中にはソニーなどの多角化企業の名前が見受けられます。その意味で、破壊理論の対象は企業なのか、製品やサービスなのか、事業なのか、はたまた産業なのか、いささか曖昧です。第二部で述べたドミナント・デザイン論は適用範囲を明確にする努力が払われており、この点で両者は対照的です。

たとえば、マルキデス（二〇〇六）は「破壊理論は元々破壊的技術を対象としていた。その後、この理論をすべての破壊的イノベーションに適用するようになった。これは誤りである」と批判したうえで、破壊的イノベーションには、技術的なイノベーション、ビジネスモデル・イノベーションと根元的製品イノベーションが存在し、それぞれ別の帰結をもたらすと主張しています。実際、ＨＤＤのように、当該産業に劇的な変化をもたらす破壊的イノベーションがある一方、小売業やオンライン証券のように少なくとも当座は緩やかな変化をもたらすだけの破壊的イノベーションがあります。

レイナー（二〇一四）は、レポーの立論に反撃するなかで、破壊理論の適用可能性は市場が十分に効率的であるかどうかに依存するのであって、教育や医療など公共性の高い分野への適用はなかなか難しいと述べています。同様の議論は民泊や配車サービスなどにも当てはまりそうです。

以上の考察から、製品とサービスに関して次のようなことが言えそうです。つまり、

①破壊理論の適用可能性が高いのはＨＤＤその他のハイテク製品である。

②全般的な情報化の進展により、サービス分野での破壊的イノベーションが目立ってきているが、ＨＤＤの場合のような劇的な変化は必ずしも起きていない。

③公共性が高い、ないし政府が関与したり、介入している分野では破壊的な現象は生じにくい。ただし、破壊的な現象が起きるときは、劇的なものになりがちである。

④ＩＣＴの高度化、たとえばＩｏＴやＡＩの導入などが現状を変える可能性が高いので、技術の動向を絶えず注視すべきである。

考慮すべき性能は一つでよいか

破壊的イノベーション理論を表すモデルの横軸は時間であり、縦軸は性能です。性能軸は一次元であって、図上で考慮できる性能は一種類に限定されています。しかし、たとえばダニールズ（二〇〇四）は「多くの場合、性能次元はもっと多く、顧客は性能間のトレードオフのもとで選択する」と述べています。クリステンセンとレイナーの共著『イノベーションへの解』では、新市場型破壊を導入したことにより、事実上複数の性能を対象にするところとなっていますが、依然としてわずかな数の性能しか想定しておりません。

イノベーションに関わる一連のプロセスにおいて、一つあるいはごく少数の性能だけに着目するのは妥当なのでしょうか。技術史の研究者であるトーマス・ヒューズ（一九八三）は、一九世紀末前後の英米独での電力ネットワークの普及過程を克明に調べ上げています。その結果、ヒューズは電力システムに技術的な逆突出部が絶え間なく出現し、それを解決することによって電力システムの導入が拡大してきたと述べています。ヒューズは逆突出部を「極度に複雑な事態で、その中では個人、集団、物質的な力、歴史的影響、その他の因子がそれぞれ特有の因果的役割を持ち、全体的趨勢だけでなく偶発的事件

も一定の役割を演じるような事態を意味する」と定義しています。

そのうえで、彼は電力システムの拡大を推進するためには集中して発明と開発に携わる行動が必要だったのであり、拡大しつつあるシステムの中に逆突出部が現れるのは、そのシステムの中の一つの要素が他の要素と調和を保って前進しない時であると述べています。つまり、一般に技術システム出現の初期段階では技術的な逆突出部が特定化され、その都度その課題を解決することによって、システムの導入が拡大してきたと指摘しています。

この点で、クリステンセンが当該イノベーションの特定の性能に着目するのは的を射ていると考えられます。それでも、ある製品ないしサービスに関して終始ごく少数の性能に着目するだけだとすれば、その適用範囲は自ずと限定されたものになるでしょう。

製品の場合、たとえばＨＤＤなどはメモリーサイズなど比較的少数の性能指標に注目が集まる傾向がありますので、破壊的イノベーション理論の適用が妥当にみえます。しかし、自動車などの比較的複雑な製品では多くの性能指標が考えられます。マンションなどの不動産の性能指標は、部屋の間取りや広さ、向き、内装、窓からの景観などに加えて、勤務先までの距離、近隣の商店街の有無、駅までの距離、公園や学校の存在など考慮すべき項目がたくさんありそうです。

サービス・カテゴリーの場合は、さらにいろいろな要素の組み合わせになることが多いのではないでしょうか。クリステンセン（二〇一五）は世界の航空事業に言及するなかで、破壊理論モデルの縦軸つまり性能軸は航空路線の長さであり、その長短が事業の成否を決すると述べていますが、それほど単純にはみえません。利用者は、目的地に到着するまでの飛行時間、サービスの質、待ち時間、安全性ないし信頼性、航空便の多寡など複数の性能指標に基づいて、航空会社やそのフライトを選択していると考えられます。

このように、消費者は複合的な観点から、どのサービスを利用するかを判断しているのであって、性能軸を一つに絞るのは困難な場合があります。柴田（二〇一六）は、クリステンセンが顧客価値に言及するとき、機能的価値だけに着目しているようだが、特に消費財の場合には、これに加えて経験的価値や顕示的価値を考慮するのが有効だと述べています。

破壊的イノベーション理論は、この難題を次に論じる新市場型破壊を導入することによって解決を図ろうとしているのでしょう。この点で破壊的イノベーション理論は切れ味がよくてわかりやすいですが、一定の限界があるように思います。こうした議論を踏まえて、ビジネス実践の立場から次のような点を考慮すべきでしょう。

①主流市場において顧客が重視している性能指標は一つだけか、それともいくつかあるか。その中で顧客が最も重視している指標は何か。

②性能指標は定量化できるか、それとも主観的な要因が大きいか。

③新市場で破壊的イノベーションの候補があるとすれば、そこで重視されている性能指標は何か。

新市場型破壊は代替的な性能指標の導入が狙い

『イノベーションへの解』において、クリステンセンとレイナーは新市場型破壊を説明するために、時間軸と性能軸に加えて「非消費者ないし非消費状況」を加えており、これを本書ではバリュー・ネットワーク（VN）軸と呼んでいます。

VN軸は通常の座標軸の取り方と意味合いが違っており、直観的に違和感があります。性能軸の指標は破壊モデルの平面ごとに異なります。重量の場合もあれば、長さや厚さの場合もあり、速度の場合もあるのです。しかも、クリステンセンとレイナーは、新市場型とローエンド型の間に、両者をミックスしたハイブリッド型の破壊があると説明しています。この言説にもかかわらず、どうして三次元表示が可能なのでしょうか。いささか整合性を欠きますし、嫌味を言えば、結局のところ主流市場と新市場の区別はあまり明らかではないのではないか、ということになってしまいそうです。

それでもなお、私の理解するところでは、破壊モデルに「非消費者ないし非消費状況」つまりVN軸を付け加えることの効果は、主流市場で重視する性能指標と異なる性能指標を導入するところにあります。これによって、破壊的イノベーション理論の適用可能な事象が格段に拡がったのです。

自動車を例にとって説明しましょう。仮に、スピードつまり時速が主流市場で重視される性能指標だったとします。この状況下では、既存の支配的企業は高速走行の可能な強力なエンジンを搭載した大型自動車を開発し、多くの消費者は好んで大型自動車を購入することになります。

それに対して、少数派ですが、燃費を重視する消費者がいたとします。彼らはこの時点で、非消費者ないし非消費状況に置かれています。あるいは、あきらめて市場に出回っている高速走行可能な大型自動車を購入するかもしれません。後者の場合は、求める性能を上回る過剰品質の製品等の購入を既存企業から強いられていることになります。過剰満足の状態にあるわけです。

この状況下で、高速走行に関しては必ずしも大多数の消費者を満足させられないが、燃料効率の優れた小型自動車が市場に現れたとします。すると、価格が低廉ないし適切であることを前提にすれば、燃費を重視する消費者は燃料効率の優れた小型自動車を購入することになるでしょう。

言うまでもありませんが、可能性としては、新市場型破壊へと向かうことになります。新市場型破壊を導入することにより、破壊的イノベーション理論は二つの性能指標、つまりこの場合は高速走行と燃料効率を考慮できるようになるとともに、その適用範囲を格段に拡大することに成功したのです。

シュミットとドルエル（二〇〇八）は、新市場型破壊を「周辺市場型」と「遊離市場型」に区分しています。周辺市場型は顧客のニーズが主流市場のそれと似通っている状況を表しており、他方、遊離市場型は顧客のニーズが主流市場のそれと質的に極めて異なっている状況を表しています。ちなみに、シュミットたちはＨＤＤの破壊プロセスを周辺市場型と解釈しているようです。グローバルタスクフォースと山中（二〇一五）も、これと同様のモデル化による説明を試みています。

ここで、もう一つ付け加えておかねばならないことがあります。それは、主流市場で重視する指標は未来永劫にわたって不変なのかという点です。新市場で重視されていた指標からみて優れた製品等を大多数の消費者の欲するところとなれば、それが主流市場で重視される指標に置き換わると考えてもおかしくはないでしょう。自動車の例でいえば、かつての主流市場は高速走行重視であったところ、次第に燃費重視に移行していくことはないのか、ということになります。

この点について、ヘンダーソン（二〇〇六）は同様の状況変化が起こりうることを、菓子などの食品を事例として示唆しています。菓子の場合、かつては甘味などのおいしさが重視されていたところ、健康重視の風潮のなかで、栄養価値指向に移行したと指摘しているのです。

このように、主流市場と新市場との間の関係は相対的であるようにみえます。新市場型破壊を導入することによって、破壊的イノベーション理論は多くの製品ないしサービスのカテゴリーを分析するためのツールを獲得できるようになりました。その意味で、新市場型破壊の導入は大いに評価できるのですが、イノベーションに関わる事象を分析するときに主観や裁量が入り込む余地が大きくなった一面があります。

アカデミアの論争は尽きそうにありませんので、このくらいにしておきます。実践的には、新市場型破壊に関して次のような事項を考慮に入れることになるでしょう。

①当該製品がターゲットとしている新市場は、質的にどのくらい主流市場から「離れて」いるか。
②当該製品がターゲットとしている新市場の規模はどれくらいか。
③主流市場への侵入を支援し、進化を促すエネーブリング技術はあるか。
④新市場において継続して事業を進めるのか、それとも次第に主流市場に侵入していくのか。
⑤主流市場で重視する性能指標が変わることはないか。
⑥新市場で重視している指標が、大多数の消費者の欲する指標になり、主流市場を構成することにならないか。

製品等の性能は常に進化するか

破壊的イノベーション理論は、製品等の性能を表す軌跡に関して、次のような仮説を設けています。

①性能の変化は右肩上がり、つまり時間の経過とともに性能は向上していく。
②持続的および破壊的イノベーションに基づく製品等の性能変化はともに連続的である。
③イノベーションに基づく製品等の進化は、性能を対数で表示したとき、ほぼ直線で表せる。
④破壊的イノベーションに基づく製品等の性能の軌跡は既存の持続的イノベーションのそれの下方に位置していて、前者の性能は後者のそれに対して常に劣位である。
⑤破壊的イノベーションに基づく製品等の性能の軌跡と持続的イノベーションは各々一本だけである。

これに関わって、クリステンセン（二〇〇六）は、本質的な問題は破壊的イノベーションが改良されて、市場で消費者のニーズを満たせるだけの水準に達することであると述べたうえで、持続的および破壊的イノベーションに基づく製品等の性能の軌跡は平行であると指摘しています。しかし、持続的イノベーションと破壊的イノベーションは、通常依拠する技術が異なりますので、両者の軌跡が平行である必然性はなく、多少の勾配の差があって然るべきでしょう。

変化の激しい二一世紀の現在、イノベーションは不断に出現しています。破壊的イノベーションやその候補は絶え間なく開発されているはずです。ところが、破壊理論モデルでは通常、破壊的イノベーションの出現は一回だけ、一本だけしか記されておりません。しかし、実際には何回も、そして同時に何本もの破壊的イノベーションやその候補が出現しているはずです。

当該製品等に関わる性能向上率が、顧客の求める性能の上昇率より小さければ、破壊的イノベーション足りうるための必要条件を満たすことはなく、候補に留まりますし、論理的には自然に消え去っていくことでしょう。しかし、それは結果論です。支配的企業としては、常に身構えて対策を検討することになります。もちろん、図をわかりやすくするために簡略化しているのでしょうから、これを否定するつもりは毛頭ありません。しかし、イノベーション活動がさかんな現在、複数の破壊的イノベーション候補が時を同じくして出現することは大いに考えられます。

新たに表れたイノベーションのうちのどれが将来の破壊的イノベーションになるのか、既存企業としてどのイノベーションに対応すべきかを判別するのは、時に困難なことではないでしょうか。実際、キングたち（二〇一五）は、既存の支配的企業が凋落する原因の一つとして、「確率の法則」つまり破壊的イノベーションが出現したとき、「どのビジネスモデルが成功するかわからない。既存企業と新規参入企業では少数対多数であり、いずれかの新規参入企業が勝ち残る可能性があるが、そのどれかは事前には予測できない」と指摘しています。

さらに、キングたち（二〇一五）は、既存の支配的企業は何らかの「負の遺産」を抱えていることがあり、それがゆえに新興企業や新規参入企業に対抗できないことがあると指摘しています。その一例として、かつて米国の製鉄企業は年金支払いの重荷や労働組合の活発な活動に抗しきれずに凋落したのであって、日本企業の擁する破壊的イノベーションに対抗できなかったわけではないと主張しています。（前述のように、製鉄産業はレポーが取り上げている産業の一つです。）

こうした議論に加えて、製品等の性能変化を表す軌跡に関する留意事項を勘案すると、ビジネスを遂行する立場からは、次のようなことを考慮すべきでしょう。

①持続的イノベーションに依拠する製品等の性能は進化しているか、それともほとんど変わらないか。
②既存の製品やサービスに参入障壁はないか。公的な規制その他の拘束条件はないか。
③破壊的イノベーションに依拠する製品等の性能は進化しているか、それともほとんど変わらないか。
④持続的／破壊的イノベーションに依拠する製品等の性能の変化は連続的か、それとも非連続的か。
⑤破壊的イノベーションの候補は一つだけか、それとも複数あるか。複数の場合、どれが有望にみえるか。
⑥新市場に破壊的イノベーションの候補がある場合、それに依拠する製品等の性能は向上しているか、それともほとんど変わらないか。
⑦いずれの場合も、性能進化を促すエネーブリング技術はあるか。

製品等の性能に対する顧客ニーズは常に上向きか

破壊的イノベーション理論は、製品等の性能に対する顧客ニーズの軌跡について、以下のような仮説を設けています。

①ニーズの変化は右肩上がり、つまり時間の経過とともにニーズは上昇していく。
②ニーズの変化は連続的である。
③ニーズの上昇を対数で表示したときは、ほぼ直線になる。
④破壊的イノベーションに依拠する製品等の性能の向上速度は、顧客ニーズの上昇速度より大きい。
⑤顧客ニーズの分布は正規分布に従う。

クリステンセン（一九九七）は、顧客のニーズは時間の経過につれて高まっていくとしていますが、必ずしも自明ではありません。ＨＤＤやＰＣ、情報通信サービスなどのいわゆるハイテク製品や新サービスの多くはこれに該当しそうですが、料亭の日本料理や高級フランス料理などの食、あるいはブランド物のハンドバッグや装飾品などに対する顧客のニーズが時間の経過につれて目に見えて高まるとは考えにくいのです。彼らはあたかも人間の欲望は際限なく上昇すると考えているようですが、製品やサービスのカテゴリーによっては必ずしもそうであるとは限りません。

この点について、クリステンセンは『イノベーションへの解』（二〇〇三）のなかで、グッチなどのファッション・ブランドや高級化粧品などのぜいたく品に関してコモディティ化とブランド力の移動が起きるかどうか、これは何とも説明のしようがないと告白しています。

顧客ニーズの軌跡の変化に関して、クリステンセンは『イノベーションのジレンマ』（一九九七）のなかで、インテル社の提供するマイクロプロセッサを事例として、新製品等で実現した性能に合わせて、主流市場における顧客ニーズの軌跡を上方に移動させているのではないかと示唆しています。

また前述のように、ヘンダーソン（二〇〇六）は、新市場型破壊が顧客の嗜好の変化をもたらすことがあると指摘しています。つまり、お菓子などの食品に関して、当初はおいしさなどの味覚が重視されていたところ、健康志向の高まりによってダイエット食品など栄養価が重視されるようになったと述べています。

こうしたことから判断すると、顧客のニーズの変化は必ずしも増加関数であるとは限らないし、必ずしも直線では表されないことがあると考えておいた方がいいでしょう。

そうすると、ビジネスの実践活動からみて、次の点を指摘できるでしょう。

①製品等の性能に対する顧客ニーズは高まっているか、それともほとんど変わらないか。顧客のニーズが急に上昇ないし下降していることはないか。
②製品等の性能に対する顧客ニーズの変化は連続的か、それとも非連続的か。
③破壊的イノベーションに依拠する製品等の性能の向上速度は、顧客のニーズの上昇速度より大きいか。
④主流市場における製品の性能やサービスの品質に関して、顧客が望んでいる指標は変化していないか。
⑤顧客ニーズの分布は正規分布に従うか、それとも別の形状か。

破壊理論にはどれほどの予測能力があるか

破壊理論の予測可能性について、レイナー（二〇一四）は、レポーの指摘に答えて、これまでの予測可能性に関する説明は必ずしもわかりやすくないと述べたうえで、次のような持論を開陳しています。

破壊理論の予測とは、破壊的イノベーションが登場したとき、破壊の経路をたどる組織は持続の経路をたどる組織よりも成功する可能性が高いことだ。ただし、破壊的イノベーション理論の予測は成功の可能性に関するものであって、破壊的イノベーションの経路をたどれば直ちに成功するわけではない。破壊的イノベーションが登場したとき、破壊の経路をたどる組織は持続の経路をたどる組織よりも成功する可能性が高い。

私はこのあたりが破壊的イノベーション理論の着地点ではないかと考えています。前述のキングたち（二〇一五）の見解、つまり破壊的イノベーション理論は予測よりも警告として利用すべきだとの指摘は否定的に過ぎるように思います。破壊理論に関する前提条件がすべて成立するならば、クリステンセンたちが主張する破壊現象が生じるのは理にかなっています。実際、クリステンセンたちは一連の著作のなかで、破壊理論の予測能力の高さを誇っています。かつてクリステンセンと共同研究をしていたサーストン（二〇一四）は、レポーの批判に反撃するなかで、破壊的イノベーション理論に基づいて、新事業が生き残れるか、あるいは失敗するかに関する予測モデルを開発していると述べています。彼はそのなかで、予測モデルの信頼性について、次のように主張しています。

アイフォン、テスラ社、ラルフ・ローレン社などのケースではクリステンセンが誤りを犯しているのは確かだが、六六％の精度で予測が正しいのも事実である。科学は改良が標準であり、完全性を求めているわけではない。破壊理論は経営学の究極の解決策ではないが、この領域に確実に貢献しており、再現性を確保している。

サーストンは、彼の開発したデータ処理モデルは厳密な定義のもとに解析を行っているが、一方で多くの人々はルースで誤解を招く言辞を弄しており、破壊だと称しているスタートアップ企業の売り口上のほとんどはそうではないと述べています。彼の開発したソフトの内容を明らかにしてもらいたいものだと思います。

仮に予測能力が高いとしても、その予測結果がいつ実現するかも考慮しておく必要があります。たとえば、百貨店がディスカウント・ショップや専門店に破壊されるとしても、数年ではなくて何十年もかかるようでしたら、経営判断は自ずと異なってくることでしょう。

支配的企業が持続的イノベーションの軌跡を離脱することは合理的か

破壊的イノベーションが出現したとしても、既存の支配的企業はそれまでの持続的イノベーション活動を中断して、破壊的イノベーション活動に軸足を移すことが困難だと破壊理論は主張しています。これは、次の二つの理由によるものと考えられます。

第一は顧客志向です。市場指向、つまり優良な顧客の要求を満たすことが経営者の習い性であり、これから逸脱するのはなかなか困難です。破壊的イノベーションが出現したとして、それに対処するために優良な顧客を無視することで、当面のビジネスチャンスを逃そうとする経営者はまずいないでしょう。

これはクリステンセンがつとに指摘しているところです。つまり、一般に企業はある事業においていったん支配的な存在になると、外的変化に対応するのが困難になるのです。

第二は組織能力です。企業が持つ、どんなに素晴らしい組織能力でもいつかは陳腐化します。企業は、競争優位にある事業を日常業務として遂行することを通じて、企業の中核的な能力つまりコアコンピタンスを高めていきます。これに関して、レオナルド＝バートン（一九九五）は、企業はそれまで培ってきた組織能力に沿って日常業務を遂行することによって、肝心かなめの中核的能力が硬化してしまい、それまでコアコンピタンスであったものがコアレジディティに変質してしまうことがあると警告を発しています。

内部変革を遂行するには、強大なリーダーシップの発揮が必要です。時には、リーダーにそれだけの力が備わっていなかったり、そもそも変革することが合理的かどうか疑わしかったりすることがあるでしょう。こうした場合、破壊的イノベーションに対応すべく、組織内部で一致協力して組織変革を遂行することは困難です。つまり、企業はある事業においていったん支配的な存在になると、内的課題つまり内部組織を変革することが難しくなるのです。

それでは、破壊的イノベーションが出現したとして、それに対応することが既存の支配的企業にとって正しい、あるいは取るべき行動なのでしょうか。通俗的で勇ましい回答は「イエス」でしょう。これはヘンダーソンも指摘しているところですが、クリステンセンの論調にはそのようにみえることがあります。しかし、いくつかの点から見て、私はとても「イエス」ということはできません。つまり、

①さまざまなイノベーションが絶え間なく出現するなかで、眼前にあるイノベーションが果たして破壊的イノベーションなのか、あるいは将来破壊的イノベーションになるのか、必ずしも適切に判断できない。

②仮にそれが破壊的イノベーションであることがわかったとしても、それに対応するために内部組織を変革するには膨大なエネルギーと時間が必要である。

③これまでの経験によると、破壊的イノベーションを擁する企業が既存の支配的企業を完全に駆逐するわけではない。新旧のイノベーションが共存している産業も多いし、仮に既存企業が衰退するにしても、相当の時間がかかることがある。

5　破壊的イノベーション理論はイノベーション戦略のパラダイム転換といえるか

破壊的イノベーション理論は、ドミナント・デザイン（アバーナシーとアッターバック）、変革力マップ（アバーナシーとクラーク）、既存能力向上型／既存能力破壊型イノベーション（タッシュマンとアンダーソン）、アーキテクチュラル・イノベーション（ヘンダーソンとクラーク）、中核能力の硬直化（レオナルド＝バートン）、両利き組織（タッシュマンとオレイリー）など、およそ一九七〇年代以来ハーバード大学ビジネススクールにおけるイノベーション研究や技術経営研究のなか

で得られた知見を基に、市場の変化をモデルに組み込んで、これらを総合した理論体系です。技術の進化過程に市場つまり顧客ニーズの変化を導入したところに、クリステンセンの優れた独創性があります。

破壊理論は一見したところ複雑で、しかも逆説的な言説を内包しています。しかし、既存の理論に裏打ちされた説得力のある体系です。実際、米国では、そしてわが国でも、経営コンサルタントや実務家の間から絶大な支持を集めています。

クリステンセンは破壊的イノベーション理論を戦略経営論におけるパラダイム転換だと自負しています。パラダイム転換とは、クーンが『科学革命の構造』のなかで提唱している考え方で、それまでの世界観やものの見方、思考法を根本から覆して、新しい状態へと転換させることを言います。ヨーロッパ中世の天文学において、それまでプトレマイオスの唱える天動説が支配的であったところ、コペルニクスが地動説を唱えて、それまでの天文学の通説を否定し、その後ヨーロッパ社会に地動説が定着していった例が代表的で、このような事象をクーンは科学革命と呼んでいます。

周知のように、当初コペルニクスの提唱する地動説の予測精度は高くなく、地球を含む惑星は太陽を中心とした真円軌道を周回するといったいくつかの誤った仮説が含まれていました。しかし、天体観測などを通じて誤りが修正されるにつれて、地動説がプトレマイオスの天動説を覆すに至り、近代科学の誕生へと連なっていきます。

この故事になぞらえているのでしょうか、クリステンセンは例外的な事象が出現したときは理論を修正して、より完成度を高めていきたいと言明しています。しかし、これまでの経緯を振り返ってみると、破壊理論は例外事象を組み込むことにより、適用範囲を拡大してきた反面、むしろ現実をモデルに合わせるところになっているようにみえます。

破壊理論のどこが問題なのでしょうか。はなはだ逆説的ですが、確固たる理論と明晰な論理によって構築された総合的な理論体系であるがゆえに、どこに中核的な概念があるのかが曖昧になっているところに課題を抱えているようにみえます。一つ一つのロジックは確固たる知見に裏打ちされているのですが、破壊理論は何段階かの過程を経て進行するので、「風が吹けば桶屋が儲かる」式の論理展開になりかねない危うさがあります。

クリステンセンたち（二〇一五）は、事象の解釈と分析には微妙でコツがいる（tricky）と述べています。こうした記述を見ると、私などは「破壊」が福音（ゴスペル）になり、挙句の果てに決り文句と化してしまうのではないかと考え込んでしまいます。

破壊的イノベーション理論の提唱以来二〇年余りが経過した今、いいとこ取りとかトートロジー（同語反復）などと批判されず、予測精度が高いと評価されるためには、課題を整理したうえで、一層の理論的かつ実証的な解明を行うことが必要です。その意味で、最近伊神（二〇一七）はクリステンセンが活用したのと同じＨＤＤ製品の長期に及ぶデータを用いて、経済学の視点から「イノベーターのジレンマ」の成立条件を検証しています。大変興味深い研究で、さらなる発展を期待しています。

米国では破壊理論をめぐって、白熱した論争が幾度か繰り広げられてきました。アカデミアからの批判は依然として根強いものの、破壊理論は卓抜したイノベーション理論であり、戦略論であることは相違ありません。今一度原点に立ち返るとともに、「信ぜよ、さらば救われん」ではない、実証的かつ理論的な解明が求められているのです。

第七章　破壊的イノベーションの事例
―太陽光発電技術に関わるシステムの形成過程―

「おごれる人も久しからず、只春の夜の夢のごとし。たけき者も遂にはほろびぬ、偏（ひとえ）に風の前の塵（ちり）に同じ」平家物語

本章は、太陽光発電技術に関わるシステムの形成過程について、破壊的イノベーションに着目しつつ、関連の技術開発や企業の活動ならびに国の関わりに焦点を当てて検証します。

多くの人々が二一世紀は知識基盤社会だとか学習社会だと指摘しているように、知識の習得や創出、そしてその活用が社会や経済の発展と成長にとって不可欠の時代になっています。いまや、イノベーションを創出するとともに、そこから価値を生み出すことは、企業が発展し成長を遂げるために避けることのできない経営課題です。

国にとっても、企業がイノベーションを創出し、活用することによってもたらされる経済成長の実現が最重要の政策課題の一つとなっています。たとえば、二〇一六年に発表された第五期科学技術基本計画は、科学と技術の振興に加えて、イノベーションの創出とそのための人材育成を重点的な政策課題の一つとして取り上げています。

イノベーション活動が活発に行われて、多くのイノベーションが創出されるためには、適切な制度と、企業によるイノベーション活動、そして科学・技術知識の蓄積や技術開発に関わる体制が整備されていることが不可欠です。イノベーション研究分野では、こうした体制のことを「イノベーション・システム」とか「イノベーションのシステム」、「イノベーションに関わるシステム」などと呼んでいます。一般には、イノベーション・システムと呼ぶことが多いようですけれども、そう

しますと、昨今はイノベーションの価値連鎖システムと混同されやすいように感じます。そこで、ちょっと長いですが、イノベーションに関わるシステム（あるいは、略してＳＩ）と呼ばせてもらいます。

わが国のＳＩを検証するために、太陽光発電技術のＳＩ形成過程を事例として取り上げます。太陽光発電技術の開発は、シャープが先駆けとなり、一九五〇年代に研究開発が開始されています。その後一九七〇年代になると、折からのオイルショックや環境汚染に伴ってエネルギー問題や環境問題に注目が集まるところとなり、国の政策として政府主導によるサンシャイン計画が実施され、やがて太陽光発電技術の開発が脚光を浴びることになります。なお、島本（二〇一四）はサンシャイン計画に関わる一連の経過を克明に調査分析しておりますので、興味のある方はこれをご覧ください。

サンシャイン計画のもとで、いわゆる産学官の連携による研究開発が推進され、一九九〇年代から二〇〇〇年代初めにかけて、シャープを始めとするわが国の太陽電池メーカーは世界のトップクラスの位置を占めるところとなりました。しかし、主として二〇〇〇年初頭以降に台頭してきた中国、ドイツ、米国などの新興の太陽光発電メーカーが世界の太陽光発電市場を席捲し、二〇〇〇年代半ば以降、わが国のメーカーは軒並み後退の一途をたどっていきます。

それでは、太陽光発電製造産業において、何故わが国の企業は後退を余儀なくされたのでしょうか。あらかじめ結論を述べますと、私は日本の既存の企業が破壊的イノベーションの出現に適切に対応できなかったからだと考えています。そして何よりも、日本のＳＩが適切に作用しなかったからだと考えています。

国の科学技術政策や産業政策においてイノベーションの創出と言う場合、そのほとんどは根元的で持続的なイノベーションの創出に偏っているようにみえます。たとえば、前述のイノベーション25の論調を思い出してください。そこで想定されているのは、必ずしも持続的イノベーションではないかもしれませんが、根元的イノベーションの創出に主眼が置かれています。

これに加えて、わが国の社会的な諸制度の特徴は利害関係者間の調整を重視するところにあります。その結果、わが国のＳＩは、ラジカルで持続的なイノベーションの創出には適しているが、破壊的イノベーションの創出には不都合なシステムに陥っているようにみえます。

この仮説のもとで、太陽光発電技術のSI形成過程について、研究技術開発や企業のイノベーション活動ならびに国の政策などの観点から検証することにします。まずは、SIについて簡単に触れることにしましょう。

1　イノベーションに関わる日本のシステムの特徴

イノベーションに関わるシステムつまりSIの分析が解明すべき主要な課題は、一定のシステム境界の内部で生起するイノベーション過程の因果関係を明らかにし、それを評価することです。そのうえで、SIの失敗が検出された時は、その原因を探るとともに、社会システムの到達目標と照らし合わせてその方向を修正することなどにより、イノベーション活動を活発にするべく、諸制度の改革や諸政策の立案に資するところにあります。このことを念頭において、以下わが国のSIについて検証していきます。

日本のシステムは奇跡の経済成長の源泉

フリーマンは第二次世界大戦後の日本の目覚ましい経済発展について、イノベーションに関わる国のシステム（以下NSIと略記します）という概念を導入して検証し、その結果を『技術政策と経済成果』にまとめています。一九八七年に出版されていますので、今から三〇年ほど前のことです。その中で彼は、「公的ないし私的部門内にある諸制度のネットワークであって、各部門の活動や相互行為が新技術を起動させ、取り込み、修正し、普及させるところとなるもの」をNSIと呼ぶと説明しています。

この概念に基づいて実証的な調査を行った結果、フリーマンは日本のNSIに特徴的な要因を次のように挙げています。

①通商産業省（現在の経済産業省）の役割

②輸入技術やリバースエンジニアリングとの関連で、企業の研究開発戦略の役割（生産システムの設計と開発に対する新たな統合的手法を開発させるに至った、企業の研究開発戦略）

③教育や訓練、そして関連する社会的イノベーションの役割

④コングロマリット的な産業構造（マーケティング、教育訓練、技術的活動に対して長期的な戦略投資を行うのに格別に適した産業構造の発展）

私には、他ならぬこの「診断書」のなかにイノベーションの創出と活用、国際的な競争力などに関して日本が現在抱えている課題が凝縮されていて、かつては日本のＮＳＩにおいて長所と思われていた特質がことごとく逆機能として作用しているようにみえます。

一九九〇年代以来長期の低迷が続く日本の経済と国際競争力

周知のように、一九九〇年代初頭以降、わが国の経済成長率は鈍化し、国際競争力も低迷してまいります。実際、日本のＧＤＰは一九九〇年代初め以来ほとんど四兆ドルから六兆ドルの間で推移しています。それに加えて、、この変動の一半は円ドルの為替レートによるもので、名目ＧＤＰを円で換算しますとおおむね五〇〇兆円前後になります。しかも、日本の一人当たりＧＤＰは二〇一五年現在世界ランクで二〇番台に留まっています。

一方、この間に米国やドイツは堅調に成長を遂げてきました。また、中国は顕著な経済成長を実現しており、二〇〇九年に日本を抜いてＧＤＰ世界第二位になった後も依然として年率６％以上の高成長を遂げています。

次に、わが国の国際競争力について、ＩＭＤが公表している国際競争力指数に基づいて検証してみます。ＩＭＤはスイスに拠点をおくビジネススクールで、一九八九年以来毎年世界各国の競争力指数を発表しています。ＩＭＤの競争力指数は先駆的な国際競争力の比較調査であり、一般の注目度が高く、マスコミ等でしばしば引用されているので、ご存知の方も多いでしょう。

ＩＭＤの競争力指数は各国の経済成果、政府の効率性、事業の効率性、および社会基盤に関わる指標を総合したものであり、考慮する指数の選択や総合する方法など主観的な要素が内在しているとともに、時に評価方法の変更がありますが、各国の傾向を長年にわたって観察すると、その消長が明らかになってきます。

過去十年間ほどにわたる日米中独の国際競争力指数の推移（表7・1）をみると、一九九〇年代初頭には世界第一位を誇っていた日本の競争力は、二〇一四年に若干回復したものの、最近十年ほどの間、二〇位から三〇位近辺を前後しています。中国もほぼ日本と同じ順位ですが、最近はおよそわが国の上位にあります。一方、米国はほぼ一貫して最上位ないしその近傍にあり、ドイツも十位前後のポジションを保っています。

表7・2は日本の最近七年間の競争力指数を項目ごとに表したものです。社会基盤に関する指数は比較的上位にあるものの、特にランクの低いのは政府の効率性です。これは政府の巨額の債務が主要な原因で、これが日本の総合順位を押し下げているものとみられます。

一方、WEF（世界経済フォーラム）が公表している国際競争力ランキングによると、日本はおおむね上位のポジションを維持しています。WEF国際競争力ランキングの調査項目は、インフラ、教育、労働市場、金融サービス、ビジネスの洗練度などで、IMDの調査項目とは若干異なります。IMDの国際競争力指標の方がマスコミなどに取り上げられることが多いのですが、国際競争力は各調査機関が採用している評価指標によって相互に違いのあることがみてとれます。こうしたことから、必ずしも一概に日本の国際競争力が低いとは言えないのですが、WEFの指標をみても日本は米国やドイツの後塵を拝しています。なお、WEF国際競争力ランキングを詳しくみると、産学連携や先進技術製品の政府調達といった分野でわが国の評価が低いようです。

やや大雑把な判断ですが、一九八〇年

表7-1　IMD世界競争ランキングの推移

	日本	米国	中国	ドイツ
2006	16	1	18	25
2007	24	1	15	16
2008	22	1	17	16
2009	17	1	20	13
2010	27	3	18	16
2011	26	1	19	10
2012	27	2	23	9
2013	24	1	21	9
2014	21	1	23	6
2015	27	1	22	10
2016	26	3	25	12

表7-2　IMD世界競争力ランキング（日本）

	全体の成果	経済成果	政府の効率性	事業の効率性	社会基盤
2010	27	39	37	23	13
2011	26	27	50	27	11
2012	27	24	48	33	17
2013	24	25	45	21	10
2014	21	25	42	19	7
2015	27	29	42	25	13
2016	26	18	37	29	11

代にフリーマンが日本のＮＳＩを分析した当時と比較すると、わが国の国際競争力は、急激ではないにしても、長期的な低下傾向にあることがわかります。もちろん、日本の経済力は依然として大きいものがあることは間違いありません。現在の日本の人口は世界の一・七％程度である一方、世界各国・地域のＧＤＰ合計に占める日本の割合は六％を超えています。世界の各国・地域と比較して、日本は依然として高度の経済水準を保っているとともに、国民は相対的に豊かな生活を享受しているのです。そもそも先進国の仲間入りを果たせば、その後は経済成長が鈍化するのは当然です。むしろ、わが国が一九六〇年代や七〇年代と同程度の成長を続けていたとすれば、それこそ奇跡だったことでしょう。

それでも、国際競争において上位を争うには物足りない、つまり、「生ぬるいビール」か「冷めた紅茶」のようなもので、それなりに飲めるけれども、「そこそこ」で「まあまあ」のレベルに甘んじているのではないか、との見方が多いようにみえます。その意味で、大変皮肉なことですが、フリーマンが日本の経済発展を分析した一九八〇年代がイノベーションの創出と活用ならびにその成果としての経済発展という点で、日本のもっとも華々しい時代だったのかもしれなません。

それでは当時フリーマンが摘出した日本のＮＳＩの特質は、一九九〇年代以降の日本の技術開発やイノベーションの創出、そして産業の発展にどのように機能してきたのでしょうか。次に、一九七〇年代以降、日本政府と産業界が中心になって推進してきた太陽光発電技術の開発と事業化の過程を事例として、これを検証することにします。

2　太陽光発電技術に関わるシステムの形成過程―日本の企業は何故凋落したか―

わが国は、環境保全やエネルギー安全保障などの観点から、太陽光や風力など再生可能エネルギーの活用に関わる種々の研究開発を進めるとともに、ＲＰＳ（電気事業者による新エネルギー等の利用に関する特別措置法）制度やＦＩＴ（電気事業者による再生可能エネルギー電気の調達に関する特別措置法）制度を導入することによって、再生可能エネルギーを活用した発電設備の普及を図ってきました。ここでは、主として二〇一一年にＦＩＴ制度が制定されるまでの知識の発展過程、企業や政府などのアクターの活動、諸制度の導入や変更などに着目しながら、太陽光発電技術のＳＩ形成過程を説明することにします。

太陽光発電システムは、主要部分である太陽電池に加えて、集電箱、ＰＣＳ（パワーコンディショナー）、保護継電器、各種センサー、データ計測装置、変圧器などから構成されています。太陽電池単体をセルと呼び、太陽電池セルを組み立てて太陽光パネルが製造されます。太陽電池には単結晶シリコン、多結晶シリコン、シリコン薄膜その他多くの種類があり、現在は多結晶シリコン素子が太陽電池の大宗を占めるところとなっています。

太陽電池の進歩には著しいものがあり、一九八〇年頃の発電効率は最大二〇％強であったところ、二〇〇〇年頃には三〇％を、二〇一〇年頃には四〇％を超えるに至っています。なお、現在実用されている太陽光発電装置の発電効率はおよそ二〇％弱と言われています。

太陽光等の再生可能エネルギーを本格的に活用するためのわが国政府による研究調査活動は、少なくとも一九七四年に開始されたサンシャイン計画に遡ることができます。それ以後、政府は新エネルギー総合開発機構（ＮＥＤＯ）を一九八〇年に設立するなど、太陽光発電を含む新エネルギー利用技術の導入を図るべく積極的な政策運営を行ってきました。

この間に政府が実施した研究開発プロジェクトの予算の推移をみてみますと、最近十数年間は実用的な開発に予算が投じられていることがわかります。基礎的な研究段階を過ぎ、効率化や実用化研究に向かっているからでしょうか、ナショナルプロジェクトとして実施されていた一九八〇年代頃と比べて近年の予算額自体は激減しています。

産業界においては、シャープが一九五〇年代末期に太陽電池についての研究開発を開始したのを皮切りに、三菱電機が一九七四年に、そして松下電器産業と京セラが一九七五年に研究開発活動を始めています。やがて一九九〇年を過ぎる頃になると、徐々に太陽電池事業に参入する企業が増えてきます。こうした努力が実を結んで、一九九〇年代から二〇〇〇年初頭にかけて、世界的にわが国の企業が太陽光発電技術の開発および市場シェアに関して支配的な地位を獲得するに至りました。

しかし、二一世紀に入ると状況は一変します。太陽光発電事業や関連の技術分野においてドイツ、中国、米国などの新興企業が伸長してくるのです。わが国では年間の太陽光発電量は他の電源と同程度の平均的な成長率に留まる一方、太陽電池の世界市場での日本企業のシェアは年々低下の一途をたどることになります。皮肉なことに、この時期は第一次エネルギー基本計画が策定（二〇〇三）されるとともに、再生可能エネルギーの活用を一層促進するべくＲＰＳ制度が導入された時期に重なります。

ＲＰＳ制度、つまり「電気事業者による新エネルギー等の利用に関する特別措置法」は二〇〇三年に導入されました。これは、電力の小売を行う事業者に対して、販売電力量に応じて新エネルギー等を一定割合利用することを義務づける法律で、二〇〇二年六月に公布され、二〇〇三年四月に施行されています。同制度は風力、太陽光、地熱、中小水力、バイオマスを新エネルギーと定義したうえで、二〇一〇年度において一二二・〇億ｋＷｈの発電量、即ち総発電量に占める新エネルギー起源の電力の割合を一・三五％とすることが目標とされていました。

国内の太陽光発電施設の発電容量は、ＲＰＳ制度が導入された二〇〇三年には二五〇ＭＷ程度でした。一方、住宅用太陽光発電の補助制度にかかる国の予算額は二〇〇三年の二〇〇億円強をピークにして漸減しており、二〇〇五年に補助金が打ち切られています。しかし、同補助金は二〇〇八年に復活されるとともに、二〇〇九年に新エネルギー活用強化策が打ち出されて以降、補助額は約四〇〇億円に急増しています。

政府や産業界の活動により、ＲＰＳ制度が当初目標としていた指標は滞りなく達成されました。しかし、この間に新エネルギーをめぐる世界の情勢は大きく変わっていたのです。世界の一部地域、とりわけドイツやスペインなどヨーロッパでは、太陽光発電を始めとする新エネルギーの活用が著しく進展していました。太陽光発電設備容量の推移をみると、日本は二〇〇五年にドイツに追い抜かれています。

太陽電池を始めとする、太陽光発電装置の製造についてはどのような経過をたどったのでしょうか。表７‐３は二〇一五年における世界の太陽光発電装置メーカーのランキングです。これをみると、中国企業が六社、台湾企業

表 7-3　世界の太陽光発電装置メーカーのランキング（2015）
（Runyon, 2016 より）

順位	企業	国・地域	世界シェア
1	Trina	中国	7%
2	JA Solar	中国	7%
3	Hanwha-Q-Cells	韓国	7%
4	Canadian Solar	中国	5%
5	First Solar	米国	5%
6	Jinko Solar	中国	5%
7	Yingli	中国	5%
8	Motech	台湾	4%
9	NeoSolar	台湾	4%
10	Shungfeng-Suntech	中国	4%

二社、そして韓国と米国の企業がそれぞれ一社ずつトップテンに名を連ねている一方、ほんの十年ほど前には太陽光発電装置の製造において世界の最上位に君臨していた日本企業は全く消え去っています。

二一世紀に入って以来、科学技術立国を標榜する日本は、太陽光発電事業の分野で世界の潮流に乗ることができなかったのです。太陽光発電の実績を世界の趨勢と比較すると、太陽電池製造に関して低迷状態にあると言わざるをえません。わが国の太陽光発電装置製造企業は中国などの企業の後塵を拝することになってしまったのです。

何故日本の企業は太陽電池の製造ビジネスで一時期世界のトップランクにありながら、これほどまでに凋落したのでしょうか。あるいは、何故日本の企業は外部環境の変化に対応できなかったのでしょうか。日本に特有の課題が存在するのでしょうか。このような問題意識を持ちつつ、太陽光発電技術のＳＩ形成過程について考察してみます。

順調な滑り出し―ナショナルプロジェクトとしてのサンシャイン計画―

一九七〇年代以降二〇〇〇年代初頭に至るまで、日本は太陽光発電技術の開発において世界のトップグループにいました。太陽光発電システムの心臓部といえる太陽電池は当初、欧米で開発が進められており、わが国ではシャープが一九五〇年代にその開発に着手しています。その後一九七〇年代頃には政府が先導するサンシャイン計画のもとで太陽光発電装置の開発が積極的に進められ、わが国の有力企業の多くが参加するなか、政府から多額の予算がつぎ込まれました。

〈さまざまな施策や制度の導入における政府の役割〉

太陽光発電技術の開発と普及において、政府とりわけ通商産業省（現経済産業省）は一貫して大きな役割を果たしてきました。第一は国策としてのサンシャイン計画の推進です。同計画の終了後も、技術システムの効率化の推進や設備の普及を促進するために、多額の予算を配分して、さまざまな施策を講じてきました。

第二は産業間の調整です。通産省は太陽光発電技術の開発など再生可能エネルギーの活用を推進するとともに、二〇〇一年にはＲＰＳ法の制定を主導しました。ＲＰＳ制度の導入は、一面では太陽光発電等のいわゆる新エネルギーの活用促進を謳うものでしたが、他面ではこれまでの電力政策に基づいて、発電事業をめぐる既存の産業構造の維持を企図するものでもありました。フリーマンは、イノベーションに関わる日本のシステムの特徴として、通産省を始めとする中央省庁の果たした役割の大きさを挙げており、太陽光発電技術の開発や推進においても、その力を遺憾なく発揮していたことがわかります。

一連の太陽光発電技術の開発や関連製品などの普及過程をみると、そこには日本に特有の調整型市場経済の特徴を垣間見ることができます。ホールとソスキスたち（二〇〇一）は、「資本主義の多様性（ＶｏＣ）」という概念を導入するとともに、資本主義を「自由主義的市場経済（ＬＭＥｓ）」と「調整型市場経済（ＣＭＥｓ）」に大別しています。資本主義の多様性とは、企業を資本主義経済の中核的なアクターとみなす企業中心的な政治経済論で、企業は技術変化や国際競争に直面する主要な活動主体であり、企業の諸活動が集約されて全般的な経済成果が達成されるという考え方です。

そのうえで彼らは、ＬＭＥｓにおいては「企業は主に階層と競争的市場を通じてその活動を調整する。市場関係は競争とフォーマルな契約関係という文脈における財やサービスの公正対等な（腕の届く距離の）交換によって特徴づけられる」と指摘しています。一方、ＣＭＥｓにおいては、「企業がその活動を他のアクターと調整したり、そのコア・コンピタンスを構築したりするために、非市場諸関係にヨリ大きく依存している。こうした調整活動の非市場様式は、一般的にヨリ広範な関係依存的ないし不完備な契約、ネットワーク内の私的情報の交換に基づくネットワーク・モニタリング、および企業のコンピタンスを構築する—競争的ならぬ—共同的な関係へのヨリ大きな信頼を伴って」おり、「企業行動が調整されていく均衡は、企業間や他のアクター間の選択的相互作用の結果であることが多い」と述べています。これに加えて彼らは、米国や英国などはＬＭＥｓに、ドイツや日本はＣＭＥｓに含まれると指摘しています。

彼らが主張するＶｏＣは、フリーマンがわが国のＮＳＩの特徴の一つと指摘する「マーケティング、教育訓練、技術的活動に対して長期的な戦略投資を行うのに格別に適した産業構造」を想起させます。前述のように、これは太陽光発電に関わる技術開発や事業化の展開においても等しく通底するものだったのです。

〈旺盛な企業活動〉

戦後日本の経済発展に総合電機産業や自動車産業などの製造業が大きな貢献を果たしたことはつとに指摘されているところです。一九八〇年代、こうした産業に属する大手製造業の多くは、研究・開発の実施から機械や装置の設計・製造、そして流通・販売に至るまで一貫して行っていました。ここでは、こうした企業を「統合型企業」と呼ぶことにします。

第二次世界大戦終了以後の目覚ましい経済発展のなかで、工学部等を卒業した多くの学生は総合電機産業やエレクトロニクス産業、重機械工業、自動車産業などの製造業にその職を求め、製品開発や生産システムの設計に従事していました。日本的雇用の特徴である終身雇用、年功序列、企業内組合などと相俟って、毎年大量に輩出される大学卒のエンジニアや研究者の存在が当時の日本の産業の強みだったのです。

太陽電池の製造についてもこうした制度や慣習がすべからく踏襲されました。たとえば、シャープや三洋などの大手総合電機メーカーには、主として工学部や理学部を卒業した多くの優秀な学生が就職し、技術者や研究者として活躍しています。彼らが中核となって、太陽電池セルの研究・開発から製造、太陽光発電設備の組み立て、販売に至るまで、一貫した製造・販売体制の確立を目指していたのです。

国策としてサンシャイン計画を推進していた一九九〇年代まで、太陽光発電に関わる技術開発と事業化計画はまさしく絵にかいたような勝利の方程式をたどっていました。一九七〇年代当時、通商産業省の主導と庇護のもと、主要大手電機メーカーがメインフレーム・コンピューターやビデオテープレコーダなどを開発したのとほとんど同じ経過をたどりながら、太陽光発電装置の開発が進められてきたのです。

しかしながら、一九九〇年代太陽光発電に関わる技術開発と事業化に関して、一九七〇年代当時と違う点が少なくとも一つありました。それは、これまで発展途上国と呼ばれてきた一部地域や諸国の急速な経済発展と成長です。おおよそ一九八〇年代以降、韓国、台湾、香港、シンガポールなど比較的中小規模の地域や国家の経済的な発展が顕著になってきます。これらの国や地域は当時ＮＩＣｓと呼ばれていました。次いで、中国、ロシア、インド、ロシア、南アフリカなどＢＲＩＣＳ

と呼ばれることになる諸国が台頭してきます。この後すぐに述べますが、太陽光発電技術の分野では、特に中国企業の活動が顕著でした。

外部環境の変化―アジアを中心とした発展途上国の勃興―

二〇〇〇年代に入ると、太陽電池セルの製造を含めて太陽光発電産業をめぐる外部環境は一変します。太陽光発電に関わる技術開発の進展に伴って、太陽電池セルを製造したり、セルをモジュール化したりする技術が確立され、太陽電池セルの製造装置や、セルからモジュールを製造する装置を外販する企業が現れてきます。それにつれて、太陽電池セルやモジュールの製造、太陽光発電装置の組み立てなど太陽光発電施設に関する一連の工程の分業が進展し、各工程のみに携わる専業メーカーが成長してきます。ここでは、これらの企業のことを、「統合型企業」に対して「専門型企業」と呼ぶことにします。

二〇〇〇年代初頭、中国の太陽光発電産業は弱小でした。当時、太陽電池セルを製造するには高度の技術知識が必要でしたが、太陽電池セルをモジュール化してパネルを製造したり、パネルを使って太陽光発電装置を組み立てたりする技術はそれほど高度ではありませんでした。これに目を付けた中国の新興企業は、地元の安い労働力を駆使することにより、太陽電池セルを輸入してモジュールを製造するといった事業を開始します。また、こうして製造されたモジュールを使って太陽光発電装置を組み立てたりする専門型企業が設立され、これらの企業が急成長を遂げるようになります。

やがて、太陽電池セルの製造装置が標準化されるにつれて、技術的な経験の浅い企業でも、太陽電池セル製造装置を外部企業から購入することにより、シリコン・インゴットから太陽電池セルを製造することができるようになってきます。その結果、太陽電池セルの製造において、技術力の有無よりも、安い労働力を確保した専門型企業が優位に立つことになったのです。

この時期、事の発端はＥＵ諸国における環境意識の高まりと、それに呼応した太陽光発電など再生可能エネルギーを活用した技術の普及でした。ドイツでは二〇〇〇年にＦＩＴ制度が導入され、それ以降急速に再生可能エネルギーを利用する機運が高まってきます。また、スペインでも二〇〇六年に太陽光発電の活用を促進する施策が導入され、その後多くのＥＵ諸国が追随するところとなりました。

この機運に即応して太陽光発電設備を供給したのが、主として中国、ドイツそして米国の太陽光発電設備の製造に関わる新興企業でした。これらの新興企業は、高まる需要に対応して、資金を国際金融市場から調達のうえ、太陽電池の生産力を拡張し、もたつく日本の既存大手企業を尻目に、瞬く間に世界の太陽光発電市場のシェアを獲得していったのです。

破壊的イノベーションの出現—逆説的だった太陽電池製造技術の確立—

二〇〇〇年代前半まで、日本の主要な企業は太陽光発電パネルの市場シェアにおいて世界のトップの座を確保していましたが、その後急速にシェアを落とすことになります。小川（二〇一四）は日本企業のエレクトロニクス製品の市場シェアの推移を克明に調べています。そのなかで小川は、二〇〇四年当時の日本企業は太陽電池製造に関して五〇％程度の市場シェアを獲得していたが、二〇〇七年には二〇％程度に急減したと指摘しています。

かつて日本の企業が太陽電池の技術開発を主導していたところ、当該産業の事業化がまさに本格化した段階で、瞬く間に世界市場のシェアを失ってしまったのです。何故シャープを始めとする日本の錚々たるハイテク企業は中国や欧米の新興企業の出現を前に、太陽電池市場からの後退を余儀なくされたのでしょうか。

ＮＩＣｓやＢＲＩＣＳなどに拠点を置く新興企業が伸長する以前であれば、もしかすると司令塔たる経済産業省がサンシャイン計画を主導するもとで、日本の既存大手企業の採択した事業計画が成功を収めたかもしれません。しかし、二〇〇〇年代以降徐々に太陽電池の製造工程がモジュール化される状況下で、日本の既存企業が製造した高品質の製品は、中国企業を始めとする新興企業による低品質だが低価格の製品に圧倒されることになってしまいました。これらの新興企業は、金融市場で資本を調達するとともに、技術力を向上させてきたのです。端的に言えば、破壊的イノベーションの出現が日本の太陽電池製造に関わる既存大手企業の市場シェアを奪うことになったのです。

破壊的イノベーション理論の説くところによれば、日本の既存大手企業が太陽光発電技術の分野で凋落した要因として次の三つを挙げることができます。その第一は、日本の企業は持続的イノベーションにこだわるあまり、中国等の新興企業が進めてきた破壊的イノベーションに対抗しえなかったことです。

第二は、太陽電池の製造や太陽光発電設備に関わるモジュール化が進行し、構成要素ごとに専門型企業が進出してきたにもかかわらず、日本の太陽光発電装置を製造する大手企業は統合型の事業に拘泥しつづけたことです。つまり、太陽光発電装置のモジュール化の潮流にわが国の統合型企業は追随できなかったのです。

そして第三は、日本の既存の大手企業はいずれも多角化の進んだ企業であって、太陽電池製造は主流の事業ではなかったことから、市場の動向を見極めたうえで俊敏な対応を取ることができなかったとともに、十分な資金調達を行うことができなかったのです。

たとえば中国を拠点とするサンテックパワー社は、日本の企業のように高性能の太陽電池セルを提供することはできませんでしたが、太陽電池セル製造装置を外部から調達することにより、結果としてドイツやスペインの需要を満たす程度の品質で、低価格の製品を提供することに成功しました。

ドイツのQセルズ社や米国のファーストソーラー社は安価な労働力を確保するために、マレーシアに工場を建設しました。また、ファーストソーラー社は、低品質ですが、低コストで生産できるCdTe型太陽電池に特化することで市場を獲得することに成功しました。一方、日本企業は持続的イノベーションに固執するあまり、既存の日本国以内の顧客を重視して高性能化を追求した結果、中国等の新興企業による安価な太陽電池システムの出現を前に劣位に立たざるをえなかったのです。

このようにして、中国やドイツ、アメリカの新興企業が太陽電池製造のために導入した破壊的イノベーションは、シャープなど日本の既存大手企業の持続的イノベーションを圧倒しました。これらの新興企業は太陽電池製造設備を外販する企業からターンキー方式などによって設備を導入し、標準的な方式で太陽電池セルを生産したのです。

これは意図したものではなく、むしろ必要に迫られた創発的な行動であったと推察されます。こうして生産された太陽光発電設備は、二〇〇〇年代半ば以降ドイツやスペインで突如として発生した巨大な需要を満たすことに成功したのです。なお、以上の点について、破壊的イノベーションには言及していませんが、夫馬（二〇一一）や丸川（二〇一三）も同様の分析を行っており、本論はこれを参考にしています。

3　太陽光発電事業の経験から得られる教訓

太陽光発電技術に関わる前記の検証から、我々は破壊的イノベーション理論に基づいて、いくつかの教訓を得ることができます。ここでは、技術とイノベーションの関係、および統合型企業から専門型企業への競争優位のポジションの移行について触れることにします。

同じ技術から破壊的および持続的イノベーションが生まれる

技術とイノベーションの関係で考慮すべき第一のことは、同じ技術を使っていても、ローエンド市場向けの製品を開発することもできるし、既存の市場を持続させ維持させる製品を開発することもできることです。言うまでもなく、前者は中国などの新興企業が開発に成功した、破壊的イノベーションに基づく製品です。これに対して、後者は持続的イノベーションに基づく製品開発で、日本の既存企業は高価格だが高性能の太陽光発電設備の生産を鋭意推し進めたのです。

第二は、同じ技術開発でも、国の社会経済状況によっては持続的イノベーションに基づく製品と認識されることもあれば、破壊的イノベーションに基づく製品と認識されることもあることです。この点について、日米の自動車産業は同様の事象を一九七〇年代前後に経験しています。これについて次に簡単に触れておきましょう。

第二次世界大戦後、トヨタ自動車工業や日産自動車を始めとして日本の自動車メーカーは、当時の日本の消費者に手の届く程度の価格で、劣悪な道路事情や交通事情にあわせて開発された小型乗用車を国内向けに製造販売していました。米国の乗用車と比較して、日本の国内市場に投入された小型乗用車はとても高性能と言える代物ではありませんでした。当時日本で生産されていた小型乗用車は、トヨタ生産方式などの改善的な手法に基づいて開発された持続的イノベーションの賜物だったのです。

こうした状況のもと、一九七三年末に勃発したオイルショックによってガソリン価格が急騰します。わが国にとっては降ってわいたような僥倖のお陰で、日本は米国への小型自動車の輸出を急増させた一方、米国の大手自動車産業は苦境に追い込まれたのです。

米国の消費者にとって、日本の小型乗用車は、乗り心地や快適性など自動車の品質（性能）はあまり満足のいくものではありませんでした。しかし、低価格で燃費の良いつまりランニングコストの低い乗り物で、これはまさしく破壊的イノベーションだったのです。当時のGEやフォードなどの米国自動車メーカーは、日本からビジネスの仕方が異なる企業が参入してきた結果、市場の競争が激化する状況に追い込まれることになったわけです。

太陽光発電の場合、その主要な市場はヨーロッパでした。サンテックパワー社を始めとする太陽光発電専業のスタートアップ企業は、二〇〇〇年代半ばに突如として誕生したヨーロッパの巨大市場に、破壊型イノベーションに基づいた太陽光発電装置をもって一斉に参入したのです。これにたいして、高性能ではあるが高価格の太陽光発電設備に拘泥した日本企業は、太陽電池の生産量こそ着実に増加させたものの、世界規模で見ると市場シェアを拡大することができませんでした。歴史が繰り返したのです。

グローバル化がすさまじい勢いで進行している現在、思わぬところから破壊的イノベーションとみなすべき製品やサービスが従来のライバル企業とは異質の企業群によってもたらされることがあります。既存の支配的企業は、そうした事態の出現を覚悟するとともに、それに対処すべく常に準備しておかなければならないのです。

戦略優位のポジションは統合型企業から専門型企業へ

太陽光発電技術に関しては、海外の多くの太陽光発電装置メーカーは、新興企業であるとともに太陽電池セルなどを製造する専業の企業群であり、状況の変化に応じて大胆な投資を迅速に行うことが可能でした。これらの専門型企業群はモジュール化された太陽光発電システムの一部、たとえば太陽電池セルとか太陽電池パネルを製造したり、あるいは太陽光発電設備を設置したりすることに特化した事業を展開したのです。

これに対して、日本の既存の支配的企業は多角化企業であって、太陽電池セルに対する需要の著増に対応した投資を迅速に進めることができませんでした。しかも、不運なことに――あるいは後から振り返ってみれば、情勢判断を誤ったために――当時第一位のシェアを誇っていたシャープは大量のシリコン原料を高値でつかんでしまい、これが足枷になって、再び浮上することができなかったのです。

米国の自動車産業の場合と同様、太陽光発電装置に関して日本国内の大手企業間の競争が主要なもので、これに対処していれば競争優位を維持することができた時には、日本型モデルつまりイノベーションに関わる日本のシステムが余すところなく機能していたことでしょう。しかし、ひとたび日本のビジネス慣行と異なる海外の企業が破壊的イノベーションをもって参入したとき、技術力と資本力のある日本の企業でさえ、後退を余儀なくされたのです。

破壊的イノベーションの出現に対する既存企業の戦略選択

太陽電池などの太陽光発電事業に関して、日本の既存企業はどのような対応が可能でしょうか。これについて、破壊的イノベーション理論をベースとして検討を試みることにします。

第一はハイエンド型侵入、つまり既存技術を遥かに超える画期的な新技術を開発し、これに基づいて極めて高性能の太陽電池を事業化することです。たとえば、ＣＩＧＳ太陽電池セルなどのように、すでに実用化されている技術もあれば、ペロブスカイト太陽電池のように将来有望な技術もあります。これは成功すればハイリターンが期待できますが、ハイリスクでもあります。これに加えて、事業展開を進めるときには、模倣の可能性を考えておかなくてはなりません。

第二は今なお発展途上国などに点在している無電化地域に対応した新技術を開発して、当該地域に進出することです。しかし、そのためには資本力のみならず国際的な交渉力を持った人材の確保や人的なネットワークが必要となります。

第三は太陽電池の新用途を開拓し、当該用途に向いた新製品を開発し事業化することです。新市場型破壊と言っていいでしょう。前記ハイエンド型侵入と組み合わせることも考えられます。

第四は太陽光発電事業に関わる特定の事業分野に進出することです。クリステンセンたち（二〇〇二）によれば、イノベーションが性能を向上させつつ進化するに従って、高収益を上げるビジネス分野は移っていくといいます。これは、コンピユータ産業に関して垂直統合型から水平組織型への移行を指摘したグローブ（一九九六）の主張とも重なります。

太陽光発電事業では、統合型ビジネスから専門型ビジネスへの移行が二〇〇〇年代後半に急速に進展しました。その結果、太陽電池セルや太陽電池モジュールなどの専門型企業に高収益を伴うビジネスチャンスが移行し、サンテックパワー社やQセルズ社などが一時期支配的な企業となったのです。

しかし、太陽電池製造に関して先駆的な企業であったドイツのQセルズ社、中国のサンテックパワー社、米国のソリンドラ社など多くの専門型の新興企業は、二〇一一年から二〇一二年に襲った太陽電池の急激な需要の減退を前にして、あえなく経営破綻に追い込まれました。シャープも液晶テレビの不振に加えて太陽電池事業の低迷の結果、いったんは巨額の赤字を抱えましたが、多岐にわたる先端的な技術能力を有していたことなどから鴻海精密工業によって救済されました。

この難局を克服して生き残ったのは、規模の経済を達成することに成功した企業、ＥＰＣ（エンジニアリング、調達、建設）企業つまりシステム・インテグレーター、そして特定の技術領域に特化した企業でした。たとえば、わが国ではＮＰＣ社やアルバック社のように専業化、モジュール化に特化して成長を遂げている企業があります。

第五は別組織を作って低品質、低コスト、低価格の製品を開発し、事業化することです。独立の企業組織とする方法もありますし、同一組織のもとで独立した部門を設置する方法もあります。残念ながら、太陽光発電事業において、わが国には別部門ないし別組織が事業を展開する世界的な企業は見当たらないようです。一方、航空運輸産業においては、全日空や日本航空はＬＣＣに進出して、一定の成功を収めています。こうした点から見ると、太陽電池製造に関してわが国のかつての支配的企業が、新たなビジネスモデルをもって進出することは十分想定しうることです。たとえば、シャープは鴻海精密工業に買収された結果、豊富な資金力と国際的なネットワークを獲得しており、海外向けにメガソーラー施設の建設を進めています。

最後は現状維持戦略です。これは、シャープなどかつての日本の支配的企業の現状を見れば、あまり推奨できる戦略ではありません。しかし、シャープは鴻海精密工業によって買収された後も、太陽電池の製造を含めて太陽光発電に関わる事業を展開しています。これは、技術を内部に温存することのできた統合型企業の利点でしょう。既に起こったことを教訓とすることができれば、将来に向けて飛躍するための好機になるかもしれないのです。

これは、かつてボストンコンサルタントグループ（ＢＣＧ）が提唱した製品ポートフォリオマネジメント（ＰＰＭ）モデルにおける「負け犬」を連想させます。市場が成熟期を迎え、しかも当該市場において一定のシェアを確保できなくなった時の対応の仕方です。一般に米国の企業は負け犬となった事業を廃止する一方、日本の企業の多くはこれを温存すると言われています。少なくとも、そのように言われてきました。財務の観点から見れば、短期的には前者の戦略が優れているでしょうが、長期的な視点に立てば後者の戦略を採用することが可能です。その意味で、現状維持戦略をにわかに否定することはできません。

太陽電池製造を含めて太陽光発電産業全般の競争に決着がついたわけではありません。地球大の規模の成長産業であり、これからも数多くのビジネスチャンスがあるはずです。新技術開発のチャンスも目白押しです。そのなかで、今後とも支配的企業の座を目指して世界の企業が幾多の競争を展開することは間違いないでしょう。

4　日本のシステムの課題

何故日本では太陽電池の製造に関して破壊的イノベーションの担い手が現れなかったのでしょうか。また、太陽電池の製造に関わる新興企業が出現し、競争優位を獲得することができなかったのでしょうか。ここに日本のＮＳＩの根本的な課題があるようにみえます。そのために、まずは太陽光発電装置の製造に関わってきた日本の企業に共通する特徴を整理します。

太陽光発電事業において凋落した日本の企業に共通する特徴

第一は、太陽電池セルの製造で一時的にせよ世界のトップクラスに名を連ねた日本の企業は、いずれも既存の大企業だったことです。シャープ、京セラ、三洋、パナソニック、三菱電機等、いずれもエレクトロニクス産業の一角を占める大企業でした。

新興の独立系メーカーもありましたが、世界の企業に伍していくほどの企業は育ちませんでした。新興企業は何も中国の専売特許ではありません。ドイツにはQセルズ社がありました。米国にはファーストソーラー社やソリンドラ社その他多数の新興企業が生まれました。残念ながら、わが国では少なくとも太陽電池セルの製造に関して、世界的な新興企業は育たなかったのです。

第二は、日本の企業はいずれも既存のエレクトロニクス系大手企業が事業の多角化を図るなかで、太陽電池セルなど太陽光発電装置の製造事業に参入したことです。エレクトロニクス産業は一般にその事業の特性からして多角化指向が強いことから、既存の大手企業の太陽光発電装置製造事業への参入は十分に理解できるところです。

多角化企業では投資資金の各事業部門への配分をめぐって内部の対立が生じるのは自然の道理で、不思議なことではありません。そのようなことから、二〇〇〇年代当時、太陽光発電事業の将来について明らかではなく、しかも各社にとって多くの場合主流事業ではなかったこともあり、太陽光発電事業を取り巻く状況の変化に応じた投資を必ずしも適切に行うことができなかったものと推察されます。

多角化企業であることのメリットは多々あります。たとえば、中核的な技術能力を多方面の製品分野に適用することや、人材の有効活用などです。しかし、太陽光発電事業においては、これが裏目に出てしまったのです。

第三は、日本の主要企業はいずれも統合型企業を指向していたことです。それに対して、中国や欧米の新興企業は太陽電池セルの製造とか、施設の建設請負など太陽光発電装置全般のうちの一部の業務を専業とする専門型企業群でした。

日本のエレクトロニクス系の大手企業は統合型であることに拘ったために、専門型企業の機敏な戦略に追随できませんでした。二〇〇〇年半ばの時点で、日本の大手企業はマスコミやビジネス書などを通じてオープンイノベーションの重要性や破壊的イノベーションの出現などについて熟知していながら、結局のところ内向きの姿勢にとどまっていたのではないでしょうか。

第四は、わが国からは太陽電池セルや太陽光発電パネルの製造などに関して、既存の大手企業は持続的イノベーションに依拠した製品開発に拘泥する一方、破壊的イノベーションを擁するイノベーターが出現しなかったことです。

日本の既存大手企業がたどった経路を振り返ってみると、ここには「イノベーターのジレンマ」の典型例を見ることができます。日経ビジネス（二〇〇八年二月一八日号）を見ると、「反攻のカギは新技術」とあり、日本の太陽光発電装置メーカーは、イノベーション活動の強化によって既存の太陽電池の性能向上を図ることや、企業内に備わっている高レベルの技術開発力を生かして、これまでにない高性能の太陽電池を開発するとか、シリコンウェーファーの使用を削減するといった方向を指向していることが読み取れます。実際のところ、低コスト、低価格、低品質の破壊的イノベーションが出現して市場に受け入れられるなか、この時点での経営戦略上の妙手つまり成功の方程式は、これに対抗すべく低コストの労働力を確保することだったのです。

破壊的イノベーションの担い手は独立系の新興企業に限られることはありません。既存の企業からスピンオフして、新たに企業を立ち上げる方法もあります。業界は違いますが、後者のスピンオフ企業設立の成功事例として、たとえば航空大手はＬＣＣ会社をスピンオフさせて、格安航空ビジネスを展開しています。また、電気通信事業分野において、ソフトバンクは関連会社のワイモーバイルを通じて格安スマホ・ビジネスいわゆるＭＶＮＯを展開していまし、ＫＤＤＩグループも同様の戦略を実行しています。しかし、太陽光発電事業においては、こうした成功事例はついに現れなかったのです。

以上の知見をまとめれば、破壊的イノベーションの出現を前に、徐々にトップグループから後退していく一方で、持続的イノベーションに拘泥する典型的な日本の大手企業像が浮かび上がってきます。つまり、これらの企業群は、

・戦後わが国の高度経済成長のなかで発展成長を遂げてきた多角化企業であって、
・いくつかの事業分野で世界的にトップないし上位に位置し、
・かつ総売上高は上位にあり、
・優秀な社員と経営者に恵まれており、
・高度の技術開発力と生産能力を有しているとともに、
・研究開発、製品製造、機器の設置、販売までを一貫して運営する統合型企業で、
・顧客指向かつ市場指向の優良企業である。

というものです。

凋落の原因は日本のハイテク企業に共通している

こうした特徴はエレクトロニクス産業において顕著であり、同様の事態は、たとえば半導体や液晶などの事業分野でも生じているようにみえます。湯之上（二〇〇九）は半導体産業について、技術の現場から日本の半導体産業が凋落していったさまを詳細に活写しています。また、中田（二〇一六）はシャープの液晶事業が何故敗退していったのか、その理由をかつて同社の技術幹部であった経験に基づきながら、詳細に分析を行っています。

周知のように、エレクトロニクス産業は最先端の科学・技術分野であって、技術的なブレークスルーが不断に起こっています。瞬時に既存の技術が陳腐化してしまうがゆえに、いかに優れた企業であっても破壊的イノベーションへの対応を見誤ってしまうことがあるのかもしれません。しかし、この現象は多くの事業分野に波及しつつあります。太陽光発電事業で起こったことは決して例外ではなく、典型例だと考えるべきです。

ゲノムの解読、ＡＩ、ＩｏＴ、自動運転その他多数の新技術が目白押しです。太陽光発電装置メーカーが苦境に陥ったのと同様のことが、将来他の産業を襲う可能性が高いのです。真っ先に思い浮かぶのは自動車産業です。自動車産業では従来の内燃機関自動車と動力機構が異なる、電気自動車や燃料電池車が市場に投入されつつあり、幾多の破壊的イノベーションの出現が大いに予想されます。自動車産業は、鉄鋼産業や非鉄金属産業、化学産業、機械産業を始めとして精密機器、モーター、半導体、組込みソフトその他、巨大なすそ野を持った産業です。したがって、その盛衰は国の経済に甚大な影響を及ぼすことは必定です。

米国のテスラ社は電気自動車に特化しています。これに対して、トヨタ自動車を始めとして日本の大手自動車メーカーは典型的な統合型企業です。自動車の製造から販売、金融、レンタカーの運営に至るまで、自動車に関わる事業をほとんどことごとく配下に収めています。なかでもトヨタ自動車は、内燃機関自動車はもちろんのことハイブリッドカー、燃料電池車、電気自動車に至るまで、幅広く開発体制を敷き、事業展開を行っています。

かつてパナソニックはテレビ受像機において、将来有望とみられたさまざまな映像方式の開発体制を構築し、事業を展開していました。前記の大手エレクトロニクス企業による太陽光発電事業の展開も同様です。わが国の大手自動車企業が同じ轍を踏んでしまわないか、私は非常に懸念しています。

エレクトロニクス産業や自動車産業以外の分野でも、こうした破壊的イノベーションの出現は大いに予想されます。製薬業界においては、ゲノムの解読やＡＩが発展するなかで、思いもよらぬ新薬が創り出されようとしています。クリステンセンは航空産業、医療産業、教育産業などを代表的な事例として列挙したうえで、その将来を破壊的イノベーション出現の観点から予測しています。ほとんどの産業において、想定外の破壊的イノベーションが出現する事態を回避することはできないでしょう。こうした事態に対処することが不可避かつ不可欠のことになっているのです。

こうした状況において、イノベーションに関わるわが国のシステムはどうなっているのでしょうか。これまでの結果をまとめたうえで、その検証を試みることにします。

破壊的イノベーションの生まれにくい日本のシステム

フリーマンの述べるところに即して要約すれば、日本のＳＩについて、次のような課題を指摘することができるでしょう。

①中央政府各省庁の権限や各種の行政指導などが業界の護送船団方式や縦割り構造を生み出し、企業の業界をまたぐ移動や逸脱した行動を難しくしている。

②企業内の研究開発と生産システムの設計・開発が緊密に統合されているがゆえに、オープンイノベーションの展開を困難にしている。換言すれば、すり合わせ型生産方式の限界に遭遇している。

③大企業には高度の教育を受けたエンジニアが多いがゆえに、高度の科学知識を要する高性能の製品開発指向を脱することが困難になっている。

④既得権益の維持や網の目のように張りめぐらされた岩盤規制が企業の革新的な行動を阻害しているとともに、新興企業の参入を妨げている。

これらの要因はいずれもつとに指摘されているところではあります。しかし、これらの要因と破壊的イノベーションの出現との関係については、ほとんど論じられていないようにみえます。少なくとも、破壊的イノベーション理論をよく理解したうえでの論議は乏しいようです。端的に言えば、わが国のイノベーションに関わるシステムは、持続的イノベーションに関わる活動を促進する一方で、破壊的イノベーションの発生を阻害するものなのです。

クリステンセンたち（二〇〇四）は、一般論としてですが、戦後通商産業省（現経済産業省）が主導した産業政策に加えて、長期雇用、年功序列、系列などの制度や慣習は、目標が明確に存在している場合には有効だが、破壊的イノベーションを生み出すには不適切であり、一九八〇年代に多くの研究者が称賛して止むことのなかった日本経済の利点がやがて反転して負の方向に作用するようになったと指摘しています。一方、彼らは、この例外事象の代表は米国であり、米国では破壊の好循環、つまり「破壊の輪」が形成されていると述べています。そのうえで、彼らは日本が再び成長軌道に乗るためには、破壊的イノベーションを多く生み出すことのできる国を指向すべきことを示唆しています。

この点に関して、企業組織論からの観点ですが、ヘンダーソン（二〇〇六）は反対意見を述べています。つまり、企業の中核的能力を変更して新たに適切な能力を構築することが困難な場合には、破壊的イノベーションに対応しないと判断を下すことは完全に合理的な選択であるというのです。この議論を国のシステムにあてはめることができると仮定すれば、持続的イノベーションが優勢な国では、従来の政策を継続する方がむしろ合理的なことがありうるということになります。つまり、破壊的イノベーションを多く生み出す国に変化するためには、経済社会構造の変革を含めて国のシステムの相当の刷新が必要であり、変革を実現する際の困難が著しく大きいからです。

これを前提とすれば、イノベーションに関わる日本のシステムの向かうべき方向として、変革が極めて困難な場合、現状の制度的な枠組みを基本的に維持・強化する道筋を取ることになり、これはこれで合理的な判断だということになります。しかし、この道筋を取ったときに何が帰結されるでしょうか。

国の全般的な科学・技術政策は、高度で先端的な科学・技術の開発と、それを担う人材の育成に向かうことになるでしょう。というのは、制度的な枠組みを維持するなかでの最適な行動は、当該システムの一層の効率化や高度化を図ることだからです。利害関係者の合意も得やすいでしょう。まさしく、第五次科学技術基本計画はこの方針を踏襲しています。

しかし、これは太陽電池や半導体、液晶などに関わる技術開発や事業化がたどったと同じ道、つまりいつか来た道を繰り返すことになりかねません。既に述べたように、わが国は豊富に存在する高度の科学・技術人材を背景として、「官民一丸」となって太陽電池を開発し、二〇〇〇年前後には太陽光発電技術全般に関して世界のトップランナーとしての座を確立しました。しかし、その後太陽電池セルやモジュールの製造を専業とする中国や欧米の新興企業によって日本の既存企業は苦境に追い込まれることになったのです。

これらの新興企業は、ヨーロッパ諸国で二〇〇〇年代半ばに生まれた巨大市場に破壊的イノベーションを擁して新規参入しました。これに対して、日本の既存の支配的企業は持続的イノベーションに拘泥するあまり、急拡大する世界市場に十分浸透することができなかったのです。

こうしてみると、少なくとも太陽光発電や半導体、液晶などの高度な技術的イノベーションに関わる国のシステムにおいては、制度的な枠組みを維持強化する方策はあまり見込みがなさそうです。

自動車産業の例に即して考えてみます。二〇一七年七月二七日付け日経新聞の記事によると、イギリスやフランスは二〇四〇年までにガソリン車やディーゼル車の販売を全面的に禁止することになっています。さらに、ヨーロッパではドイツやオランダ、ノルウェーなどの諸国でこれに追随する動きがあるとともに、アジアでもインドや中国で類似の政策が提案されているとのことです。まるで、太陽光発電産業の展開をそのまま繰り返しているようではありませんか。日本の自動車産業にとって、これは決して楽観が許される事態ではないのです。

こうした世界の趨勢を見るにつけ、私は従来踏襲型のイノベーション政策を墨守すべきではないと考えています。フリーマンが称賛してやまなかったイノベーションに関わる日本のシステムを根底から変革すること、即ちイノベーションに関わる制度を大胆に改革することこそが、破壊的イノベーションが活発に起こり、そこから十分な価値を創出することのできる国を実現するための取るべき方向なのです。この点については、次の終章で改めて論じることにします。

＊＊＊

■コラム■　「イノベーションに関わるシステム」研究の展開

フリーマンは『技術政策と経済成果』（一九八七）のなかで、第二次世界大戦後の日本の目覚ましい経済発展を分析するとともに、イノベーションに関わる国のシステム（ＮＳＩ）の役割とその重要性を訴えています。この考え方は当時の多くの研究者の注目を集めるところとなり、イノベーション関連分野の多くの研究者がＮＳＩ研究に従事するところとなりました。

実際、一九九〇年代初めから二〇〇〇年頃にかけて、ルンドバル、ネルソン、エドクイストなど世界的に影響力のある経済学者などが中心となり、各国のイノベーション研究者が参画して、ＮＳＩ研究の成果を公にしています。また、ＯＥＣＤなどの国際機関は経済発展に関わる分析モデルの一つとしてＳＩ手法を活用するようになりました。それに加えて、地域のＳＩに関してはＲＳＩ（イノベーションに関わる地域のシステム）、産業部門のＳＩに関してはＳＳＩ（イノベーションに関わる産業部門のシステム）、技術のＳＩに関してはＴＳ（技術に関わるシステム）など、ＮＳＩの派生的なモデルが一九九〇年代に次々と提案されたのです。

しかしながら、二〇〇〇年前後になると、既存のＳＩ研究に疑問を呈する意見がＳＩ研究者の内部から表明されるようになります。シャリフ（二〇〇六）は、この間の経緯を草創期の主要なＳＩ研究者にインタビューするとともに先行研究の調査を行い、綿密に分析しています。

彼の見解を含めて、関連の文献等を参考にしながらＮＳＩ草創期のリーダーの意見を俯瞰すると、次のとおりです。まず、フリーマンに先駆けて一九八〇年代前半にＮＳＩ概念を提唱したルンドバルは、ＮＳＩ研究の理論化を図ることも大切だが、むしろ政策の必要性に応じて柔軟に対応していくことが重要であり、何よりも学習システムの構築が求められていると主張しています。そのうえで、グローベリックス（Globelics）という国際組織を通じて、その考え方の普及を図っています。ネルソンは理論研究に先立って事例研究を重視すべきだという立場を取っているようです。また、エドクイストは一層の理論的な体系化が必要であり、特に一般システム論の導入を主張しています。一九八〇年代に華々しく登場したＮＳＩでしたが、統一的な知識の体系が形成されず、研究者の間で合意に至るモデルや研究手法が確立されていないことが見て取れます。

こうしたやや低迷した状況のなかで、最近になってＳＩに関わる機能分析モデルが登場してきており、注目されます。そこには、大きく二つの流れがあります。一つはエドクイストの提案するイノベーション活動モデルであり、いま一つはベルゲックやヘッカートたちの提唱するT—I—S（技術的イノベーションのシステム）モデルです。

エドクイスト（二〇〇五）は、S—Iを構造と機能に区分するとともに、構造よりはむしろ機能、そしてシステムに適切な機能をもたらす活動に着目すべきことを主張しています。ここで、機能とは、一般に「何かあることを達成ないし実現すること」であって、N—S—Iにおいては「イノベーション過程を遂行すること、つまりイノベーションを創出し、普及させ、活用すること」であると述べています。

そのうえで、彼はイノベーション活動を四つのカテゴリーに分類しています。ここで、四つのカテゴリーは、「イノベーション過程への知識の入力」、「需要側の要因」、「S—Iの構成要素の整備」そして「イノベーション企業への支援サービス」です。各活動のカテゴリーはおおむねイノベーションの創出、普及、そして活用の順序に沿っており、この順をたどってイノベーションに関わるシステムが形成されると説明しています。

ベルゲックたち（二〇〇八）は、一九九〇年代にカールソンたちが提唱したT—Sモデルを踏まえつつ、T—I—Sモデルを提案しています。彼女たちは、S—I研究においてはまずもってシステム成果の評価、ならびに成果に影響を及ぼす要因の同定が可能な分析枠組が切実に求められているとして、S—I分析のあるべき姿を総括しています。そのうえで、広く社会システムを評価し、新技術の創出や普及が必ずしも順調でない場合、その失敗を具体的に検出し特定すべきであり、それがT—I—S分析の目的であるとの主張を展開しています。

また、ヘッカートたち（二〇〇七）は、従来のS—I研究は制度やネットワークなどの構造分析に偏していて、制度決定論に陥っていると批判します。さらに、元来S—I研究は進化経済学や相互学習理論を主要な学術基盤としているにもかかわらず、多くの研究は現状分析に留まっていると指摘したうえで、イノベーションの動的な変化を記述することの必要性を訴えています。彼らによると、「イノベーションの動的な変化を記述する」ものがT—I—Sなのです。

マーカードとトルーファー（二〇〇八）は、ベルゲックとヘッカートに加えてエドクイストの見解を比較考量したうえで、T—I—S概念への科学技術社会学の統合を図っています。ここで彼らは、科学技術社会学には移行分析、多段階分析、戦略的ニッチ管理などが含まれるとしています。

彼らは、科学技術社会学において社会システムはアクター、制度、そしてネットワークから構成されるものとしており、本来的にイノベーションの社会技術的な形成過程を考察する知識の体系であると指摘しています。そのうえで、科学技術社会学はシステム分析の目的をＴＩＳと共有しているとして、ＴＩＳを次のように定義しています。

ＴＩＳはアクターと制度のネットワークの集合であり、このネットワークの中で、アクターと制度はある特定の技術分野において相互作用し、新技術や新製品の変異体に関わる創出、普及、活用に貢献する、このようなＳＩである。

エドクイストの提案にしても、ベルゲックやヘッカートたちの提案にしても、依然として課題は山積しているようにみえますが、最近の潮流の一つの方向を示しているようです。詳しくは、三藤（二〇一六）の論文を参照してください。

＊　＊　＊

終　章　イノベーションが生まれやすい社会へ
―人々の、人々による、人々のためのイノベーション―

「知性のゆえに悲観主義者、意志のゆえに楽観主義者」アントニオ・グラムシ

これまで、主としてビジネスとの関わりのなかで、イノベーションのダイナミクスについて述べてきました。本書の最後に、科学、技術、社会などイノベーション活動を取り巻く外部環境との関係について考えてみます。

イノベーションは、端的には技術開発プラス事業化、そして事業化に成功した新機軸のことでした。新技術を開発するだけではイノベーション活動は完結しません。イノベーション活動には、新技術に基づいて開発された新製品や新サービスを社会に浸透させ、定着させることが欠かせません。したがって、イノベーションを一時的な出来事ではなく、社会との相互作用を考慮した一連のプロセスとして捉えることが大切です。

イノベーションに関わる諸活動を推進するためには、多くの場合、新技術の開発が必要になります。これに加えて、新製品の開発には科学的な原理や法則を活用したり、あるいは技術開発の過程で原理や法則が発見されたりすることがあります。このように、イノベーション活動には新技術の開発、そして科学的な原理や法則の活用や発見が付きまといます。イノベーション活動を成功裡に実践するためには、それを取り巻く科学、技術、社会などの外部環境を理解することが不可欠なのです。

科学、技術、イノベーションの違い

最近は科学・技術・イノベーションのように、一括りにされて議論されることがよくあります。専門家の間では世界的な

流行になっているようで、サイエンス、テクノロジー、そしてイノベーションのアルファベットの頭文字を取ってSTIと呼ばれることがあります。

だからといって、科学、技術、そしてイノベーションを十把一からげにして取り扱っていいわけではありません。元来別のものなのです。科学とりわけ自然科学は、自然の事物や現象などに関する知識の体系であり、その主たる目的は自然の事物や現象を観察したり、実験したりすることによって、そこに存在する原理や法則を発見することにあります。

一方、技術は何らかの目的を達成するために、既存の方法を組み合わせたり、目的に応じて新しい方法を開発したりすることにより、新しい事物つまり人工物を作り出すことです。その過程で、自然界の原理や法則が発見されることもあります。

科学、技術、そしてイノベーションに加えて、各々の担い手と目される科学者、技術者、そしてイノベーターは、通俗的にはつぎのように理解されているようです。即ち、科学者は自然の事物や現象に関わる原理や法則を発見し、技術者はこうして発見された原理や法則を適用ないし応用して新技術を開発する。次いでイノベーターがイノベーション活動を行うことによって、新技術に基づいた新製品や新サービスを創出する、というものです。

これをまとめれば、〈科学⇒技術⇒イノベーション〉の順にものごとが生起するというわけです。これは一連の出来事が一方向的に進行すると想定していることから、リニアモデルと呼ばれています。つまり、新製品や新サービスの開発や普及活動は、研究開発に始まり、製品の設計、生産、商品化、市場への投入、社会への普及を経て、社会に定着するという一方向的な過程が存在するという考え方です。

技術は科学的な法則や原理の応用なので、技術に関する知識の体系つまり工学は応用科学と称されることがあります。実際、工学部には応用物理学科とか応用化学科といった名称の学科があります。しかし、すぐ次に述べるように、今ではこうした考え方は必ずしも現実にそぐわないように思います。

科学、技術、イノベーションは必ずしもこの順に起きるわけではない

こうした通俗的な解釈に異議を唱えて、クライン（一九八五）は連鎖モデルを提案しています。クラインは技術コンサル

タントとして長年にわたる経験を持つ機械技術者で、彼によると、イノベーションは市場の発見に始まり、発明と概念設計を経て詳細設計に至り、再設計と生産工程の後に市場に投入されるとしています。それに加えて、この間にさまざまなフィードバック過程が生じるとともに、研究活動は知識の創造、イノベーション活動、製品開発と直接的な関連があると述べています。

また、科学技術政策論の立場から、ギボンズたち（一九九四）は科学の研究方法と知識の生産形式には二つの方法があるとして、これをモード1とモード2に区分しています。モード1は個別の学問領域において進められている伝統的な科学研究様式であって、理念上は社会的経済的な活動とは独立に、一定の規範や規則に従って研究活動が行われ、逐次的に知識が生産されていきます。これに対して、モード2の研究様式では、個別の学問領域を横断して、社会的ないし経済的な文脈の中で、関係者が相互に交流しながら多様な方法で知識が生産されます。

そのうえで彼らは、かつてはモード1の研究様式が支配的だったが、科学や技術が進歩し、技術を基盤とする社会が拡大するにつれて、モード2が優勢になってきたと述べています。

こうした知見に基づけば、リニアモデルは現実にはほとんど神話のようなものだということがわかります。たとえば蒸気機関の発明を考えてみてください。一八世紀末にジェームス・ワットは蒸気機関を完成させました。これに対して、熱力学の法則が体系化されたのは蒸気機関の実用化のずっと後の一九世紀前半のことです。また、ライト兄弟が飛行機の製作に成功した後に、流体力学は大きな進歩を遂げています。

もちろん一見するとリニアモデルのごとく進行している場合もあります。たとえば、量子力学や原子力に関わる技術開発などはその典型かもしれません。あるいは、ｉＰＳ細胞に関わる一連の科学・技術・イノベーションの発展もそれに近いかもしれません。しかし、こうした出来事ですら、科学や技術を遠くから眺めた時のものです。現実はもっと複雑で、詳細に調べれば調べるほど、リニアモデルでは説明のつかない、想定外の出来事や事象が明らかになってきます。

イノベーター層のすそ野は広がっている

ここで科学技術社会論に深入りするつもりはありません。そうではなくて、イノベーター層のすそ野が広がっていることを指摘したいのです。リニアモデルによれば、科学者、技術者、そしてイノベーターの役割は截然と区切られています。科学者は基礎研究を、そして技術者は製品等の開発を行い、一方イノベーターは事業を立ち上げたうえで競争優位を獲得し維持することが彼らの役割だというわけです。事実、少なくともかつてはハイテク技術を基盤とする多くの大企業はこうした役割分担のもとに事業部の組織が編成されていました。ロジャーズがイノベーション普及論を構想するきっかけとなったハイブリッドコーンを思い出してください。これなどはリニアモデルの典型例です。

しかし、世界的にオープン・イノベーションが浸透しつつある現在、技術者のみならず科学者が事業を立ち上げたり、彼らが自ら企業を経営したりする機会が多くなっているように見えます。ここでオープン・イノベーションとは、ある企業が外部から科学・技術上の知識を取り入れる（インバウンド）のみならず、外部に科学・技術的な知識を提供する（アウトバウンド）ことを意味します。産学連携からの連想でしょうか、とかくインバウンドが強調されているようですが、外部への知識の提供つまり情報発信もオープン・イノベーションを構成する重要な要素です。

企業へのオープン・イノベーション活動の浸透は、イノベーター層のすそ野の拡大を意味します。というのは、オープン・イノベーション活動のもとで、企業内の研究者や技術者は自らの研究活動や技術開発に専念するばかりでなく、これを企業のイノベーション活動に結びつける必要性が生じてくるからです。この結果、研究者や技術者はこれまで以上にイノベーション活動に巻き込まれるところとなり、この中から新たなイノベーターが生まれてくる可能性が高まっていると考えられます。

こうした傾向は半導体、バイオテクノロジー、医薬品産業などのサイエンス型産業において顕著でしょう。サイエンス型産業とは、読んで字のごとく、サイエンスつまり科学を基盤とするところが顕著な産業のことです。サイエンス型産業では、科学的な原理や法則の発見が事業化に直結します。研究者が新発見に基づいて創薬活動を行ったり、高性能の半導体素子などの製品を開発したりして、ついにイノベーターとなり、名声のみならず巨万の富を獲得することも夢ではありません。

これに加えて、ＩＣＴの発展に伴って、デザイナーやアーティストなど芸術的な才能をもった人々が、イノベーション活動に携わることが多くなっていると考えられます。その偉大なる先駆けは、アップルを創設したスティーブ・ジョブズでしょう。彼のリーダーシップのもとで制作された数々のＩＴ製品は、まさしくデザインドリブン・イノベーションの枠です。デザインドリブン・イノベーションとはベルガンティが提唱している概念で、製品に新しい意味を与えるイノベーションのことです。少し古いところではファミコンなどが、新しいところではダイソン製の扇風機などがこの範疇に含まれると考えていいでしょう。

最近では、高性能の３Ｄプリンター、ＡＩソフト、グラフィック・ソフトなどさまざまなツールが手ごろな価格で提供されるようになってきています。その結果、さまざまな分野のデザイナーやアーティストがイノベーション活動を行い、イノベーターとして登場してくることでしょう。

いまや、イノベーターは特別な存在ではありません。技術者はもちろんのこと、科学者、デザイナー、アーティストなど、イノベーターのすそ野はこれまでよりも格段に広がっているのです。そして、この中からディスラプターが誕生してほしいと期待しています。

もちろん一方で、こういう変化を好まず、イノベーション活動になじめない企業内の科学者や研究指向の技術者がいるのはやむを得ないことです。企業としては、こういう人たちへの処遇を別途考えるべきでしょう。これからの時代、多様な人材の存在を許容する企業文化の構築が望まれます。

求む、ディスラプター

ディスラプターとは、製品やサービスに関わる市場において破壊的イノベーション活動を推進するイノベーターのことです。強いて訳語を当てるとすれば、（市場）分断者と言いうことになるでしょう。ディスラプターを破壊者と言ってしまうと、間違いなく誤解のタネをまくことになります。ディスラプターは既存の市場を破壊するわけではなく、既存の製品やサービスに対抗して市場を分断するイノベーターだからです。

もともとディスラプティブ・イノベーションを分断的イノベーションと翻訳しておけば、こうした混乱はなかったのでしょうが、不幸にして破壊的イノベーションと翻訳され、これが流布している状況下では、カタカナ表記とせざるを得ません。ディスラプターという言葉に出会ったときは、心の中で市場分断者と読み替えてください。

さてそれでは、破壊的イノベーションの担い手であるディスラプターとはどのような存在でしょうか。

第一に、ディスラプターは、既存の市場を分断して、低品質だが低価格の代替的な製品やサービスを開発する存在です。あるいは、それまで通常の手段ではとても手の届かなかった製品等に関して、納得のいく価格と性能ないし品質の製品等を開発し上市する存在です。これに加えて、ハイエンド型侵入がありうることは第六章で指摘した通りです。既にご存知のように、前者はローエンド型破壊、後者は新市場型破壊を遂行するディスラプターです。

ディスラプターは通常、新産業の創出者ではありません。ディスラプターの主要な仕事は既にある市場を分断することです。実際のところ、我々がまったく新しい産業の創出に恵まれることは滅多にありません。日本国内を一つの完結した市場と見立てたとして、第二次世界大戦後に欧米先進諸国にキャッチアップしようとしていた頃には、そういう機会があったかもしれません。しかし、産業にしても技術にしても、わが国は既に世界最先端にある現在、そういう機会は最先端の科学や技術を駆使した分野に限られることでしょう。この分野はハイレベルの知識と能力を持った科学者や技術者に任せておけばいいのであって、必ずしもディスラプターの領分ではありません。

第二に、ディスラプターは企業家です。企業家としてのディスラプターの活動は、市場の動向を洞察しつつ、破壊的イノベーションに基づいた製品やサービスを事業化するとともに、競争優位を獲得し、そのポジションを維持することです。技術とイノベーションは違います。技術はその適用の仕方によって、破壊的イノベーションにも持続的イノベーションにもなりえます。

ディスラプターは必ずしも新技術の開発者ではありません。

〈技術者（科学者）＝発明者〉⇒〈発明者＝イノベーター〉⇒〈技術者（科学者）＝イノベーター〉

という図式的な解釈を時々みかけます。この論理は一定程度現実を反映しているとは思います。しかし、これを逆さにして、イノベーターになるのは、科学者や技術者（だけ）だと考えるのは断じて誤りです。むしろ企業内の技術者の中には、自らの業務には忠実ですが、若干世間常識に欠けていて、視野の狭い方をみかけます。こういう技術者はイノベーターには向きません。まして、彼らがディスラプターになることは一層困難でしょう。

望むらくは第三に、ディスラプターは社会変革者であってほしいと思います。社会変革者としての役割は、まずもって公式の制度と非公式の制度を橋渡しすることです。

公式の制度だけでは仏を作ったにすぎず、それに魂を入れなくてはなりません。公式の制度を導入しただけでは限界があります。たとえば、東芝はかつて企業統治の実践において模範的な企業と称されていましたが、いまでは企業コンプライアンス活動に重要な問題があったとして存亡の危機に立たされています。

こうした問題は、東芝一社の問題ではなく、日本の企業に遍く存在しているのではないでしょうか。公式の制度の導入に加えて、慣習や規範、文化など多岐にわたる非公式の制度がこれに追随し、適合せねばならず、それには随分と時間がかかるものです。

時には、立法者に対して公式制度の導入を促すことが必要かもしれません。改革を政治つまり政策決定過程だけに任せることはできません。政治は諸利害関係者の妥協の産物です。しかも、ほとんどの場合、既存の勢力つまり既得権益の保持者の方が力を持っているのが世の常です。公式の制度を変更するには多くの困難を伴います。持続的イノベーション活動に力を注いでいる既存の企業に、その役割を期待することは困難でしょう。

一所懸命は是か非か

ディスラプターは「声」を上げると同時に、「退出」する可能性を代替的な戦略として留保すべきです。ハーシュマンは半世紀ほど前の著作『声、退出、忠誠』のなかで、組織内の人々は、その人の忠誠度に基づきつつ、声を上げるか、退出するかを判断したうえで行動すると述べています。

ちなみに、極めて忠誠心の強い人は声を挙げず、退出せずに、黙々と上司つまり自らを押し上げてくれる人の意向を忖度して行動することでしょう。このような人はディスラプターにはなれません。恐らくこういう方は、内面的な価値よりも、外形的な報酬や昇格をことのほか重視しているのでしょう。もちろんこれは程度の問題で、誰でもその傾向は持っているものです。しかし、これが過度で過剰になると、いろいろな弊害が出てきます。

声を上げることは危険を伴います。それによって、ディスラプターは社会的に疎外されたり、忌避されたりすることがあるかもしれません。そのような時には、退出することを選択肢として持つべきです。

一所懸命と言いう言葉があります。かつて、武士が自らの領地を命懸けで守ったことに由来するそうです。今でも企業や官庁などの組織には、終身雇用や年功序列、年功賃金などの制度として色濃く残っています。しかしこの考え方は、ほとんど移動手段がなく、また別の場所に移れば生活の手段がほとんどなかった時代の名残です。ディスラプターたるもの、社会の変革者たることを肝に銘じて、声を上げると同時に退出する権利を留保すべきでしょう。

もちろん、すべての人がディスラプターになれるわけではありません。たとえば、クリステンセンたちは、ディスラプターつまり破壊的イノベーターは「関連付ける力」、「質問力」、「観察力」、「ネットワーク力」、そして「実験力」を具備していると述べています。『イノベーションのＤＮＡ』（二〇一一）のなかで、彼らは日本からはトヨタ自動車の大野耐一しか取り上げていないようですが、それは彼らが米国人だから仕方ないでしょう。松下幸之助や盛田昭夫、井深大、山内溥などは間違いなくこうした資質を十二分に備えていたと思います。

どのような社会でも、ディスラプターは一部の稀有な存在に留まるでしょう。それだからこそ、イノベーションに関わる日本のシステムを刷新するために、ディスラプターが声を上げることが必要なのです。

ディスラプターは細心にして大胆であること

スタートアップつまり新興企業を立ち上げる人たちだけがディスラプターではありません。ディスラプターは、既存の企業内で新規事業を立ち上げる社内企業家であることもあります。これからは海外からの移住者や留学生にも期待したいものです。異文化育ちの彼らは、きっと日本の企業特有の調整型メカニズムを変革する文化をもたらしてくれることでしょう。

ディスラプターの要諦は何でしょうか。それは、強靭な知識があるとともに、胆力があることだと思います。胆力は強靭な知識によって強化されるのです。ディスラプターは、確信をもって決断し、不測の事態に対処して、客観的に将来を展望する一歩を踏み出すことのできるたくましい精神力の持ち主です。

確かな知識を蓄えて、名案を抱いても実践が伴わないと成功を呼び込めません。エジソンは、「天才とは一％のインスピレーションと九九％の汗（パースピレーション）である」と述べています。それでは、インスピレーションと汗とどちらが肝心なのでしょう。

エジソンは、時によって違うことを語っていたそうです。一つは、インスピレーションがあって初めて努力つまり汗をかくことが報われるという考え方です。この場合、いくら汗をかいて努力してもインスピレーションがない限り無駄だということが言外にあります。もう一つは、汗をかいているうちにインスピレーションが沸いてくるという考え方です。この場合努力は報われるということを意味していて、結果として前者とは真逆の意味になります。

私には、どちらが適切か判断しがたいところがあります。むしろ私は、インスピレーションと汗の二者選択ではなくて、インスピレーションは強靭な知識の裏づけがあってこそ湧いてくるものだと考えています。

突然のように湧いてくるインスピレーションを活かすも殺すも、ディスラプター次第です。解は見つかるものでも、探すものでもなく、創り出すものです。囲碁や将棋の棋士は、いったん指した手を大切にし、それが無駄にならないように最善を尽くすと言います。「間違った！」と思っても、おくびにも出さずに、それを好手にしてしまうのがプロのプロたる所以です。

確かな知識は肝心ですが、勢いも大切です。確固とした知識の体系を踏まえたうえで、現実を十分に把握するとともに将来を洞察し、大胆に破壊的イノベーションを実現してほしいものです。

目利きの存在が不可欠

ディスラプターが輩出されるためには、目利きつまり名伯楽の存在が不可欠です。ビジョナリー即ち将来を見通す洞察力のある人と言ってもいいでしょう。米国などでは、たとえばベンチャーキャピタリストがこの役割を負っているようです。ディスラプターが命がけであるとすれば、伯楽も命がけでなければなりません。そこには透徹した合理的判断が必要です。スタートアップ企業は自らの価値を最大限に売り込む一方、ベンチャーキャピタリストは多数のスタートアップ企業に投資して、収益最大化を図るのです。ここに甘えの入る余地はありません。

その点、わが国では目利き、伯楽が決定的に不足しているようです。こうした場合、わが国ではすぐに人材育成論が俎上に上り、官民一体となった人材育成策が提議されます。しかし、事の本質はそこにはありません。そうではなくて、日本においては、起業に関わる金融等の市場に摩擦があったり、情報の非対称性が存在していたりするために、情報が過不足なく行き渡っておらず、レモン問題やモラルハザードの発生などゲーム論的な意味で合理的な判断を妨げる要因が社会システムの中に今なお深く内在しているところに問題があるのです。

第二部で述べたように、ある製品カテゴリーにおいて、ドミナント・デザインは市場のなかで利害関係者間の相互作用の過程で出現します。ある製品カテゴリーにおいて科学的ないし技術的に最先端かつ最高性能の製品が市場で優勢になり、その製品のデザインが支配的になるわけではありません。ドミナント・デザインはある特定の集団のニーズを満たすものでもありません。

そうではなくて、ドミナント・デザインは消費者や製品提供者、その他関係者の大多数にとっての満足解つまり妥協の産物なのです。ある製品カテゴリーのドミナント・デザインを事前に創り出したり、予測したりすることはできないというのが、ドミナント・デザインに関して現在までに得ることのできた知見です。

ドミナント・デザイン論には、技術決定論とは相いれないところがあります。かといって、技術の社会的構成主義論のように、社会総体の役割を特段重視しているわけでもありません。

ドミナント・デザイン論の基本的な考え方は市場原理にあります。その前提のもとで、規格の導入過程などを含めて制度の介在と役割を重視しているのです。製品の進化をつうじて社会経済の発展に資するために、個々人の発想と活動に全幅の信頼を寄せる発想がドミナント・デザイン論の根底にあります。けっして政府が主導するものではないし、企業や企業家のみにイノベーションの創出と活用を委ねるものではありません。市場においてさまざまなアクターが相互に情報を交換し、各アクターが自身の利益を追求すべく行動する中で、ドミナント・デザインが出現するのです。

国主導による人材育成制度の導入は、見るものと見られるもの、監督するものと監督されるものの乖離という非対称な構造を温存することになりかねません。破壊的イノベーションが生まれるのに適した環境を用意することが望まれます。個々人の自由な発想と活動を前提にしない限り、持続的イノベーションはともかく、破壊的イノベーションの生まれやすい国を創ることはできないのです。

基礎的な科学・技術研究への投資が不可欠

数多くの破壊的イノベーションの出現を可能にすることがわが国のイノベーションに関わるシステムを活性化するために不可欠だと言っても、先端的な科学・技術の研究および開発が必須であることは論を待ちません。シュンペーターが喝破したように、イノベーションは新結合です。ローエンド型破壊は低品質、低価格、低コストが売りだとしても、ローテクでできることは限られています。一概にローテクを軽視するつもりはありませんが、破壊的イノベーションを創出するには、先端的な科学・技術の成果を機敏に活用することが肝心なのです。

市場のニーズに適合した、そして時には市場を驚かせるような新結合を実践するためには、その素(もと)つまり素材の良さが求められます。科学上の発見や、技術的なブレークスルーこそがイノベーションの主要な素材なのです。良質の素材を見出し、これを調理してイノベーションに仕上げるのがイノベーターであり、これを破壊的イノベーションに仕立て上げるのがディスラプターなのです。良質のイノベーションを生み出すためには、先端的な科学や技術への大規模な投資が不可欠です。

研究者には科学上の大発見を成し遂げたり、ブレークスルー技術の開発を目指したりしてほしいと思います。そうしてこそ、科学・技術基盤の底上げが可能になります。挑戦的な研究者のもとには、有為の若手研究者が多く集まります。彼らはその研究を継承したり、あるいは研究成果を活用したイノベーションを創造したりしていくことでしょう。

大学で役に立つ研究をすることは必要か

科学・技術上の知の創造、蓄積、人材育成に関わる拠点は、何と言っても大学などの教育研究機関です。はなはだ逆説的ですが、最近の産学連携活動の高まりによって、大学などの研究機関において「役に立つ」研究を指向するあまり、基礎的な科学・技術研究がおろそかになっているのではないか、という懸念があります。

二〇一六年にノーベル生理学・医学賞を受賞した大隅良典東京工業大学栄誉教授は、各方面で「役に立つ研究が社会をだめにする」と発言しておられます。ここでは視点を変えて、「役に立つ研究」が破壊的イノベーションの創出に及ぼす影響を考えてみましょう。

まずもって想像されるのは、産学官が一丸となって協調し、「役に立つ研究」を推進する運営体制のもとでは、ごく円満な持続的イノベーションが開発される可能性が高いことです。公的資金を活用することにより、広く国民に役に立つ研究をした結果、破壊的イノベーションが創り出されるとはおよそ考えづらいのです。

ゲーム理論の教えるところによれば、利害関係者は、各々の利益を最大化するために、交渉の過程で相互に調整しつつ意思決定を行います。利害関係者が合理的に判断すればするほど、高度の科学・技術に裏打ちされた「役に立つ」持続的イノベーションが生まれる蓋然性が高まることになるでしょう。その結果、破壊的イノベーション理論の罠にかかってしまうのではないかと懸念されます。破壊的イノベーション理論の罠とは、たとえば太陽光発電技術のイノベーションに関わる日本のシステムにおいて起きたことです。端的にいえば、高性能、高価格の太陽電池の開発に努めた日本の企業が、低性能、低価格の破壊的イノベーションを擁する中国やドイツの新興企業に直面して、世界トップの座から脱落してしまったのです。

「役に立つ研究」指向の結果かどうかわかりませんが、わが国の大学の世界でのランクは明らかに後退しているとともに、近年日本の科学・技術に関わる研究水準が全般に低下しているとの指摘があります。イギリスのタイムズ・ハイヤー・エデュケーション社は、毎年大学の世界ランキングを発表しています。それをみると、この十年余り日本の大学の世界ランキング上位からの後退は顕著です。これに加えて、日本の科学力が近年とみに劣化していると指摘する最近（二〇一七）の英科学誌「ネイチャー」のレポートが大きな反響を呼んでいます。

国の債務が膨らむなか、現実的には政府の予算は限られています。ビル・ゲーツやスティーブ・ジョブズなどに匹敵する人材を生み出したいのであれば、逆説的かもしれませんが、高度ではあるが既存の理論踏襲型のイノベーション研究に公的な資金を投入するのではなくて、ごく先端的な科学・技術上の研究開発に政府の資金を回すべきです。

これには「副次的」な効果があります。限られた公的研究資金がこれまでよりも基礎研究に多く投入されることになりますので、大学や研究機関の研究・教育水準を押し上げるとともに、ノーベル賞級の研究者を輩出する可能性を高めることになります。もっとも、これが公的研究資金活用の本来の目的かもしれません。

ここで一つ、急いで付け加えたいことがあります。私は、大学において「役に立つ」研究が必要ないと主張したいわけではまったくありません。研究というものは先が見えないものです。一寸先は闇です。だからこそ、何事につけ研究する意味があるのです。「役に立つ研究」を決して軽んずることはできません。

時には、実用的で役に立つ研究から思いがけない大発見や大発明が生まれることがあります。島津製作所の田中耕一さんは二〇〇二年にノーベル化学賞を受賞しています。田中さんが開発した生体高分子の質量分析法のための「脱離イオン化法」は、まさしく実用的で役に立つ研究をたゆまずに行った成果でした。

しかし、こうした実用的な研究は、まずもって産学連携活動などに委ねるべきでしょう。そのためにも、大学の研究者は産業界から連携を求められる実力と、新発見や新発明の萌芽を見抜くための眼力を日頃から養っておくべきです。こうした研究活動から、何らかの発見やブレークスルー技術につながる萌芽が見つかるかもしれません。そのときこそ公的研究資金の出番なのです。

勢いに流されやすい日本のシステム

翻って、わが国のイノベーションに関わるシステム（ＮＳＩ）について改めて考えてみましょう。率直に言って、現状のシステムに対して私は悲観的です。第七章で論じたように、イノベーション全般の創出についてはともかく、少なくとも世界で一番破壊的イノベーションが生まれるのに好適な環境にあるとはとても言えそうにありません。

これを、「制度」をキーワードとして検証してみます。企業家によるイノベーション活動は、社会的な諸制度の影響を強く受けるからです。ここでは、経済史研究者ノースに従って、制度は社会的な諸活動におけるゲームのルールだと定義します。

この考え方に従うと、制度は公式の制度と非公式の制度に区分されます。公式の制度とは、公式に定められた法律や規制などのことです。非公式の制度とは慣習とか規範、日常業務など、必ずしも公式に定められていませんが、暗黙の裡に社会システムの成員が従わなければならないと考えられているものです。

公式の制度については第七章で見たように、依然として種々の規制が強固な岩盤となって存在しています。たとえば、最近シェアリング・エコノミーという考え方に注目が集まっています。民泊や配車サービスなどがその典型例です。民泊については公式の制度化が最近行われたところです。これに対して、配車サービスは既存のタクシー業界の反対などがあり、必ずしも進展しておりません。これは氷山の一角です。最近、何かと話題の獣医学部新設問題もその一例でしょう。

社会的な慣習という点で、わが国では序章に述べたようにイノベーション活動がとかく勢いに流されやすいことが指摘できそうです。山口（二〇一三）は日米の経営者のマインドを比較した結果、米国のイノベーティブな企業の経営者はビジョンを重視するのに対して、日本のイノベーティブな企業の経営者は率先垂範型を指向する傾向が強いとのアンケート結果を示しています。この調査結果は、勢いを重視する日本の企業の特徴をよく表しているように思います。やや誇張して言えば、日本の企業のリーダーは、ビジョンはともかくとして、率先垂範して自らの熱い思いを行動で示し、部下は俺についてこい、という図式になります。

同調圧力という言葉をよく聞きます。周囲の空気を読み、人に合わせることを良しとする傾向です。これなどもわが国において勢いが顕著に表れやすい一因かもしれません。勢いがついて攻めの姿勢を取っているときはいいのですが、守勢に回ると途端に萎縮したり、挙句の果てに悪循環に陥ったりすることすらあります。

こうした非公式の制度は、状況によっては、極めて効率的かつ効果的に働きます。たとえば3・11大震災の後の人々の整然とした行動は世界中の人々から賞賛を受けました。

勢いを持って行動することは、必ずしも悪いわけではありません。しかし、グローバル化が進行して、日本的慣習がうまく作動しないようになっている現状を直視する必要があります。第六章で指摘したように、企業文化の異なる外国企業やスタートアップ企業が当該業界に参入する場合、競争は一般に激化します。ここには『失敗の本質』（一九九一）の芽を見ることができます。脆弱なビジョンのもとで、勢いにまかせて率先垂範を事とするだけでは限界があるのです。

公式と非公式のはざまにある例として、東芝本体、そして東芝メモリーの売却問題を挙げることができるでしょう。必ずしも公式の制度というわけではないのでしょうが、政府が背後にいて、さまざまな口実のもとで東芝メモリーの売却先についてさまざまな画策をしているようです（大西、二〇一七）。過去の成功体験に基づいて、既得権益を守ろうとする一部の人たちの強い意志を感じざるを得ません。

こうした事態が頻繁に起きる、その大きな理由は成功体験のなせる業です。罠という人もいるかもしれません。ひとたびでき上がったバリューチェーンにロックインしているのです。わが国の場合、戦後の著しい経済成長の達成が成功体験の原点になっているのは言うまでもないでしょう。そこから抜け出すのは容易なことではありません。勢いが惰性になり、一方で社会が大きな変容を遂げるなかで、摩擦係数が極めて大きくなっているのです。

将来に対して楽観

それでもなお、私は将来に対して楽観的でありたいと思っています。その理由の一つは、必ずしも満足のいくものではないとしても、徐々に、しかし着実に制度改革が進んでいるからです。もちろん現段階では、それすらも公式の制度に留まっており、非公式の慣習や規範、文化にまで及んではいないかもしれません。しかし、それは時間が解決するものと信じています。

第二は外圧です。日本の文化的な特徴として、外部からの圧力がないと、内にこもる性向が強いようにみえます。どの国も似たり寄ったりなのでしょうが、わが国の場合四方を海に囲まれていることから、その傾向は一層強いように見えます。

今や韓国や台湾などの新興工業国のみならず、中国やインドなどアジアの大国が台頭しようとしています。こうした諸国に周囲を囲まれて、否が応でも変わらなくてはならない状況にあるからです。そうしたなかで、結果として破壊的イノベーションを進めやすくするような公式的な制度の導入、定着と実質化が進行していくものと期待しています。

イノベーションにはロマンがあります。ロジャーズ『イノベーションの普及』のなかに挿入されている事例はいずれも含蓄があり、秀逸です。吉村昭が『虹の翼』のなかで描写する二宮忠八の飛行機発明にまつわる物語は感動的です。ソニーでの体験を描いた盛田昭夫『メイド・イン・ジャパン』は読むものをひきつけてやむところがありません。アイザックソンが活写するところのスティーブ・ジョブズの伝記（二〇一二）は、実にスリリングでドラマティックです。

スティーブ・ジョブズは、国が主導する介入調整型の人材育成策からは絶対に生まれません。イノベーションは市場において輝きます。一部の人たちの裁量や忖度が働くと、イノベーションの命である市場性を失いかねません。見る人と見られる人、管理する人と管理される人の二分法はイノベーションに似つかわしくありません。人々はイノベーションの前で平等なのです。

ハーバード大学教授レポーは破壊的イノベーションがもたらすかもしれない将来について悲観的なようです。彼女にとって、ディスラプターは戦間期を生きたヘルマン・ヘッセの自画像である『荒野のおおかみ』であるかにみえます。

同じく戦間期を革命家として生き抜き、一九三七年に獄死したアントニオ・グラムシは「知性のゆえに悲観主義者、意志のゆえに楽観主義者」という言葉を残しています。レポーは知性的であるがゆえに破壊的イノベーションに対して悲観的なのかもしれません。しかし、私は人々の意志の力によって破壊的イノベーションを楽観的なものにすることの可能性に賭けたいと思います。

人々の、人々による、人々のためのイノベーション

悲観論と楽観論のはざまで、私はイノベーションに関わるシステムの目指すべきところは、「人々の、人々による、人々のためのイノベーション」であってほしいと思っています。もちろん、リンカーンの有名な言葉を借用したものです。今すぐはもちろんのこと、予見できる将来においてもなかなか実現は困難でしょう。ですから、これは究極の目標です。私の調べた限りでは、米国オバマ政権時代にほぼ同じ標語を使ったキャンペーンをホワイトハウスが行っていますが、それはどうや

ら市民の科学とかソーシャルイノベーションを企図したもののようです。

私はイノベーションをもっと広く一般的なものとして捉えたいと思います。そのうえで第一に、「人々のイノベーション」とは、人々がイノベーティブに、つまり革新的に日々の生活を送るようにすることです。人々のイノベーションとは、わかったようで、よくわからない表現ですが、私はこれを人々が率先して自らを革新（イノベート）することと解釈しています。そのためには、政府は制度的な支援をする義務を負います。それが過剰な干渉や介入であってはならないことは言うまでもありません。

第二に、「人々によるイノベーション」とは、イノベーティブな人々が新しいことを発見あるいは発明して、そのアイデアを活用することです。イノベーションの創出は科学者や技術者の専売特許ではありません。イノベーションとは新結合です。何気ない日常的な周囲のことやものから、新しい結合を見出すことによって、イノベーションを実現することができるのです。優れた科学者や技術者には破壊的イノベーションの「タネ」になりうる大発見やブレークスルー技術の開発を期待したいものです。

国土地理院によると、山と言うとき、特に高さ制限はないそうです。イノベーションにも、その大きさ、強度に基準を設ける必要はないでしょう。素人は素人なりの、技術者は技術者として気概のあるイノベーションを創出してほしいのです。

第三に、「人々のためのイノベーション」とは、イノベーションを人々のために生かすことです。グーグルの社是は「邪悪になるな」だそうです。現実にはなかなか大変なことでしょうが、すべからくこうあってほしいものです。バングラデシュでグラミン銀行を立ち上げたユヌスはノーベル平和賞を受賞しました。ユヌスはまた、無電化地域に住む人たちのために、グラミンシャクティという太陽光発電事業を立ち上げています。ケニアには貧しい人たちのために開発されたエムペサという電子マネーがあります。このような事例がもっともっと増えてほしいと思います。

現在人類の人口は七〇億人を超えています。総務省は、二〇一六年には世界のインターネット利用者数は三五億人程度と見込んでいます。イノベーションは人々の交流の中で生まれます。これだけの人々がネットに繋がっている現在、イノベーションは不断に生み出されることでしょう。

我々の社会はウィン・ウィンゲームでなければなりません。そうでなければ人類は終局つまり破滅に向かうことになります。どうすれば持続的な発展を実現できるか、人々はこの難題に直面することを迫られているのです。

あとがき

世の中はなんのへちまと思へどもぶらぶらとして暮らされもせず

これは私の母方の曽祖父にあたる村上専精が一九一四年に上梓した自伝『六十一年―一名赤裸裸』の冒頭に記されている狂歌で、読み人知らずとのことです。曽祖父は一八五一年に丹波の貧乏寺に長男として生まれた後、苦学の末に東京帝国大学教授に就任するとともに、晩年は大谷大学学長となり、一九二九年に死去しています。その間、女子教育に努める一方、僧籍を返上するなど、波乱万丈の人生を送ったようです。

曽祖父専精にはとても及びませんが、私も六十一歳を過ぎ、ぶらぶらと暮らすのではなく、多少なりとも世の中に貢献したいと思い、イノベーションについて長年考えてきたことを世に問うこととした次第です。そのために、曽祖父ゆかりの京都六角堂脇のスターバックスでコーヒーを飲みながら、そして曽祖父が若かりし頃勉学に励んだという京都市下京区高倉会館（旧高倉学寮）近くのマンションの一室で本書の構想を練ったものです。

本書は、イノベーション普及論、ドミナント・デザイン論、そして破壊的イノベーション理論という、イノベーション研究分野ではきわめて著名な理論の基本的な考え方をまとめるとともに、その後の研究潮流を紹介し、課題や可能性をまとめたうえで、各理論がビジネスにどこまで「使えるか」解説しています。本書で取り上げたイノベーション理論は、いずれも長年の風雪に耐えてきた強靭な理論だけに、奥が深く、執筆を思い立ってから出版にこぎつけるまでに四年近くかかってしまいました。

さて、昨今の情勢を見ると、百年ほど前の狂歌に「へちま」と例えられた世の中は大揺れに揺れています。イノベーションの世界で目下の一大関心事は「ＥＶ（電気自動車）ショック」でしょう。日本経済の成長は自動車産業次第と言っても大袈裟でないくらい、わが国の自動車産業は巨大です。そうしたなか、ＥＶに関わる実用的な技術の開発が着々と進んでいます。今後予想されるＥＶの本格的な商業化に伴い、自動車産業にはどのようなことが待ち受けているのでしょうか。ＥＶに関わる技術は今後どのような進化・発展を遂げるのでしょうか。

これを本書で述べてきたことに従えば、ＥＶは「キャズム」を越えられるのか、「イノベーション・ショック」はあるのか、「ドミナント・デザイン」や「破壊的イノベーション」は出現するのか、出現するとすればそれはいつ頃か、そして「機会の窓」はいつ開かれ、いつ閉じるかなど、喫緊の検討事項が思い浮かんできます。ここまで読んでこられた読者は、自動車産業に関わっているか否かを問わず、既存の企業が生き残るために何をすべきか、新規参入企業にはどのようなビジネスチャンスがあるかなど、思考実験として是非考えていただきたいものです。

本書の叙述にあたっては、極力わかりやすい表現を使うように努めましたが、あまり読みやすい本ではないかもしれません。むしろ私としては、気骨のあるビジネスパーソンに読んでいただきたいと考えたうえで、ハウツーものではない、流行を追いかけるのではない、読み応えのある、読み終えたときに達成感がある本を目指したつもりです。結論のみを求めるのではなく、イノベーション理論が生まれ、進化していくプロセスも併せて味わっていただきたいと願っています。そうすることで、理論を一層深く理解し、自信をもってビジネスに適用できるようになると思います。

本書の主題は「イノベーションの核心」です。誤解を恐れずに言えば、イノベーションの核心はパラドックスです。イノベーションをめぐって「盛者必衰の理」が繰り返し顕現しています。今日の勝者が明日の敗者になるかもしれません。しかも、破壊的イノベーションが出現したとき、優れた企業は、優れているが故にイノベーション・パラドックスの罠に陥る可能性が高いのです。けっして当事者にとって都合のいい予定調和などはありません。

しかし、ビジネスパーソンたるもの、単に運命に身を任せることなどは論外です。むしろ現状を打破するところにイノベーターの存在理由があります。間断のないダイナミックな変化、これこそが現代の特徴です。否が応でも我々はこの現実に耐えていかなくてはならないのです。

翻って、『六十一年』が上梓された一九一四年は第一次世界大戦が始まった年でした。その十年前の一九〇四年には日露戦争が勃発しています。それに加えて、当時の日本は富国強兵と殖産興業を国是としており、社会は大きな変動を遂げていました。

そんな時代にあって、曽祖父は、「へちま」の世界に執着して、現われ来る事物をまじめに考え、くよくよと心配しているのは悟りの開けない人であって、真に愚の至りであると断じた後で、今後ともますます惰性に鞭打ち、奮闘的生活を試みると自らの立ち位置を確認しています。内に秘めた強烈な信念を感じます。私は仏教徒ではありませんし、詳しいことを知る由もありませんが、僧籍を返上したことなど、曽祖父は当時の仏教界にあって、破壊的ではないにしても、名うてのイノベーターだったのかもしれません。

しかし一方で、私の母正子によると、曽祖父は寄ってくるやぶ蚊を手で静かにあおいで、これを遠ざけていたそうです。激しさの反面、何とも超然としていたというか、泰然自若としたさまが思い浮かびます。及ばずながら、こうした心境に少しでも近づきたいものです。

執筆中は、例によって妻の由美には何かと不便をかけてしまいました。

また、出版に当たってはナカニシヤ出版の編集統括宍倉由高様には大変お世話になりました。ここに深く感謝を申し上げます。

二〇一七年十一月　夜更けの京都、東山の稜線を遠望しながら

三藤利雄

参考文献

Abernathy, W. J.（1978）*The productivity dilemma: Roadblock to innovation in the automobile industry*, Johns Hopkins Press.

Abernathy, W. J., and J. Utterback（1978）Patterns of industrial innovation, *Technology Review*, 50, pp. 41–47.

Abernathy, W. J., K. B. Clark, and A. M. Kantrow（1983）*Industrial renaissance*, Basic Books.

Abernathy, W. J., and K. B. Clark（1985）Innovation: Mapping the winds of creative destruction, *Research Policy*, 14, pp. 3–22.

Afuah, A.（1998）*Innovation management: Strategies, implementation, and profits*, Oxford University Press.

Agarwal, R., and B. L. Bayus（2002）The market evolution and sales take-off of product innovations, *Management Science*, 48, pp. 1024–1041.

秋池篤（2012）「Ａ‐Ｕモデルの誕生と変遷―経営学輪講 Abernathy and Utterback（1978）―」赤門マネジメント・レビュー, 11(10), pp. 665–680

Anderson, P., and M. L. Tushman（1990）Technological discontinuities and dominant designs: A cyclical model of technological change, *Administrative Science Quarterly*, 35, pp. 604–633.

Anthony, S. D., M. Johnson, J. Sinfield, and E. Altman（2008）The innovator's guide to growth, Harvard Business School Press.（栗原潔訳（2008）『イノベーションへの解―実践編―』翔泳社）

Argyres, N., L. Bigelow, and J. A. Nickerson（2015）Dominant designs, innovation shocks, and the follower's dilemma, *Strategic Management Journal*, 36, pp. 216–234.

Asmara, A. Y., and T. Mitsufuji（2017）Photovoltaic development from new order regime to reformation Regime in Indonesia: Perspective of technological innovation system, *STI Policy and Management Journal*, 2（1）, pp. 69–93.

Barras, R.（1986）Towards a theory of innovation in services, *Research Policy*, 15(4), pp. 161–173.

Barras, R.（1990）Interactive innovation in financial and business services: The vanguard of the service revolution, *Research policy*, 19

(3), pp. 215–237.

Bass, F. (1969) A new product growth for model consumer durables, *Management Science*, 15(5), pp. 215–227.

Baum, J. A. C., H. Korn, and S. Kotha (1995) Dominant designs and population dynamics in telecommunications services: Founding and failure of facsimile transmission service organizations, 1965–1992, *Social Science Research*, 24 (2), pp. 97–135.

Benner, M. J., and M. Tripsas (2012) The Influence of prior industry affiliation on framing in nascent industries: The evolution of digital cameras, *Strategic Management Journal*, 33, pp. 277–302.

Bennett, D. (June 22, 2014) Clayton Christensen responds to New Yorker takedown of 'disruptive innovation,' *Bloomberg Businessweek*.

Bergek, A., S. Jacobsson, B. Carlsson, S. Lindmark, and A. Rickne (2008) Analyzing the functional dynamics of technological innovation systems: A scheme of analysis, *Research Policy*, pp. 407–429.

Bower, J., and C. Christensen (1995) Disruptive technologies: Catching the wave, *Harvard Business Review*, 73 (1), pp. 43–53.

Bresson, C., and J. Townsend (1981) Multivariate models for innovation: Looking at the Abernathy-Utterback model with other data, *Omega*, 9, pp. 429–436.

Burg, U. von, and M. Kenney (2000) Venture capital and the birth of the local area networking industry, *Research Policy*, 29, pp. 1135–1155.

Chesbrough, H. A. (2003) *Open innovation: The new imperative for creating and profiting from technology*, Harvard Business School Press.（大前恵一朗訳（2004）『OPEN INNOVATION—ハーバード流イノベーション戦略のすべて—』産能大出版部）

Christensen, C. (1997, 2000) *The innovator's dilemma*, Harper Business.（玉田俊平太監修、伊豆原弓訳（2001）『イノベーションのジレンマ』翔泳社）

Christensen, C. (2006) The ongoing process of building a theory of disruption, *Journal of Product Innovation Management*, 23, pp. 39–55.

Christensen, C. (2008) Reflections on disruption, in Anthony S. et al. (2008) *The innovator's guide to growth*, Harvard Business School Press.（栗原潔訳（2008）『イノベーションへの解—実践編—』翔泳社）

Christensen, C. (2015) Disruptive innovation is a strategy, not just the technology, *Business Today*, 23 (26), pp. 150–158.

Christensen C., F. Suarez, and J. Utterback (1998) Strategies for survival in fast-changing industries, *Management Science*, 44(12), pp. 207–220.

Christensen, C., J. Dyer, and H. Gregersen (2011) *The Innovator's DNA: Mastering the five skills of disruptive innovators*, Harvard Business Review Press.（櫻井祐子（2012）『イノベーションのＤＮＡ』翔泳社）

Christensen, C., and M. Raynor（2003）*The innovator's solution*, Harvard Business School Press.（玉田俊平太監修、桜井祐子訳（2003）『イノベーションへの解』翔泳社）

Christensen, C., S. Anthony, and E. Roth（2004）*Seeing What's Next*, Harvard Business School Press.（宮本喜一訳（2005）『明日は誰のものか』ランダムハウス講談社；櫻井祐子訳（2014）『イノベーションの最終解』翔泳社）

Christensen, C., M. Raynor, and R. McDonald（2015）What is disruptive innovation? *Harvard Business Review*, 93（12）, pp. 44–53.（有賀裕子訳（2016）「破壊的イノベーション―発展の軌跡―」ダイヤモンドハーバードビジネスレビュー, pp. 26–38）

Clark, K. B.（1985）The interaction of design hierarchies and market concepts in technological evolution, *Research Policy*, 14, pp. 235–251.

Cusumano, M. A., Y. Mylonadis, and R. Rosenbloom（1992）Strategic maneuvering and mass-market dynamics: The triumph of VHS over Beta. *Business History Review*, 66, pp. 51–94.

Cusumano, M. A., S. Kahl, and F. Suarez（2015）Services, industry evolution, and the competitive strategies of product firms, *Strategic Management Journal*, 36, pp. 559–575.

Danneels, E.（2004）Disruptive technology reconsidered: A critique and research agenda, *Journal of Product and Innovation Management*, 21（4）, pp. 246–258.

Danneels, E.（2006）From the guest editor: Dialogue on the effects of disruptive technology on firms and industries, *Journal of Product and Innovation Management*, 23, pp. 2–4.

Dosi, G.（1982）Technological paradigms and technological trajectories: A suggested interpretation of the determinants and directions of technical change, *Research Policy*, 11(3), pp. 147–162.

Dosi, G. and R. Nelson（2013）The evolution of technologies: An assessment of the state-of-the-art, *Eurasian Business Review*, 3(1), pp. 3–46.

Edquist, C.（2005）'Systems of innovation: perspectives and challenges', *The Oxford Handbook of Innovation*, Chapter 7. Oxford University Press, pp. 181–208.

Fitzgerald, J.（Oct. 24, 2015）*'Disruptive innovation' theory comes to under scrutiny*, Boston Globe.

Freeman, C.（1987）*Technology, policy, and economic performance: Lessons from Japan*, Pinter Publishers.（新田光重、大野喜久之輔訳（1989）『技術政策と経済パフォーマンス―日本の教訓―』晃洋書房）

夫馬賢治（2011）「太陽電池セル市場―なぜシャープは首位から陥落したのか?―」サステナビリティ・CSRマネジメントブログ

Gibbons, M., et al.（1994）*The new production of knowledge*, Sage Publications.（小林信一監訳（1997）『現代社会と知の創造―モード論と

は何か』丸善ライブラリー）

Gladwell, M.（2000）*The tipping point*, Back Bay Books.（高橋啓訳（2000）『急に売れ始めるにはワケがある』飛鳥新社）

グローバルタスクフォース著、山中英嗣監修（2015）『ハーバード・ビジネススクール〝クリステンセン〟教授の「イノベーションのジレンマ」入門』ＰＨＰ研究所

Gobble, M.（2015）The case against disruptive innovation, *Research-Technology Management*, 58（1）, pp. 59–61.

Gotsopoulos, A.（2015）Dominant designs, In *International Encyclopedia of the Social & Behavioral Sciences*, Elsevier, v. 6, pp. 637–641.

Govindarajan, V., and P. Kopalle（2006）The usefulness of measuring disruptiveness of innovations: Ex post in making ex ante predictions, *Journal of Product and Innovation Management*, 23, pp. 12–18.

Govindarajan, V., and C. Trimble（2012）*Reverse innovation: Create far from home, win everywhere*, Harvard Business School Press.（渡部典子訳（2012）『リバース・イノベーション』ダイヤモンド社）

Granovetter, M.（1978）Threshold models of collective behavior, *American Journal of Sociology*, 83(6), pp. 1420–1443.

Grodal, S., A. Gotsopoulos, and F. Suarez（2015）The coevolution of technologies and categories during industry emergence, *Academy of Management Review*, 40(3), pp. 423–445.

Grove, A.（1996）*Only a paranoid survive*, Doubleday.（佐々木かをり訳（1997）『インテル戦略転換』七賢出版）

Hall, P., and D. Soskice（eds.）（2001）*Varieties of capitalism: Institutional foundations of comparative advantage*, Oxford University Press.（遠山弘徳他訳（2007）『資本主義の多様性―比較優位の制度的基礎―』ナカニシヤ出版）

Hekkert, M. P., R. Suurs, S. Negro, S. Kuhlmann, and R. Smits（2007）Functions of innovation systems: A new approach for analyzing technological change, *Technological Forecasting & Social Change*, pp. 413–432.

Henderson, R. M.（2006）The innovator's dilemma as a problem of organizational competence, *Journal of Product and Innovation Management*, 23, pp. 5–11.

Henderson, R. M., and K. Clark（1990）Architectural innovation: The reconfiguration of existing product technologies and the failure of established firms, *Administrative Science Quarterly*, 35(1), pp. 9–30.

Hesse, H.（1927）*Der Steppenwolf*.（高橋健二訳（1971）『荒野のおおかみ』新潮文庫）

Hippel, E. von（1988）*The sources of innovation*, Oxford University Press.（榊原清則訳（1991）『イノベーションの源泉』ダイヤモンド社）

Hughes, T.（1983）*Networks of power*, Johns Hopkins University press.（市場泰男訳（1996）『電力の歴史』平凡社）

Hirschman, A. O.（1970）*Exit, voice, and loyalty: Responses to decline in firms, organizations, and states*, Harvard University Press.（矢野修一訳（2005）『離脱・発言・忠誠―企業・組織・国家における衰退への反応―』ミネルヴァ書房）

Igami, M.（2017）Estimating the innovator's dilemma: Structural analysis of creative destruction in the hard disk drive industry, 1981–1998, *Journal of Political Economy*, 125（3）, pp. 798–847.

生稲史彦（2012）『開発生産性のジレンマ』有斐閣

Isaacson, W.（2015）*Steve Jobs*, Simon & Schuster.（井口耕二訳（2012）『スティーブ・ジョブズ』講談社）

Kebede, K. Y., and T. Mitsufuji（2017）Technological innovation system building for diffusion of renewable energy technology: A case of solar PV systems in Ethiopia, *Technological Forecasting & Social Change*, 114, pp. 242–253.

King, A., and B. Baatartogtokh（2015）How useful is the theory of disruptive innovation? MIT Sloan Management Review, 57（1）, pp. 77–90.

Klepper, S.（1997）Industry life cycles, *Industrial and Corporate Change*, 6, pp. 145–182.

Kline, S.（1985）Innovation is not a linear process, *Research Management*, pp. 36–45.

近能善範・高井文子（2010）『コア・テキストーイノベーション・マネジメントー』新世社

Kuhn, T. S.（1962）*The Structure of scientific revolutions*, University of Chicago Press.（中山茂訳（1974）『科学革命の構造』みすず書房）

Lafley, A. G. and R. Charan（2008）*The game-changer: How you can drive revenue and profit growth with innovation*, Crown Business.（斎藤聖美訳（2009）『ゲームの変革者』日本経済新聞出版社）

Leonard-Barton, D.（1995）*Wellsprings of knowledge*, Harvard Business School Press.（阿部孝太郎・田畑暁生訳（2001）『知識の源泉』ダイヤモンド社）

Lepore, J.（June 23, 2014）*The disruption machine: What the gospel of innovation gets wrong*, The New Yorker.

Lundvall, B.（2007）Innovation system research: Where it came from and where it might go, *Globelics Working Paper Series* No.2007–01.

丸川知雄（2009）「中国の電池産業」中国経済研究, 6(2)

丸川知雄（2013）『チャイニーズ・ドリーム―大衆資本主義が世界を変える―』ちくま新書

Markard, J., and B. Truffer（2008）Technological innovation systems and the multi-level perspective: Towards an integrated framework, *Research Policy*, pp. 596–615.

松永真理（2000）『i モード事件』角川書店

三藤利雄（1998）『コミュニケーション技術と社会』北樹出版

Mitsufuji, T.（2003）How an innovation is formed: A case study of Japanese word processors, *Technological Forecasting and Social Change*, 70, pp. 671–685.

三藤利雄（2007）『イノベーション・プロセスの動力学―共組織化する技術と社会―』芙蓉書房出版

三藤利雄（2016a）「「支配的デザイン論」の出現、発展、そして普及」立命館経営学, 55(1), pp. 47–82

三藤利雄（2016b）「イノベーション・システムに関わる機能分析モデルの展開―技術の創出、普及及び活用の観点から」立命館ビジネスジャーナル, 10, pp. 1–32

三藤利雄（2016c）「Christensen 教授の弁明―破壊的イノベーションを巡る 2006 年の論争―」立命館経営学, 55(3), pp. 153–182

三藤利雄（2017）「イノベーションに関わる日本のシステムを検証する―太陽光発電技術を事例として―」立命館経営学, 56(1), pp. 109–134

三藤利雄（2017）「レポー教授の破壊的イノベーション批判―白熱の攻防の先に何が見えるか―」立命館経営学, 55(4), pp. 35–57

Mitsufuji, T., and K. Kebede（2015）Diffusion of technological innovation system: Exploring its implications and perspectives, *Asialics Conference* in Yogyakarta.

Moore, G.（1991）*Crossing the chasm*, Harper Perennial.（川又政治訳（2002）『キャズム』翔泳社）

盛田昭夫、エドウィン・M. ラインゴールド、下村 満子（1987）『MADE IN JAPAN―わが体験的国際戦略―』朝日新聞社

Murmann, J., and K. Frenken（2006）Toward a systematic framework for research on dominant designs, technological innovations, and industrial change, *Research Policy*, 35, pp. 925–952.

内閣府（2016）『科学技術基本計画』

中田行彦（2016）『シャープ企業敗戦の深層―大転換する日本のものづくり―』イーストプレス

Nalebuff, B., and A. Brandenburger（1997）*Co-opetition*, Currency Doubleday.（嶋津祐一・東田啓作訳（2003）『ゲーム理論で勝つ経営』日本経済新聞社）

Nelson R.（eds.）（1993）*National innovation systems: A comparative analysis*, Oxford University Press.

Nelson, R.（1994）*The co-evolution of technology, industrial structure, and supporting institutions, industrial and corporate change*, Oxford University Press, 3(1), pp. 47–63.

North, D. C.（1990）*Institutions, institutional change and economic performance*, Cambridge University Press.（竹下公視訳（1994）『制度・制度変化・経済成果』晃洋書房）

小川紘一（2014）『オープン&クローズ戦略』翔泳社

大西康之（2017）『東芝解体―電機メーカーが消える日―』講談社現代新書
Pavitt, K., and R. Rothwell（1976）Feedback: A comment on a dynamic model of process and product innovation, *Omega*, 4（4）, pp. 375–377.
Rogers, E. M.（2003）*Diffusion of innovations*（5th ed.）, New York: The Free Press.
Rothwell, R（1992）Successful industrial innovation: critical factors for the 1990s, *R&D Management*, 22, 3, pp. 221–239.
Runyon, J.（2016）Chinese solar manufacturers dominate market in 2015, *Renewable Energy World*.
Ryan, B., and N. Gross（1943）The diffusion of hybrid seed corn in two Iowa communities, *Rural Sociology*, 8, pp. 15–24.
Schmidt G., and C. Druehl（2008）When is a disruptive innovation disruptive? *Journal of Product Innovation Management*, 25, pp. 347–369.
Schmidt, G., and van der Rhee, B（2014）How to position your innovation in the marketplace, *MIT Sloan Management Review*, 55（2）, pp. 17–20.
Schumpeter, J. A. 論文 Unternehmer（1928）, Der Unternehmer in der Volkswirtschaft von heute（1929）ほか（清成忠男編訳（1998）『企業家とは何か』東洋経済新報）
Schwab, K., and P. Pyka（2016）*Die Vierte Industrielle Revolution*, Pantheon.（世界経済フォーラム訳（2016）『第四次産業革命―ダボス会議が予測する未来―』日本経済新聞出版社）
Sharif, N.（2006）Emergence and development of the national innovation systems concept, *Research Policy*, pp. 745–766.
柴田友厚（2015）『イノベーションの法則性―成功体験の過剰適応を超えて―』中央経済社
島本実（2014）『計画の創発』有斐閣
新宅純二郎（1994）『日本企業の競争戦略―成熟産業の技術転換と企業行動―』有斐閣
Slater, S., and J. Mohr（2006）Successful development and commercialization of technological innovation: Insights based on strategy type, *Journal of Product and Innovation Management*, 23, pp. 26–33.
Srinivasan, R., G. L. Lilien, and A. Rangaswamy（2006）The emergence of dominant designs, *Journal of Marketing*, 70, pp. 1–17.
Suarez, F., and J. M. Utterback（1995）Dominant designs and the survival of firms, *Strategic Management Journal*, 16, pp. 415–430.
Suarez, F., S. Grodal, and A. Gotsopoulos（2015）Perfect timing? Dominant category, dominant design, and the window of opportunity for firm entry, *Strategic Management Journal*, 36, pp. 437–448
田路則子（2008）『アーキテクチュラル・イノベーション―ハイテク企業のジレンマ克服―』白桃書房
高井文子（2004）「オンライン証券業界における黎明期の企業間競争」赤門マネジメント・レビュー, 3(7), pp. 333–370

高井文子（2009）「市場黎明期における生存競争―オンライン証券業界の分析―」イノベーション・マネジメント, 6, pp. 141–160

Teece, D. J.（1986）Profiting from technological innovation: implications for integration, collaboration, licensing and public policy, *Research Policy*, 15, pp. 285–305.

Tellis, G.（2006）Disruptive technology or visionary leadership? *Journal of Product and Innovation Management*, 23, pp. 34–38.

戸部良一他（1991）『失敗の本質―日本軍の組織論的研究―』中公文庫

Tushman, M. L., and P. Anderson（1986）Technological discontinuities and organizational environments, *Administrative Science Quarterly*, 31, pp. 439–465.

Tushman, M. L., and C. A. O'Reilly（1997）*Winning Through Innovation*, Harvard Business School Press.（平野和子訳（1997）『競争優位のイノベーション』ダイヤモンド社）

Utterback, J. M.（1993）Successful industrial innovations: A multivariate analysis, *Decision Science*, 6(1), pp. 65–77.

Utterback, J. M., and W. J. Abernathy（1975）A dynamic model of product and process innovation, *Omega*, 3, pp. 639–656.

Utterback, J. M., and F. F. Suarez（1993）Innovation, competition, and industry structure, *Research Policy*, 22, pp. 1–21.

Utterback, J. M.（1994）*Mastering the dynamics of innovation*, Harvard Business School Press.（大津正和・小川進監訳（1998）『イノベーション・ダイナミクス』有斐閣）

鷲田祐一（2015）『イノベーションの誤解』日本経済新聞出版社

Windrum, P., and C. Birchenhall（1998）Is life cycle theory a special case? Dominant designs and the emergence of market niches through coevolutionary learning, *Structural Change and Economic Dynamics*, 9, pp. 109–134.

山口栄一（2006）『イノベーション―破壊と共鳴―』NTT出版

山口栄一（2016）『イノベーションはなぜ途絶えたか―科学立国日本の危機―』ちくま新書

山口周（2013）『世界で最もイノベーティブな組織の作り方』光文社文庫

Yin, R.（2014）*Case study research*（5th ed.）, Sage.

吉村昭（2012）『新装版 虹の翼』文春文庫

湯之上隆（2009）『日本「半導体」敗戦』光文社ペーパーバックス

や

ら・わ

人名索引

さ

た

な

は

索　引

事項索引

著者紹介

三藤利雄（みつふじ としお）
東京大学博士（工学）
1972年 東京大学工学部産業機械工学科 卒業
1974年 東京大学工学系研究科情報工学専攻 修了
現職 立命館大学大学院テクノロジー・マネジメント研究科 教授

主要著作物
『イノベーション・プロセスの動力学』(2007). 芙蓉書房出版
『イノベーションの普及（E. Rogers, 2004)』(2007).（翻訳）翔泳社
『コミュニケーション技術と社会』(1998). 北樹出版 他

イノベーションの核心
ビジネス理論はどこまで「使える」か

2018年1月20日　初版第1刷発行　（定価はカヴァーに表示してあります）

著　者　三藤利雄
発行者　中西　良
発行所　株式会社ナカニシヤ出版
〒606-8161　京都市左京区一乗寺木ノ本町15番地
Telephone　075-723-0111
Facsimile　075-723-0095
Website　http://www.nakanishiya.co.jp/
Email　iihon-ippai@nakanishiya.co.jp
郵便振替　01030-0-13128

装幀＝白沢　正／印刷・製本＝ファインワークス

Essentials of Innovations

ISBN978-4-7795-1226-1 C0034